琉球独立は可能か

金城実・松島泰勝

川瀬俊治編

解放出版社

琉球独立は可能か◎目次

第一章 過去から未来を照らし、いまを生きる

第二章 琉球独立の原点——沖縄のいまを語る

第三章　琉球独立の原点——「命湧く海」に育ち

第四章

琉球独立の思想的課題

第五章

暴圧に向かう果てに

第六章 琉球民族独立総合研究学会について

第七章 琉球独立は可能か

第一章 過去から未来を照らし、いまを生きる

1　私のヤマトゥ体験

ヤマトゥ(日本)との出合いを語る

——松島さん、金城さんとも沖縄から日本の大学に進まれた。最初に語っていただきたいのは、日本での違和感についてです(以下、質問、進行は編者川瀬。対談での（　）の補足も同編者による)。

松島　父親の仕事（琉球気象台）の関係で琉球(1)の石垣島、南大東島、与那国《よなぐに》島、そして沖縄島で育ちました。与那国島の与那国小学校から那覇市内の真和志《まわし》小学校に転校したのが三年のときです。ここで「方言札」を体験しました。琉球諸語を使うと、「罰」として「方言札」を首からぶら下げられたんです。友だち同士で方言札をかけ合うという罪を作り合うような不条理な体験をしました。

金城　私は松島さんと二五年近い年齢差がある。沖縄県浜《はま》比《ひ》嘉《が》島（現・うるま市）で生まれました。高校は沖縄本島に通いました。当時の小・中学校は、本島の琉球政府立前原高校、中部農林学校（当

中トビラ写真…いま、自衛隊基地建設で壊されてゆく宮古島から撮った美《ちゅ》ら海
(2017年3月24日、撮影・川口真由美)

時）を卒業した先生がいて、標準語の教育に情熱を燃やしていました。朝の朝礼で沖縄語を使った子どもには、「方言札」をかけさせた。それが二五年後の松島さんにも起きたわけですね。

松島　子どもですから深い意味はわからなかったのですが、「琉球諸語を使うのは悪いことだ」という意識が埋め込まれましたね。大変なショックを受けたことを覚えています。「日本復帰[2]」の年の一九七二年のことです。日本の教科書で授業を進めることで、〈自分は日本人〉だと思い込むようになりましたね。

金城　沖縄語で「あー、痛い」というのは、「アガヒャー」というのですが、この「アガヒャー」を

注1――著者（松島泰勝）は対談で「沖縄」ではなく「琉球」と話す。琉球は三山時代から始まる六〇〇年の歴史を有し、一九世紀半ばにはアメリカ、フランス、オランダと修好条約を締結した独立国だった。「沖縄県」が日本との関係で歴史に登場したのは、一八七九年の「琉球処分」から日本が敗れた一九四五年、「本土復帰」した一九七二年から現在までの約一〇〇年にすぎない。松島は著書で「琉球人は独自の歴史や文化をもち、日米の植民地支配を受けてきたネイション（民族）です。（中略）ネイションとしての琉球人を明示するため『琉球』を使います」（『琉球独立―御真人の疑問にお答えします』Ryukyu企画、二〇一四年、一一頁）と述べている。また、国際的にも琉球王国は認められ、ポルトガル人から「レキオ」「レキオス」と呼ばれ、欧州人が描いた地図でも、Loochooなどと表記されていたこともあげている（同頁）。沖縄語も琉球語と表記するが、沖縄の島々のことばは、それぞれ独自性をもつことから琉球諸語と表記している。なお本書著者金城実は、沖縄とも琉球とも両方表記している。

注2――著者（松島泰勝）は「本土」ではなく「日本」とする理由を以下のように説明している。「本土」とは「本国」「主な国土」（『大辞林』）を示し、独立国琉球からすれば日本は「本国」にはあたらない。だから「本土」を使用しない。また「琉球処分」は「琉球併合」という用語を用いる。「琉球併合」使用の歴史的理由は注8参照。

使うと、首に方言札をかけられました。クサミの仕方はヤマトゥ風にというのもあった。罰はいろいろあって、水をなみなみと入れたバケツを持たされて廊下に立たされたりしました。標準語を押しつけられたことで、伸び伸びと表現できなくなったのではないか。そういう感想をもっています。

松島　日本の教育制度のなかで、「日本人」を前提とした教育を受けてきたというのが、私の高校までの姿ですね。教科書は文部省（当時）の指導要領に基づいていますから、いい成績をとり、琉球諸語を使わず、日本語を話し、いい「日本人」になることを目指した教育を受けてきたわけです。

東京に出て早稲田大学に入学しましたが、「沖縄から来た」と自己紹介すると、周りの日本人の若者から好奇の目で見られたり、「留学生ですか」とか言われたりしました。一度や二度ではなく、何度も同じような体験をしました。この反応は思いもしなかったことです。戦前は琉球人が差別された話を家族から聞いていましたが、琉球人への偏見の根が続いていることには驚きました。

反論できるようになったのは大学二年生の終わりくらいでしょうか。最初は「同じ日本人と思っていたのに日本人と認めてくれない、なぜだ」と思うわけです。そこで、琉球出身の学生が五〇人ほど住む南灯寮の寮生の友人と議論するわけですよ。理論武装というか、偏見をただすことに力をつけようと懸命でした。他の寮生も私と同じような体験をしており、日本人から「異民族」と見られたショックから「やーぐまい」（家に閉じこもってしまうこと）というかたちで、学校に行けなくなった寮生もいました。しかし、だんだんと「日本人とは歴史や文化が異なり、侵略され、いまも植民地支配を受ける独自な存在だ」と自らを考えるようになりましたね。

南灯寮での生活の大きな意味は、日本人に差別され、孤立感が高まったときに、互いに励まし合える仲間を見つけることができたことです。赤瓦の屋根がある寮の門を出たとたんに、ヤマトゥの社会に対する緊張感が全身に走りました。寮に戻ると、ウチナーの実家に戻ったように本当に心からホッとしたことをいまでも覚えています。南灯寮という琉球の島が東京の海のなかで一つ浮かんでいたかのようです。

金城 私も大阪・吹田市の千里が丘学生寮に住みましたが、松島さんのように四年で出たわけではない。九年もいましたよ（笑）。

松島 それは、すごいというか。

金城 一九六〇年から九年間。テレビという代物を初めて見たのも千里が丘学生寮ですよ。余計な話になりました。

――話を戻しますと、どうなるでしょうか。

松島 寮生同士で、琉球の歴史や文化、差別問題、基地問題、世界の動き、今後の人生などについて夜遅くまで、泡盛を飲みながら語り合いました。年に一回開かれる寮祭には、「天皇制と沖縄」とか「沖縄戦」「米軍基地問題」などというテーマでシンポジウムを開き、寮の壁には琉球の歴史や現状を説明した「壁新聞」を張って、来場者と議論をしました。テレビ朝日の「朝まで生テレビ！」に寮生と一緒に観覧者として参加して、パネリストと琉球について議論したこともあります。

琉球から離れて東京の大学に入学して、外から琉球を見ることで、自分たちのありよう、琉球人のこれまでの歴史、現実の植民地支配の構造といったものを自分の心身を通じて認識することができました。私が琉球・沖縄と自分自身との関係を大きく問い直すことになったのは、一九八八年から八九年にかけてです。そのころは昭和天皇の重体報道、「崩御」という報道があったころと重なっています。私が琉球人であることを意識したのもその時代です。

金城　私は松島さんのように理論武装するなどとは考えもしませんでした。京都外国語大学二年生のころです。荷物を袋詰めするアルバイトで稼いだお金があったので、飲み屋に入ったんです。ことばのイントネーションが少し違うからでしょうね。店の人から「どこから来たのか」と尋ねられた。ところが、私はどう答えたか。「沖縄から来た」とは言えず、ことばに詰まってしまった。店の人は「九州方面の人か」とたたみかけてきたから、「そうです」と言ってしまった。

しかし、酒の酔いが回るにつれて、自分が言ったウソにがまんできず、カウンターを思い切り叩いて暴れた。自分のふがいなさ、もって行き場のない感情を整理できなかった。店の人に叩き出されたのは当然のことです。私は八つ当たりして近くで店を出していた焼き鳥屋のガラスを割ってしまった。いまでも右手に傷跡がある。恥ずかしい思い出です。焼き鳥屋の大将は、私を近くの曽根崎警察に突き出そうとしたんですが、たまたま通りがかった沖縄の女性がお金を払って弁償してくれて、事なきをえたんです。

この女性はバーのマダムか何かで、着物を着ていました。ウチナーグチで私を叱ったことを覚えています。大将に何度となく頭を下げさせてね。しかし、あれ以来、彼女に会ったことはありません。

「恥」意識がなぜ生まれたのか

金城　沖縄を「恥」と思ったこと、この「恥」の意識とは何だと、また、言いよどんだ私のなかに「隠す」という行為はなぜ芽生えたのか。ヤマトゥで直面したことから逃げることはできなかった。だから私は突き詰めていくんですね。

松島　ええ。

金城　「恥」の意識は、ヤマトゥで生活するようになってから芽生えたのではないんです。浜比嘉島では裸足で歩き、雨が降っても傘をさすわけではない。ずぶ濡れになって陽が沈むまで遊び回る毎日でした。病院もなければ、郵便局もない。電気も通じていなかった。水道もない。それがあたり前の生活でした。

高校は勝連城《かつれんじょう》（琉球王国時代の有力按司阿麻和利《あじあまわり》の居城）跡のすぐ近くの前原高校の寮に住みます。小学校からめったに行かない本島に渡るとき、波がかかってもがまんして静かにしていなければならない。波しぶきをよけようとすると、小さい船はバランスを崩す。危ないからじっとしていないといけない。屋慶名《やけな》に着くと、バスに乗る。波しぶきでずぶ濡れですよ。すぐにバスに乗る勇気がない。どうするかというと、海風で服が乾くまで海岸を行ったり来たりして、だいたい服が乾いてからバスに乗るのです。ずぶ濡れになってバスに乗るのは、恥ずかしかった。

だから、私は「恥」の意識と向き合ってきたわけです。先にも言った「隠すこと」の正体にも向き合わざるをえなかった。ある意味では差別の問題を突き詰めて考えることにもなっていくんです。

2　芸術は民衆とともに創られる

出会いは八年前に

松島　金城さんが生まれ育った浜比嘉島には八年前に仲間と訪問しました。その時期には、NPO法人「ゆいまーる琉球の自治」（以下、「ゆいまーる」）が主催した集いを琉球列島の各島(3)でやっていて、二〇〇九年一一月に平安座島《へんざじま》で開いたときです。金城さんが参加者全員をバスで連れて浜比嘉島の生家に案内してくださった。そのときが初めての出会いです。二〇人くらいで行ったと思います。

また、浜比嘉島では琉球開闢《かいびゃく》の神様を祭る「うたき」に行って、みんなで手を合わせました。生家では仏壇に線香をたてて礼拝して、皆で泡盛を回し飲みして家の祖霊とともに過ごしたことを覚えています。金城さんが浜比嘉島で生まれ育ったことは折々に話していただきました。翌日に平安座島で開かれた「ゆいまーる」の集会には、金城さんにも参加していただき話をしてもらいました。

金城　CTS闘争(4)のことですね。思い出しました。

松島　集会では、浜比嘉島、平安座島、宮城島などにゆかりのある方々にも島の歴史、開発問題、文学などについて話してもらいました。最後は琉球の伝統的な踊りを金城さんと一緒に踊りました。

金城　そうでしたね。

松島　今年（二〇一七年）六月一七日に龍谷大学の留学生とともに琉球を訪れ、嘉手納《かでな》基地やチビチリガマなどを訪れました。金城さんの読谷村《よみたんそん》のアトリエにも伺いました。

金城　対談で顔を合わせるのは、昨年五月に続き二回目でした。

松島　アトリエの壁面に「琉球独立宣言」が畳一畳分も大きく引き伸ばして掲げてあり、琉球独立について熱っぽく論じられた。小説「ドン・キホーテ」に出てくるサンチョ・パンサのレリーフが画廊の壁に掲げてありました。金城さんは自分のことを「ドン・キホーテだ」とおっしゃっていました。

注3——久高島、奄美大島、徳之島、沖永良部島、与論島、久米島、伊江島、伊平屋島、座間味島、平安座島、石垣島、宮古島、与那国島、沖縄島で開催。

注4——沖縄本島の東海岸・金武湾の二〇〇〇万キロリットルを備蓄する石油備蓄基地の建設が、一九七三年から始まった。これに対する反対闘争をいう。代表世話人の安里清信『海はひとつの母である』（晶文社、一九八一年）に詳しいが、『思想の科学』（№一一三号、一九七九年一二月）では、井上澄夫のインタビューに、「CTSのため六十四万坪の埋立てをする。そのために八十三万坪の珊瑚を砕いて土砂を取る。潮流が変わって島が削られるというだけではなくて、泥がまわりの珊瑚を窒息せしめる。そのあげくは生態のバランスを失ってオニヒトデが発生する。それが金武湾の現状です」（七頁）と語っている。同じ代表世話人崎原盛秀は石油企業に対する反公害運動が起こるなかで、「本土」での立地が困難になり沖縄が浮上、「自分たちの問題として沖縄の自立とは何かを考え始めたのが運動の始まりだ」と回想している（鼎談「復帰後沖縄の住民運動—〈金武湾〉から〈白保〉まで—」沖縄タイムス刊『新沖縄文学』第八七号、一九九一年）。「埋立てというのはたいへんな海殺しである。漁民だけではなく地域住民にとっては海は『生活の場であり、生産の場』とし、沖縄が自立するための阻害要因」（八八頁、発言要旨）と位置づけている。公害企業の進出は日本政府の棄民政策と指摘している。米軍基地の沖縄集中と同じ構造が公害企業でも刻まれてきた。

行動することが何よりも重要であり、魯迅《ろじん》の影響を受けたとも話された。

金城　そうでした。

沖縄が独立を求める根底に何があるか

――お二人は何度かの出会いがあるわけですね。

松島　私は読谷村のチビチリガマの像[5]を破壊される前と、破壊されたあと、二度訪れました。チビチリガマでは皇民化教育のために多くの犠牲者が出ました。三年前には、読谷村在住の知花昌一さんのご案内でチビチリガマとともにシクムガマを訪れました。龍谷大学の学部学生と一緒でした。シクムガマはハワイに移住した方がいたため約千人の住民の命が助かったという話を聞きました。金城さんの彫刻作品は、村の人とともに村の歴史や文化を受け継いで生まれてきたものであり、抵抗の芸術、行動する芸術は、社会を、地域を変える芸術であると言えるでしょう。こうした作品には影響力がありますから、つぶそうとする者が出てくる。

金城　つぶされることなどない。

松島　チビチリガマの像は再建されました。芸術作品を創ったという歴史性は永遠に残ります。芸術を通して地域を知ることは、ある意味では土着的ですが、二一世紀に生きるわれわれには大きな影響、刺激を与えていると思います。土着的であるからこそ、時空を越えて永遠性、普遍性をもつのです。

金城　地域とともにとか、民衆とともにとかは、私が発見したものではなく、先輩の芸術家[6]が残してきたことです。宮廷画家だったゴヤが革命を描く、そしてメキシコにはシケイロスらがいます。反植民地運動と民衆芸術を実行した人です。

松島　社会運動のなかで創作にあたるのが、金城さんの芸術活動です。芸術至上主義とは違う。

注5――正式名は「チビチリガマ世代を結ぶ平和の像」。米軍が一九四五年四月一日に沖縄本島に上陸、翌二日、集団的強制死が起きた。「チビ」は「臀部」のこと、「チリ」とは「切れる」、「ガマ」は「洞窟」の意味。ガマ内に避難していた住民一四〇人のうち警防団二人が竹槍で抵抗したところ米兵に撃たれ、パニック状態になった。住民たちは、「天皇の赤子として辱めを受けず」と布団や衣類に火をつけて窒息したり、毒薬を注射して八三人が強制集団死した。著者（金城実）によれば、「長崎の爆心地近くに設置された彫刻『長崎平和の母子像』を読谷村で制作、造形される作品を見られ、遺族間で分かれていた意見が作る方向へと進んだ」という。八七年四月に除幕式を迎えた。七カ月後に沖縄国体ソフトボール会場の「日の丸」旗を知花昌一さんが引き下ろし、焼き捨てた報復に、何者かが「日ノ丸燃ヤス村ニ、平和ハ早イ。天誅下ス」と書き、破壊した。九五年四月に再建されたが、二〇一七年九月、入り口や内部の遺品などが破壊される事件が発生、少年四人の犯行だとわかった。

注6――「先輩の芸術家」との出会いについて著者（金城実）は、著作（『民衆を彫る―沖縄・100メートルレリーフに挑む』解放出版社、二〇〇一年）で、一九七二年に開かれた兵庫県立近代美術館の「シケイロス展」で「むさぼるように作品を見入った」として以下のように書いている。「彫刻を既に始めて、沖縄の現状を四六時中考えていた、米軍に痛め付けられていること、場合によってはヤマトゥンチューに。そういう歴史的過程に目をそらして自分の芸術を制作して行くことに一抹の疑いを感じていた時代でもあった。実に度量がないことだ。自分の姿にうんざりしていた。そこで知ったのがシケイロスの闘いだった。植民地下でのメキシコで芸術家として闘う崇高な畏敬の念を持った。芸術の偉大さを知った」（二三一―二四頁）。同書では、ゴヤ、ロダン、ドーミエ、ケーテ・コルヴィッツ、魯迅をあげている。

金城　芸術至上主義では困るのです。

松島　ええ。

金城　琉球独立を見据えるのに、「沖縄人が沖縄の弱さを叩かないと、外圧に耐えられるだろうか」という、この点を話さないといけないと思いました。無論、沖縄の民意をことごとく無視して辺野古新基地、高江《たかえ》のヘリパッド基地(7)の導入という日本政府の暴圧、国家の暴力にどう抗するかが最大の課題です。沖縄のもろさ、それに侵されていくウチナーンチュ内部の闘いもしないといけない。ヤマトゥンチュが遠慮して言わないことですが。

松島　琉球がヤマトゥの軍事的、経済的、政治的植民地であることは疑いないことです。もうがまんの限界に来ていることがまずある。この事実は辺野古新基地の建設に反対する民意を無視する日本政府の姿勢に現れています。司法も政府の方針をなぞるだけであり、司法、行政、立法の三権が束になって五〇〇年続いた独立国である琉球の植民地化を、一八七九年の「琉球併合」(8)以降、強化してきました。一九七二年の「日本復帰」から四五年たちました。しかし、立憲主義、法のもとの平等を日本政府に期待できない状況であるからこそ、琉球の自己決定権、民族自決権を行使して独立を求める方向が強まっているのではないでしょうか。これは国際法で定められた権利です。私たちが二〇一三年五月一五日に設立した琉球民族独立総合研究学会（以下、琉球民族独立学会）の設立趣意書にはその具体的事実、方向性を示しました。対談でさまざまな問題を出していきたいと思います。

3　差別をどう克服するか

ヤマトゥとの出会いが沖縄を照らし出した

――松島さんが指摘された「琉球の自己決定権、民族自決を行使して独立を求める」状況がなぜ生まれてきているのか。立憲主義と離反した具体的な内容はこの対談で出していただくとして、日本での体験をさらに続けていただくと、どうでしょうか。

金城　私は在日朝鮮人の料理、被差別部落で工夫して生み出した料理が、負のイメージを帯びていることに気づくんですね。ホルモンしかり、ニンニクを使った料理しかりです。肉料理といえば、いまは焼き肉やホルモンをよく食べるようになりましたが、ひと昔前は肉料理といえば、すき焼きくらいだったでしょう。肉に対するタブーがあった。

沖縄では豚をよく食べますよね。正月には豚をさばく。豚を飼う場所はトイレ内で、島ではどの家

注7――沖縄県北部の東村と国頭村にまたがる米軍北部訓練場・米海兵隊ジャングル軍事訓練センターのヘリコプター着陸帯のこと。

注8――「琉球処分」という用語は、琉球側に問題があったから処分したという意味をもつ。しかし、独立国琉球は、日本が独立国朝鮮王朝を「韓国併合条約」で「併合」したのと同じく、日本の植民地支配を受けるようになったことから、「処分」ではなく「併合」の使用が歴史的に正しい。琉球大学・波平恒男の研究書『近代東アジアのなかの琉球併合』（岩波書店、二〇一四年）の論考は近年の大きな成果だ。

でもそうでした。ユウナという名前の庭木がトイレ（フール）の側に生い茂っていました。その葉っぱで排便の処理をしたものです。いずれも豚の餌になり、その豚を人間が食べるんです。いまは衛生管理から食肉センターでさばかれていますが、私が育ったころは、自宅で豚を解体するのはあたり前のことでした。解体した豚はほとんど食べる。豚の血もそう。熱湯に放り込んでゼラチン状に固め、韮《にら》などの野菜を入れて油を入れて炒めました。血イリチャ料理といいますが、豚をさばくことも、豚の血を料理で使うことも、差別的に見られることなどありません。トイレはウァ（豚）の神という屋敷の守護神が宿る神聖な場所なんです。

松島泰勝

ところが、ヤマトゥに来て、豚の足を煮込む料理を「下手《げて》ものを食べる」とする見方に出合いました。先輩からこう言われたものです。「豚の足を食べるのをヤマトゥンチュから決して見られないようにせよ」と。よく覚えていますよ。

沖縄の豚の血など活力になる食べ物が、「下手もの」「くさいもの」と貶《おとし》められてしまうこのヤマトゥの文化とは何なのか。そういう疑問に向き合わざるをえなかった。

一九九二年のことですが、フランスのパリで金城実彫刻展を一カ月間開いたのですが、大学の日本語クラスで「ニンニク、ホルモン、豚足の文化考」のテーマで講義しました。ニンニクは朝鮮、ホル

＊写真撮影はいずれも与那嶺功

モンは被差別部落、豚足は琉球です。文化にも差別があるのですが、その逆転を狙った文化論は、フランスの学生にはどう理解されたかはわかりませんが。

大学卒業後、夜間中学、高校の非常勤講師になるんです。そこで出会う生徒さんとの付き合いからも、「恥」をどう克服していくのか、人間を貶める価値観、文化とは何なのかを考えるようになった。生徒さんの多くは、在日朝鮮人のオモニ（お母さん）であり、朝鮮人が語る「恨《ハン》」というものにも出合っていきました。ヤマトゥで出会う人たちから沖縄を照らすことができたのです。

差別とどう向き合い克服するか

――経済的に豊かになれば差別を克服できるのではないか、と思うことで懸命に努力する。そういう経過をたどる人が多いのですが、松島さんはどうでしたか。

松島　大学では経済学を専攻していた関係もあって、「経済力をつければ差別を克服できるのではないか」という考えをもつようになりました。経済力をつければ、これまで琉球人を見下していた人間の差別的な認識を変えることができると。世界で長い間、差別の対象であったユダヤ人のなかには経済的に成功した人が多いこともあり、ユダヤ人の生き方や考え方に大変関心をもちました。

東京にあるユダヤ教の会堂（シナゴーグ）に、民族と経済についての話を聞きに行ったこともあります。就職活動をしてユダヤ系の証券会社に内定をもらいました。バブルの絶頂期でした。経済的に見返そうと考えたのです。四年生の一二月に、内定を受けた証券会社からクリスマスパーティーに招かれました。先輩たちの話といえば、「この一年で何億円稼いだ」とか、お金の話ばかりです。〈これでいいのか〉と疑問が湧いてきました。経済力をつけても差別はなくならないと改めて思いました。金城さんが話された「琉球の弱さ」を私ももっていた。ちょうど昭和天皇が重体になったころです。

琉球のことをさらに深く研究し、「琉球の弱さ」を克服するには、いましかないと思いました。私は卒業の土壇場で就職の内定を取り消し、研究者の道を選びました。太平洋の島々、とりわけミクロネシアの島々をエリアとする島嶼《とうしょ》経済を研究する過程で琉球を深く掘り下げようと考えました。当初は考えていなかった琉球独立が切迫したものとなっていくのは、(9)太平洋諸島と琉球とを比較しながら研究したからです。

研究の過程で内発的発展論という新たな経済発展論を、早稲田大学の西川潤先生から学びました。それは地域の住民が主体となる発展論であり、地域の歴史、文化、自然に根ざす内発的発展です。琉球の植民地経済を克服することができる発展論です。

大きな影響を受けたのは、アイヌ民族との出会いですね。大学院で専門の島嶼経済論を研究するとともに、市民外交センターという国際NGOの会員になり、世界の先住民族を学び、支援する活動をしました。先住民族のなかでも特にアイヌ民族の国連での活動に注目しました。アイヌ民族は国連、

注9——琉球独立が切実な問題になるからこそ運動がおきるのであり、一八七九年後の琉球復興運動を最初にあげられる。しかし現在の日本政府の沖縄の民意無視に立ち返れば、その発生が独立国だった琉球が植民地下に置かれたことにどうしてもたどり着く。きわめて論理的でもある。

国際法を武器にして自らの集団的権利を確立しつつあったことを知りました。一九九六年、私はアイヌ民族のお二人とともに、スイス・ジュネーブにある国連欧州本部人権委員会先住民作業部会に琉球の先住民族として参加し、琉球人の自己決定権が侵されていると国際法に基づいて報告しました。

これまでは、労働経済学から琉球独立に論及されたイリノイ大学教授の平恒次[10]さんがおられますが、島嶼経済から迫った研究者はいませんでした。学問はさまざまなアプローチが可能であり、経済学、政治学、歴史学、国際法などの学知を動員して琉球独立論を研究しようと考えるようになりました。

金城　私には経済的に豊かになって見返すという発想も、また知識を磨けば、差別を克服できるという考えもなかった。「勉強して立派な日本人になれ」という教育を私も同じように受けました。しかし、勉強すれば差別がなくなると思ったことは一度もありません。教育によって差別を克服すると言われていますが、そのことを考えたことはない。

松島さんとは同じく離島出身ですが、育った環境も時代も違う。私が一歳の時に父は戦死し、字も知らない祖父の漁夫真苅（以下、漁夫マカリ）と、母一人の手で大きくなった。知識的に豊かな家庭で育った人とは全然違います。松島さんは、金持ちになることで差別を克服するという道筋では解放されないと進路を変えて、学問の道を選ばれたんですね。

先ほどの話ですがなぜ暴れたのか。そのやり方しかなかったんです、当時は。私は芸術行為によって、暴力を克服しようとしてきたともいえる。ある意味では爆発力を彫刻に向けたものです。

松島　大学で〈私は一体何ものか〉と悩んでいたときに、金城さんの彫刻作品であるチビチリガマの像が何者かによって破壊されたり、知花昌一さんが沖縄国体で「日の丸」を焼いたりしたことなど衝撃的な事件が東京に伝わってきました。

金城　私が強調したいのは次のことです。被差別部落民、在日朝鮮人、アイヌ民族という差別されたもの同士が連帯することよりも、経済的に富むこと、高学歴を身につければ差別が克服されるという考えから、はたして解放されているのかどうか、なんです。

一九七〇年にさかのぼりますが、大阪沖縄県人会連合会の役員が解放教育読本『にんげん』で「沖縄の差別」を載せることに反対したことがありました。理由は「沖縄県も亦未解放部落の一種なり」と見られては困るというのです。社会党の兵庫県議会議員上江洲さんが論文で「おかしいではないか。自分らの差別は許さないが、他人の差別はいいのか」という論法で迫ったわけです。差別を受けたものが一緒になって解放されるのが本当であって、被差別部落の問題と教科書のなかでいっしょくたになっては誤解されるという主張は明らかに間違っています(11)。そうした過ちを分析しますと、沖縄ナショナリズムがそこに垣間見えますよ。半世紀近い前のことですが、はたして克服されているのかどうか。

注10――たいら・こうじ。一九二六年まれ。スタンフォード大学大学院経済学博士。イリノイ大学名誉教授。『日本国改造論―国家を考える』(講談社、一九七四年)など著書多数。本書著者松島泰勝との往復書簡も発表されている。

それと、ほとんど議論に上らないテーマですが、日本の植民地支配についてのウチナーンチュの立ち位置についても議論しなければならない。沖縄は一八七九年の「琉球処分」以降の皇国皇民化、ヤマトゥに渡った沖縄人に対する差別、そして沖縄戦、敗戦後の日本国憲法の埒外におかれた米軍施政下、さらに「本土復帰」後も在日米軍基地を押しつけられてきた。強まったのは被害者意識ではないか。では、加害の側面を直視することが地道に重ねられてきたのか。強制連行された朝鮮人軍夫の碑である「恨之碑」(二〇〇六年五月一三日除幕式)を読谷村の一角で制作しながら問い続けたことです。

いきなり、独立論にドーンと飛んでいったのでは、危ない。インテリが抱えている琉球独立論では、民衆のなかにスムーズに入っていけるとは思わない。また、加害意識が乏しいなかで、ダイナミックに独立に向かうことができるかどうか。ウチナーンチュの弱さと向き合うことが必要でしょう。先生は五〇歳代であり、私はもう八〇歳です。あとを見届ける人として、研究者として大事なんですよ。期待をするわけです。だからウチナーンチュの弱さの克服に進んでほしいのです。

松島　ありがとうございます。東京を代表する日本社会の琉球への反応はショッキングなものであり、そのなかで私は琉球・沖縄に対して相対的、客観的に見る視点が育ってきました。琉球から離れて、外から琉球を見ることによって、琉球人のこれまでのあり様、現在の状態を認識することができたと思います。ヤマトゥの体験ではありませんが、独立を強く意識するようになった体験の一つを話しましょう。ニューカレドニアのフランスからの独立運動です。実際に島に行き、生まれて初めて独立運動にふれることができました。

ニューカレドニアの歴史を調べていくと、自立・独立を求める琉球・沖縄の歴史と似ているんですね。一八五三年に植民地にしたフランスは、豊富な鉱物資源を独占したかったのです。また同じく植民地にした仏領ポリネシアの島や海で一九六六年から九六年までの三〇年間、フランスは核実験を行いました。

フランスの植民地政府は、ニューカレドニア諸島に住んでいた先住民族カナク人を居住地から追い出すなどもしています。カナク人の経済的権利を奪い、フランス本国や他の植民地からの移民を導入して経済開発を進めました。またカナク人自らのことばの使用を禁じ、フランス語を強制するとい

注11――沖縄の論者何人かが問題点を論及している。なかでも岡本恵徳(略歴は注17)は大阪沖縄県人会の行動を大阪に住む沖縄人の被差別状況と在沖米軍基地が作り出す「むきだしの差別」とを対比し沖縄人の問題に引きつけて考察している。以下、抜粋する。「『差別』がその本質を『むきだし』に示してわれわれに襲いかかってきたとき、(中略)敏感に反応し、それを拒絶するためにたたかいをすすめていくかもしれぬが、その『差別』が本質を隠蔽し、日常生活を支配する細かな具体的なあれこれのなかに陰微に入りこんできたときに、われわれも、大阪沖縄県人会の人たちと同じように『逆差別』を行うかも知れない。(中略)今度の行為は、われわれにとっても他人事ではない意味をもっている。七二年返還以後の支配は、その本質をむきだしにあらわしてくることなく、個別的・具体的に日常生活の末端でもってそれを貫徹するにちがいないからである。大阪沖縄県人会の二の舞いをしてはならぬ。差別をその個別的・具体性において、その日常生活の末端を支配しているところで否定して行く新たな試みを自らに課していくことが、いわば戦後の沖縄の歴史をその内実において担うことになるだろうと思うのだ」(『「沖縄」に生きる思想 岡本恵徳批評集』未來社、二〇〇七年、七〇－七四頁)。

う同化政策を進めました。フランス式の支配、開発のやり方は、琉球のもつ可能性（内発的発展）を奪っていったヤマトゥの統治方法とよく似ています。

独立運動のなかで、文化祭・カナク文化祭を催します。自分たちのことばで劇をする、踊りをすることで、差別される対象ではないとして誇りを取り戻す取り組みをしたことが大きい。さらに協同組合の運動を通じて経済活動での自立性を高めていった。運動を続けることで、一九八六年に国連の脱植民地化特別委員会の非自治地域にリストアップされて、国連の支援の下で独立を問う住民投票の準備をしています。

琉球問題を日本国内だけの問題ではなく国際問題として解決する方法を具体的に提示できる確信を太平洋島嶼部での生活ではもつことができました。同時に、琉球のことを深く理解して、独立こそが必要だとの確信をもてるようになりました。

4 「本土復帰」と「反復帰[12]」をどう見るか

なぜ沖縄にこだわるか

――金城さんが言われた「ウチナーンチュの弱さ」の克服ということではどうでしょうか。

松島　その点で琉球人に影響を及ぼしてきたのが、日琉同祖論ではないでしょうか。長い歴史があって、羽地朝秀[13]が琉球人では初めて唱えたと言われていますが、実際に同祖論が具体的に展開されたのは、教育制度などを通じて、日琉同祖論が差別を克服する根拠として捉えられるんですね。伊波普猷(14)が特徴的です。

注12――「反復帰」論という概念が登場したのは、富山和夫「復帰の思想的系譜―同化論から反復帰論へ」（国立国会図書館調査立法考査局『沖縄復帰の基本問題―昭和四十五年度沖縄調査報告書』一九七一年所収）で論及されてからだが、沖縄タイムスの新川明は、国政参加拒否を沖縄の言論界でも運動でもリードしていた。富山は同論文で新川の論を「インターナショナリズムとアナーキズムの両方を一体化へと導いていく」と評価している。新川が直接に定義したのは、「『反復帰』論とは、現在この地球上を埋めつくしている国家群のそれぞれが、『反復帰』論を『精神革命』だとして、ウチナーンチュが同化主義や植民地主義を内面化していくあり方を批判、克服するもの」（座談会「いま発明し直される『独立』」（『世界』臨時増刊、№八六九号）と語り、一貫して「反復帰は、反国家、反国民」と指摘し、琉球独立に思想的影響を与えている。

注13――はねじ・ちょうしゅう。一六一七－一六七五。琉球王府の摂政。一六〇九年の薩摩侵攻後の琉球の経済の立て直しをはかった。国家の正当性と独立性を強調した琉球初の国史『中山世鑑』を完成させた。著者（松島泰勝）は著書で羽地の業績として、以下のようにまとめている。「王府の諸制度から迷信的諸要素を取り除き、農業の生産性を向上させ、琉球人で初めて日琉同祖論を唱え、琉球型華夷秩序という世界観を示した羽地は近世琉球の転換期において島嶼経済の内実を固めようとした」（『沖縄島嶼経済史―一二世紀から現在まで』藤原書店、二〇〇二年、一〇一頁）。

注14――いは・ふゆう。一八七六－一九七四。沖縄研究者。沖縄県尋常中学校時代、校長の差別発言に抗議しストライキの首謀者として退学処分を受ける。東京帝国大学入学後、言語学を専攻、中学時代の恩師田島利三郎からオモロの私議を受け沖縄研究の道に入る。県立図書館長をへて東京に移るまで約二〇年間資料集収を行う。『古琉球の政治』『校訂おもろそうし選釈』『沖縄考』など多数。『全集』一一巻がある。「オモロ研究を主軸に多分野の方法を駆使する総合的性格をもち、沖縄史の全体像構築と沖縄文化の系統上の位置づけ（いわゆる日琉同祖論）を主眼とするものであった」（高良倉吉「伊波普猷」『沖縄県史』別巻、沖縄県教育委員会、一九七七年、三二頁）。

差別をされないために日本人になるというのは、根本的に間違っていると思います。差別される側に責任があるんじゃなくて、差別する側に責任があるからです。日琉同祖論によって差別を克服するというのは、もともとが誤った考えです。日琉同祖論がイデオロギーとなり皇国臣民化を推進することにもなる。アジア太平洋戦争に駆り出され、沖縄戦では琉球人を死に追いやるということがあったわけです。祖国復帰運動のときも、日琉同祖論が働いたと言われています。しかし、復帰したことで差別はなくならなかった。米軍基地の押しつけという集団的差別はいまでも存在しているわけです。

金城　ただ、琉球独立はそんなに簡単ではない。二〇〇三年に出した『知っていますか？　沖縄　一問一答』（解放出版社）では、沖縄はヤマトゥのように知事が中央官僚から来て選挙で選ばれることはないことを指摘しました。ヤマトゥの地方自治体とは決定的に違う。政治的に独立した気概は失っていません。

沖縄の独立で一番大きな課題は「同化」ということが言われますね。同化は空気です。教育であり、メディアであり、芸能であり、ことばでしょう。それに拮抗するものがある。具体的にあげれば、比嘉正春さんの空手であり、歌サンシンの照屋政雄さんですよ。沖縄のことばである「しまくとぅば」です。空手の世界は、全日本空手同盟に入らないと、実力があっても国体に出場できないのですが、それに抗して比嘉正春さんは「沖縄の空手」を名乗って活動を続けています。照屋政雄さんは歌サンシンで沖縄の文化を守っている。

インテリの同化に抗する論説ですが、出口が見えず狭まってくるように感じるんです。高等教育を受けていない民衆がなぜ沖縄にこだわるか。この人たちこそヤマトゥンチュになりきれない。インテリのことばで言うと、同化に抵抗しているわけ。「復帰」と「反復帰」とか、「同化」と「同化に抗する」とかを言い出したら、引っかかってしまう。つまり、「同化」とか「反復帰」で論じていたら、堂々巡りになる気がしますよ。この対談も同じところに陥ってしまいます。

――「反復帰」論について新川明[15]さん、川満信一[16]さん、岡本恵徳[17]さんが論者として知られますが、微

注15――あらかわ・あきら。一九三一年生まれ。ジャーナリスト。『沖縄大百科事典』編集長、沖縄タイムス社長など歴任。著書に『新南島風土記』（大和書房、一九七八年）、『琉球処分以後』（朝日新聞社、一九八一年）、『反国家論の兇器』（社会評論社、一九九六年）など。一九七〇年に長期連載した「沖縄70年代」で「被支配者の心」と題して連載したが、沖縄の自立を目指す「反復帰」論を一貫して主張している。

注16――かわみつ・しんいち。一九三二年生まれ。詩人・思想家。一九七七年に『川満信一詩集』（一九五二―一九七二）を出したほか、『沖縄・根からの問い―共生への渇望』（泰流社、一九七八年）、『沖縄・自立と共生の思想―「未来の縄文」へ架ける橋』（南風社、一九八七年）など。『新沖縄文学』第四八号に「琉球共和社会憲法C私（試）案」発表。仲里効との共著『琉球共和社会憲法の潜勢力―群島・アジア・越境の思想』（未來社、二〇一四年）で詳しい解説を加えている。哲学者高橋哲哉が川満の宣言を批評したり（『思想』第一〇八八号、二〇一四年）、中国社会科学院教授孫歌が「リアリズムのユートピア」（前出共著所収）と題して、人類精神史における意義など論じ、琉球独立運動に影響を与えている。

注17――おかもと・けいとく。一九三四―二〇〇六。琉球大学名誉教授など歴任。著作に『現代沖縄の文学と思想』（沖縄タイムス社、一九八一年）、『沖縄文学の情景』（ニライ社、二〇〇〇年）など。没後に刊行された『「沖縄」に生きる思想　岡本恵徳批評集』（未來社、二〇〇七年）に四章にわたり生涯の思想の軌跡を知るエッセー、論文が収録されている。

妙に違いがある。「反復帰」論すら違いがあるのに、堂々巡りだと一括で表現されるのは、乱暴な表現ではないですか。

金城　「反復帰」論は結論的には「同化」に抗することです。理念化することは大事ですが、具体的にどこに現れているか、民衆がどういった生活を貫いているかでしょう。「本土復帰」前に「反復帰」論を新川明さんらが主張されていたことは知っていました。大阪沖縄県人会が「本土復帰」[18]を提灯行列で祝う会を大阪・梅田の産経ホールで催しましたが、会場で混乱が起きた。屋良朝苗主席が佐藤栄作首相に騙されているんではないかとも思っていました。

松島　それまでの琉球は、日本でもなくアメリカでもなく、憲法がない無権利状態におかれていたわけですね。そこで、平和憲法がある日本国の一部になろうとしたことは、ある種の必然だと思います。自分自身や自分たちの家族が被害を受けても、加害者のアメリカ人はアメリカに逃げ帰ることが常態化していました。この世の地獄を変えるために、琉球人は日本国憲法が及ぶ地として「祖国」にあこがれ「本土復帰」を期待したわけです。大阪の提灯行列はその熱気を伝えていますね。「復帰」による地位が決められたのは沖縄返還協定ですが、中身は日本政府とアメリカ政府だけが話し合って決めたものであり、当事者である琉球政府は排除されていた。密約も含まれていました。沖縄県ができる過程でも歴史的な不正義があったと思います。琉球政府の最後の主席であった屋良朝苗さんが日本政府の佐藤栄作首相に「復帰措置に関する建議書」を渡そうとした。在琉米軍基地の縮小とか、琉球の自治、自立の保障を求めたものでしたが、「建議書」の中身を日本政府は拒否した。だから大阪のウチナーンチュが「騙されているのでは」と思ったのは当然でしょう。

金城　「本土復帰」をめぐる疑念が解けていなかったのですね。そこで祝う会の会場では、「提灯行列をしている場合ではない」と、若者が声をあげて壇上に駆け上がろうとしたんです。「復帰をすんなり認めていいのか」と叫び、主催者の大阪沖縄県人会と衝突した。会場にいた私は衝突を目の当たりにしました。

問題は「本土復帰」後にどういうことが起きたか、です。沖縄の教員など公務員の給料は本土並みになった。「同化」とは日本人化することで差別が克服されるという大義名分がある。ことばを変えれば、ウチナーンチュをヤマトゥンチュ化することで差別を克服するということでしょう。たしかに公務員の給与もアップし、「本土」並みになった。しかし、底辺にいるウチナーンチュの月収は変わらない。前のままですよ。ここですよ。対立が当然起きますね。

沖縄の民衆のなかで、ウチナー語で「アシバー」ということばがいまも生きています。「遊び人」とか「やくざもん」という社会的にマイナスの意味とは逆に、「元気がいい」という肯定的な意味もあります。「アシバー」がいまも通じる沖縄の文化が根強くある。「しまくとぅば」を話し、歌サンシ

注18――やら・ちょうびょう。一九〇二－一九九七。沖縄県読谷村生まれ。台湾での教師生活をへて、戦後は知念高校校長、群島政府文教部長をへて沖縄教職員会会長、祖国復帰期成会会長などをへて一九六八年に琉球政府初の公選で、即時全面返還、基地・安保反対を掲げて主席に当選し、祖国復帰をはたした。著書に『私の履歴書』『激動八年―屋良朝苗回想録』などがある。最近では『一条の光―屋良朝苗日記』上（琉球新報社、二〇一五年）が出版された。

ンに酔いしれて、涙を流す、先祖を思い出す。それを「反復帰」論とか、「同化に抗する」とかで括ることなどできない。「精神革命」と言わずとも、生活のなかで失われることがない沖縄の文化がそこにあるし、民衆の強靭《きょうじん》さが見えるのです。安里清信[19]先生、阿波根昌鴻[20]先生たちが理論と実践を積み上げて、非暴力の闘いをやってこられた。それが、辺野古新基地建設の闘いに受け継がれていると思いますよ。

5　同化を越えるものは何か

独立運動の気骨を示す琉球諸語復興運動

——金城さんはただ沖縄の民衆文化は同化をものともせず存在し続けていると指摘された。しかし、琉球独立で大きな問題は同化の克服ではないでしょうか。

松島　同化には精神的同化と制度的同化があると考えます。最近の琉球新報による世論調査でも明らかになっているように、ウチナーンチュ、沖縄人、琉球人意識をもち、琉球文化に誇りをもつ琉球人が九割を占めています。アイデンティティとしての琉球人意識は揺らぎません。翁長雄志《おながたけし》知事も「イデオロギーよりもアイデンティティ」と主張し、琉球人の心をつかんで知事に当選しました。琉球諸語復興運動もかつてないほど活気を帯びています。新聞、テレビ、ラジオのメディアでも琉球諸語が広く使われるようになりました。一八七九年の「琉球併合」以来、皇民化教育、文科省の教育指導要綱という「日本人になるための教育」を琉球人に対して強制してきましたが、琉球人は精神的に日本人になることはありませんでした。琉球人が「自分は日本人でもある」というときの「日本人」とは、「日本国民」という意味であり、アイデンティティとしての日本人ではありません。「ヤマトゥンチュ、ナイチャー」と「ウチナーンチュ、ウチナー」の区別のことばがいまでもリアリティをもって存在し続けていることを考えても、民族意識としての琉球人意識は強固にあると考えます。日本の朝鮮植民地時代に「日朝同祖論」に基づいた皇民化教育、創氏改名が強制されましたが、独立運動、抗日運動が激しくなった朝鮮半島と同じく、日本の同化政策は琉球においても成功を収めていたとは言えません。

注19――あさと・せいしん。一九一三―一九八二。金武湾でのCTS建設に反対し「金武湾を守る会」を結成し、環境保護運動の先頭に立った。植民地下の朝鮮、戦後の沖縄で教師生活を送る。著書『海はひとつの母である』（晶文社、一九八一年）では、「住民運動に代表はいらない。住民一人ひとりが代表です。従って『金武湾を守る会』に代表はいません。代表がいようといまいと、踏みにじられるのは一人ひとりの個人です」とある。書籍化されていないが、数多くの論考がある。

注20――あはごん・しょうこう。一九〇一―二〇〇二。移民としてキューバに渡ったあと、ペルーに移り、伊江島で敗戦を迎えたが、一人息子を沖縄戦で失った。伊江島の米軍の強制接収に反対し運動の先頭に立つ。非暴力主義を貫き、土地接収に抵抗した闘争は、島ぐるみ闘争として広がりをみせた。「本土復帰」後、軍用地としての土地契約に拒否し続けた。自費で反戦平和を訴える資料館「ヌチドゥタカラの家」を一九八四年に開館させた。著書に『命こそ宝―沖縄反戦の心』（岩波書店、一九九二年）など。

――朝鮮の植民地統治について話されたが、朝鮮民族の抵抗と比較できるでしょうか。朝鮮は上海に大韓民国臨時政府を設けたし、朝鮮義勇軍の抵抗もある。金日成《キムイルソン》は抗日パルチザンを率いた。宗主国に対する独立運動ですから、別次元のことだと思いますが。

松島　植民地統治として琉球が一番早く植民地支配されました。しかし、今日までさまざまなかたちで抵抗してきました。おっしゃるように臨時政府やパルチザン闘争はありませんでしたが、琉球人は琉球人の方法で抵抗してきました。ともに日本の植民地になり、朝鮮・韓国は独立しましたが、琉球はいまだに日本の植民地のままです。

現在、琉球人は日本国民であり、その人権は日本国憲法によって保障されるべきです。「復帰」運動に多くの琉球人が参加したのは、平和憲法を有する国の一員になることで、米軍基地の撤廃・削減、基地関連の事故や犯罪問題の抜本的解決を希求したからです。しかし、現実には憲法よりも日米地位協定の効力が上回り、「復帰」して四五年になっても基地問題は一向に解決しません。

アイデンティティとは、他者から与えられるものではなく、自らで獲得する自己意識です。日本国民であっても琉球人という民族的属性をもつことは不自然ではありません。特に現在のように日本政府、日本人によって植民地支配、差別されるという逆境のなかでウチナーンチュ意識が強まるのは当然です。

金城　独立の機運を高めることで、同化や反同化で堂々巡りするところから抜け出すんですね。一九九七年に二日間かけた独立をめぐる討論会(21)が開かれた。私は参加していませんが、この討論会において沖縄で独立問題が公然と討議されるようになったと言われています。独立の熱意とか熱気が同化されているか否かを越えていくんだと思います。

注21――「沖縄独立の可能性をめぐる激論会」は一九九七年五月一四日、一五日に沖縄市民会館で開催された。一九七〇年に『中央公論』一一月号で琉球独立を論じた平恒次の挨拶に始まり、討論「経済から見た沖縄独立」では宮城弘岩（沖縄県物産公社専務）、富川盛武（沖縄国際大学教授）、比嘉実（元法政大学沖縄文化研究所所長）――役職はいずれも当時――の三人がパネラーとして登壇。「ボーダレスの時代にこれまでの国民、領土、主権の意味が変わってきた。経済においてのみ独立が非常に大きな意味をもつ。独立、自立、一国二制度という用語があるが、自らが食べていける体制作りが重要」（宮城）、「九七年の新聞社の世論調査では復帰を良かった答えた人が九割近く占めた。この意識をどう解釈するかだが、スモール・イズ・ビューティフルの考えから経済が落ち込んでも独立を志向できるかがカギ。グローバル化のなかで希薄化する経済的な国境など想定して判断する」（富川）、「日本のなかの異国ということを積極的に打ち出し、独立ではなく日本の中のエスニック、自治をもとめる方向に」（比嘉）――いずれも討論会をまとめた『激論・沖縄「独立」の可能性』（紫翠会出版、一九九七年）収録の発言要旨から――と発言し、次いで討論を行った。二日目は、韓国、台湾、アイヌ、奄美、日本のパネラーから「沖縄を取り巻く地域からの発言」と題して議論した。紫翠会出版の書では、積極的に「琉球自立・独立論」を発表している詩人高良勉が「真剣な独立論議を」と題して寄稿し、沖縄戦で白旗を掲げた少女の映像から学び、「沖縄戦から学ぶべき最大の教訓が『白旗の思想』だと思う。琉球弧を防衛する現実的最大の方法は、徹底して『非戦・非武装』の思想を貫くこと」（一八六頁）と主張している。高良は『環』四三号（二〇一〇年秋）で「琉球問題へ」と題して、沖縄問題を米軍基地問題、日米安保問題という狭い枠内で受け止めるのではなく、奄美群島や琉球弧全体の問題としてとらえて「沖縄問題」から「琉球問題」「琉日関係問題」へと転換を図るべきだとして、「日本政府とヤマト民族による琉球弧への差別と分断、植民地主義支配に対し、沖縄・徳之島をはじめ全琉球弧からの反撃が進みつつある」と結んでいる。

――日本語が通じる通じない問題は大きい。日本語の理解が進むことが同化の進度ではなかったか。方言札の存在は、同化の強要を意味しています。

松島　日本語が通じるから同化されていると考えるのは大きな間違いです。一九四五年四月九日に日本軍司令部から発出された「球軍会報」第五項に「軍人軍属ヲ問ハズ標準語以外ノ使用ヲ禁ズ沖縄語ヲ以テ談話シアル者ハ間諜（スパイ）トミナシ処分ス」と記載されています。琉球諸語を話しただけで琉球人が日本軍によって殺されました。琉球人が自発的に日本語を使用したとか、その使用をもって琉球人が日本人である証しになるとは言えません。また、オーストリアとドイツの人びとのように同一言語を使用しながら、異なる国を形成した例が世界に多くあり、日本語を話す琉球人がウチナーンチュ意識をもちながら独立運動をしても奇異なことではありません。

金城　私は大阪で住んでいても家庭ではウチナー語を話していました。息子、娘はどう思ったか。いまは日本語を使うことが大半ですが、同化したとか同化されていないと思ったことはないね。ことばの使用だけを取り上げて同化をうんぬんすることはできないでしょう。ただ、日本語には日本人の共通した感性を注入するわけでしょう。それをウチナーンチュはなかなか意識できない。琉球諸語復興運動は大事なことだし、沖縄のラジオ、テレビでもウチナー語を使う回数が増えてきた。また各地域でウチナーグチでの弁論大会が開かれ、全島大会にたどり着いている。独立の気概ですよ。

焦点1　二五年ごとの節目をたどる

松島　「日本復帰」後はヤマトゥと同じ経済体制になったわけですね。ヤマトゥの大企業がどんどんやってくる。すると琉球の中小零細企業が市場競争の過程で倒産していく。失業者が増えていくという事態が起きてくる。沖縄県の失業率は全国でも高いのですが、なかでも若い人の失業率が高い。二ケタ台です。ですから、若者の失業問題は、戦前から米軍統治、そして「日本復帰」後の現在も続いています。経済政策の失敗が若者にしわ寄せされています。

「日本復帰」以降、琉球の歴史や風土を知らない霞が関の官僚が振興開発計画を作ってきたのです。振興開発の一つである土地造成の過程で、島の土壌である赤土が珊瑚礁の海に流れて海の自然生態系を大きく破壊しました。それは日本「本土」の土木工法を島嶼の環境や風土に無理やり当てはめた結果発生した自然破壊です。霞が関の官僚が琉球の自然や歴史を知らなかったことから発生した人災とも言えます。

戦後七〇年以上も米軍基地に苦しんできた琉球の歴史を理解しない官僚が、基地の押し付けを当然のように考えるという認識も振興計画の前提になっています。

金城　沖縄には「非武[22]」の国という思想的伝統があります。しかし、黙っていたわけではない。二五年ごとに沖縄の民衆に衝撃をあたえる事件が起きると言われています。一つは「コザ蜂起」（第三章参照）ですね。一九四五年八月一五日の日本の敗戦から二五年目の一九七〇年に起きました。さらに「コザ蜂起」から二五年後の一九九五年には少女暴行事件を糾弾する沖縄県民大会が開かれた。

——さらに二五年後というと、二〇二〇年の東京オリンピックです。

松島　琉球独立運動は、琉球人がこの島で人間として平和に生活するための具体的な方法です。琉球独立運動の展開にとっても二〇二〇年が節目の年になるのではないでしょうか。

注22——「非武」の伝統は、明治政府との廃国置藩（一八七二年）や琉球処分（一八七九年）のやりとりに遺憾なく発揮されている。ただ琉球藩は日本政府が一方的に名づけたものであり、その後も琉球国は国として存在した。大田昌秀は著書『大田昌秀が説く沖縄戦の深層』（高文研、二〇一四年）で紹介している。廃藩置県を推進する琉球処分官の松田道之が政府の報告書で「琉球の政治たるや　文教人倫を原として　政教を分たず　兵備を用いず　土人に寸鉄を帯わしめず」との文書があることなど（一三頁）、琉球処分をめぐる過程で琉球王府の国是ともいえる平和思想で熊本鎮台（第六軍管区）分遣隊の沖縄常駐を拒み続けた。琉球王府側の主張を大田は以下の文献で例示している。「一　夫れ琉球は南海の一孤島にして　如何なる兵備を為し　如何なる方策を設くるとも以て他の敵国外患に当るべき力なし。二　此の小国にして兵あり力ある形を示さば　却て求て敵国外患を招くの基となり　国遂に危し。三　寧しろ兵なく力なく　惟礼儀柔順を以て外に対し　所謂柔能制剛を以て国を保つに如かず」（一六頁）。

第二章

琉球独立の原点——沖縄のいまを語る

1　日本国憲法が機能停止している

日米の二重支配が「復帰」後鮮明に

——琉球独立が対談のテーマです。「本土復帰」と「同化」などで議論が進みましたが、どのあたりから話を切り込んでいけばいいでしょうか。お二人に共通する琉球独立の原点としては、アイデンティティの問題もありますが、日本国憲法との立ち位置になるでしょうか。

松島　琉球独立に向かう原点として、東京での差別体験を契機にした琉球人アイデンティティの発見は、対談の最初に述べたとおりです。大学院に進学して専門の島嶼経済論を研究すると同時に市民外交センターという国際NGOの会員になり、日本国内の先住民族アイヌ民族の文化、言語、世界の先住民族を学び、支援する活動をしてきました。先住民族のなかでも特にアイヌ民族の活動ですね。とりわけ国連での活動に注目しました。一九九五年に米軍兵士による少女暴行事件がおき、一九九六年

中トビラ写真…辺野古新基地建設に反対する海の座り込み行動
（2017年10月25日、撮影・川口真由美）

には大田昌秀知事が代理署名訴訟(23)において最高裁判所で敗訴した。琉球人の生命を守る司法の闘いが日本の最高の裁判所で負けたわけです。日本国憲法が琉球に及ばないんですね。日本の国内法では琉球人の命や生活を守ることが非常に難しいのではないかと思うようになりました。

金城　私の読谷村のアトリエには、日本国憲法第九条を掲げていますよ。ブロック塀に「憲法九条を守れ」「子どもたちを戦場に送るな」と大きくペンキで書いてあります。蹴散らかされても、平和憲法こそ沖縄で実現せねばならないと考えています。徹底的に問いつめる。日本国憲法に蹴散らかされても、憲法九条を求めるというのは矛盾でしょうが。

――松島さんが指摘された「日本国憲法が及ばない」という日本と沖縄の関係の本質的な構造の喝破というか、直感は非常に意味をもちますね。

松島　日本政府にもう期待できないし、一八七九年まで琉球王国という独立国だったわけですから、独立といっても、分離独立ではなく、復国です。もとの琉球王国という王制の復国ではなく、琉球が伝統としてきた「非武」の国を創っていく。日本国憲法が琉球でも保障され、民意を表す国政選挙、

注23――米軍用地の継続使用手続きでは、土地所有者に事実確認して署名捺印することで継続使用が可能になる。土地所有者、市町村長が拒否したら、知事が権限（代理署名）をもつが、大田知事は代理署名を拒否した。国側が一九九五年一二月七日に提訴して裁判になった。二審制で、一審は国側が勝訴し、沖縄県が上告したが、最高裁は九六年八月二八日に全面的に退けた。

地方自治体の選挙結果が反映されるならば、局面は少し変わってきたでしょう。しかし、基地負担の軽減がどうして辺野古新基地建設に結びつくのか。民意無視が積み重なり、在琉米軍の兵士による女性への暴力は止むことはなく、米軍基地の整理縮小と日米地位協定の改定を訴えた住民投票の結果は政権を動かすことなく推移してきた。安保法制成立、「共謀罪」施行と、次々と平和憲法を無視し、立憲政治を無視した「戦争をする国」「戦争に加担する国」に突き進んでいる日本に、「二一世紀の沖縄戦」を危惧するのは当然です。

――安全保障上、軍事基地の集中は先制攻撃の対象になるという負の「マグネット効果」が指摘され、在沖米軍基地が集中する沖縄は、その危険にさらされ続けています。

松島　これまで世界中で「民族の自己決定権」という民族の集団的権利に基づいて独立が実現されてきました。宗主国の国内法では独立を認める規定がないのです。国内法に基づき琉球独立をめぐる住民投票をして、賛成が過半数を占めても、日本政府の決定に影響を及ぼしません。しかし、国際法的には可能なんです。国際法に基づいて脱植民地化を実現できるのです。そのためには、国際法で保障されている「民族の自己決定権」に基づく独立を目指すことです。「民族の自己決定」は琉球独立で最も根幹になることです。辺野古の新基地建設と高江へリパッド基地建設(24)が、なぜ琉球の反基地闘争の象徴になっているのか。日本政府が国政、地方の各選挙を通じた自己決定権をことごとく無視した暴圧があるからです。

——当初は普天間基地廃止が「代替[25]」「移設」という表現で言われるようになった。沖縄の新聞はそのトリックを見破る報道をして「代替」という用語を使うことはないと思いますが。

松島　辺野古新基地には二本の滑走路のほかに、軍港と弾薬庫も造られます。耐用年数は二〇〇年です。自分の子や孫の時代まで、半永久的に琉球を米軍基地として使うという。これは、日本政府、アメリカ政府からの、琉球に対する挑戦状だと思うんです。つまり、これから半永久的に米軍基地として使う[26]、あなたたちを人間として認めません、と言っているようなものです。

辺野古の新基地は国有地になります。日本政府の土地になる。そうなると、琉球の抵抗運動の基

注24——伊江島でのオスプレイとF35B垂直離着陸戦闘機のための着地帯建設が進んでおり、反対運動が続けられているが、日本の新聞ではほとんど報じられていない。

注25——普天間基地廃止と辺野古新基地建設は結びつかない。沖縄に基地負担を増やすからだ。しかし、日本政府は普天間基地の「代替」として辺野古新基地を位置づけるトリックを使った。その要点は、①埋め立て面積が普天間より小さい、②滑走路が短い、③在沖米軍の部隊の機能縮小などをあげるが、実際は、軍港としての役目をはたし、大浦湾側に護岸が整備されヘリコプターを運ぶ二五〇メートル以上の大型船が接岸可能になる。弾薬搭載エリアも普天間にない施設。「代替」「移設」のトリックはさらに進み、二〇一三年四月の日米合意は八項目となる。①海兵隊飛行場関連施設などのキャンプ・シュワブへの移設、②普天間基地の能力の代替に関連する、航空自衛隊新田原基地（宮崎）及び築城基地（福岡）の緊急時使用のための施設整備は、必要に応じて実施、③普天間基地代替施設では確保されない長い滑走路を用いる活動のための緊急時における民間施設の使用の改善などで、③は三〇〇〇メートル級滑走路を有する民間空港・那覇空港が新たな「返還」条件となる可能性がある（『朝日新聞』二〇一七年七月一三日）。新基地建設に加えて民間空港を米軍基地化する意図が含まれている。

盤、民族の土地も失われてしまう。またサンゴ礁の上に基地を造るのは初めてです。サンゴ礁は琉球諸語で「イノー」と言われますが、琉球の男女が魚や海藻をとり、泳ぎ、浜ではお祭りをし、住民が交流する場であり続けたのです。そのような琉球人の歴史や文化の基盤、精神世界とも関わりが深い場所を米軍基地にしようとしているのです。

辺野古の闘いは、琉球人の歴史的・文化的・精神的な土台を掘り崩すことへの抵抗です。日本政府は辺野古の新基地建設問題を裁判にもっていく決定をし、琉球人を被告席に立たせるのですが、これまでの嘉手納基地爆音訴訟、普天間基地爆音訴訟でどうだったのか。日米安保に関しては裁判所が「国の安全保障政策」に対して判断を下さない判決を経験してきました。辺野古に関しても同様でした。

――集団的自衛権の行使を容認した二〇一四年七月一日以降、辺野古新基地建設に反対する人びとへの弾圧はすさまじい。これが法治国家なのかという声が沖縄の友人、支援者から聞かれます。日本政府の暴力行為は日常化し、海上保安庁のゴムボートが抗議側のカヌーに追突するなどしています。

松島　琉球の戦後は日本政府とも闘わなければならなかった。「復帰」前はアメリカ政府と、「復帰」後は日本政府と重なる二重の闘いを強いられている。この二〇年間、日本政府は琉球人の平和を求める心に寄り添うどころか、基地機能を強化し、「島嶼防衛」の名のもとで、奄美・宮古・八重山諸島での自衛隊基地を増強し、集団的自衛権行使容認から安保法制の整備、強化によって日米両軍の協力関係をさらに推し進めてきました。これらは琉球人を侮蔑する行為です。

金城　「本土復帰」後はアメリカとの闘いのほかに日本政府とも闘わねばならなくなった。つまり二重構造に追い込まれたのが沖縄の現代史です。「復帰」によって背負い込んだのです。だからしんどい。かつては、高等弁務官布令により、政治結社とか、アメリカ批判とかは許されず、抵抗するのも難しかった。「復帰」でそれはなくなったが、やはり二重構造を強いられていますよ。

――辺野古新基地建設の差し止めを求めた裁判がありました。二〇一六年九月の福岡高裁那覇支部（多見谷寿郎裁判長）は国側の主張を全面的に認め、最高裁は同年一二月二〇日、高裁判決を追認、翁長雄志知事の上告を退けました。

松島　翁長知事だけが敗訴になったのではなく、琉球人総体の敗北が日本の裁判所によって下された。日本の司法では琉球人は救済されないことが改めて示された。司法は行政に従属しているわけ

注26――「半永久的に琉球を米軍基地として使う」という意味は、沖縄の民意（自決権）無視が永続することを意味するが、在沖米軍基地を四〇年以上取材してきたジャーナリスト新藤健一によれば、日米政府が辺野古の海を強引に埋め立てるのは、「ハイテク戦争時代に対応するアジア最強の『新基地』を作る目的が背後に隠れている」として、「本当の計画は原子力空母や潜水艦も寄港できる港湾施設を作り、オスプレイを含む航空機用滑走路を新設、さらには核兵器を含む特殊兵器が貯蔵可能な辺野古弾薬庫の再生など、複合的な軍事施設を造ることが真の目的なのです」（新藤健一『沖縄「辺野古の海」に、いま―新しい巨大米軍基地ができる　写真ドキュメント』七つ森書館、二〇一五年、九八頁）と述べている。

で、このままでは日本の国内では琉球人の人権は保障されない。
金城　「忍従」をずっと続けよというわけか。
松島　今回の最高裁判決で、琉球人の民意を代弁する翁長知事が敗訴になったことは、琉球の人びとが負けたことを意味しますね。琉球人は日本国民であり、「法の下の平等」が憲法によって保障されてしかるべき存在ですが、「日本復帰」以後、それが日米地位協定という二国間の国際条約法によって蹂躙《じゅうりん》されてきました。琉球が日本の一部であり続けるままでは、永久に琉球人の生活や平和を実現することができない。
司法、立法、行政の三権が総体になって琉球に米軍基地を押し付け、再び戦場にしようとしています。福岡高裁那覇支部判決、最高裁判決を受けて、このような国から琉球は早く抜け出す、つまり独立しなければならないと改めて思いを強くしています。

2　「オール沖縄」はどうして生まれたのか

「イデオロギーよりもアイデンティティを」

金城　ここで、そもそも「オール沖縄」はどうして生まれたのかを話すことにしましょう。「オール沖縄」は沖縄人としての誇りから生まれたものです。誇りから来るとはどういうことか。それは、屈辱と被差別・抑圧の歴史をくぐったことのない「奴」には理解できない。人間の尊厳が傷つけられ、その苦痛が理解できない「奴」は、右の耳から聞いて心にこのことばを立ち止まらせて考えることができず、すぐに左の耳から抜けて、ただの空気になって地上に落下するからです。

翁長県知事や仲里利信衆議院議員（当時）は、二人とも沖縄自民党のトップにいた人です。いつごろから彼らは自由民主党を抜けて「オール沖縄」へと突進したのか。当時那覇市長だった翁長さんは、垂直離着陸輸送機オスプレイ(27)配備反対の建議書を持って安倍晋三首相に会いに行った。しかし、あっさりと拒否された。そのうえに、その後の街頭デモで翁長さん一行は、「沖縄人死ね」「帰れ」「中国のスパイ野郎」などヘイトスピーチを浴びたのです。直訴団の失望は大きく、プライドを傷つけられた翁長さんは、激しく怒ったのです。

松島　翁長さんが「イデオロギーよりもアイデンティティを」と主張して知事に選ばれたことの原点ですね。

金城　この変化は、稲嶺進名護市長の選挙のときから始まっていました。私も選挙カーに乗って演説しましたが、目にした光景が印象に残っています。それは、保守の重鎮である仲里利信さんが、一人で車を運転しながら、必死に稲嶺さんの応援をしていたことです。選挙陣営がびっくりしたんです。当時、大阪から服部良一元衆議院議員が応援に来ていて、二人とも仲里さんに直接会いました。仲里

注27——開発段階や実戦配備で何度も事故を起こし安全性への疑問が指摘されている。沖縄県民の強い反対にもかかわらず二〇一二年一〇月、普天間基地に一二機、山口県・岩国基地から移転、配備された。第二次安倍政権時には二四機に倍増した。

さんの熱の入れ方は半端じゃなかった。

翁長さんは那覇市長でしたが、すでに両者の「オール沖縄」への決意は固まっていたようです。さらに仲里さんの熱に油を注いだのが、石破茂防衛大臣（当時）の発言ですよ。「五〇〇億円出すから島袋吉和前市長によろしく」というものでした。銭で沖縄の心を買おうとした大臣の発言に激怒したのが仲里さんでした。

彼は沖縄戦の体験者であり、辺野古新基地が未来の世代にどんな悲劇をもたらすか、その歴史を知っていた。その体験といまの日本政府の沖縄に向ける目線に屈辱を覚えたのです。「オール沖縄」は、この二人によって大きく踏み込んだ闘いになっていった。つまり「オール沖縄」は、かつての復帰運動の母体から生まれたのではなく、保守派（かつての自民党県連）から生まれたものなんです。

沖縄の革新団体の功績は忘れていませんが、「オール沖縄」が生まれたことは、実に素晴らしいことであり、私も全面的に賛成です。今回の参議員選で伊波洋一さんが圧勝した。結果論としては文句がない。しかし沖縄経済界は一枚岩ではないので、隙を見せてはならないと思います。

松島　五カ月間も長期勾留された山城博治(28)さんがジュネーブの国連に行って、日本政府の動きを強く批判しました。「オール沖縄」は国内での活動もありますが、私が九六年に国連に行った理由と同じ状況が、いま起きています。国際的な世論を喚起するという方向に行っているわけです。これからは琉球に国連の査察団が来たり、国際的な人権団体が来たりするようになるでしょう。日本政府がいくら弾圧しても負けない運動が今後も続くと思います。それは国内外の支援があるからです。

金城　ただ、「オール沖縄」に幻想をもってはいけない。あの手この手で分断工作をしかけてくる。国家の暴力は恐ろしいものですよ。「オール沖縄」で翁長知事は抵抗して、辺野古新基地建設に歯止めをかけようと闘っている。しかし、国家は黙ってはいない。宮古島市、浦添市の市長選で保守が勝ったでしょう。翁長知事が辺野古の埋め立て承認を撤回すれば、工事遅延の損害賠償をするとまで伝えられています。今年（二〇一七年）三月、菅義偉官房長官が記者会見で発言しました。国が沖縄県に対してスラップ訴訟（権力をもつ者が政府・自治体への対応を求めた個人、被害者を相手取り、報復的目的で起こす訴訟）をするかもしれないという。権力の暴走暴圧、ここに極まれり、です。

松島　地方の首長選挙だったり、議会選挙では、「オール沖縄」の切り崩しが行われているのは事実です。日本政府は「アメとムチ」が効果をもつと見ているのですが、これは地方自治の精神を踏みにじっている。「アメ」を与え、拒否をすると「ムチ」を振るうのは自治の精神を毀損《きそん》することになります。「オール沖縄」はこのままでは、独立に一直線に向かわざるをえなくなる。大きなカギはアジアがどう動くのかです。安倍政権の歴史認識ですね。戦後賠償問題、尖閣諸島、竹島などの領土問題の対応の仕方は、東アジアを敵にまわしていると思います。琉球が独立すれば、かつての日本の植民地であった韓国、北朝鮮、侵略を受けた中国は琉球側につくと思います。

注28――やましろ・ひろじ。一九五二年生まれ。沖縄県職労副委員長などをへて、沖縄平和運動センター議長。反戦平和、反基地運動の先頭に立ち続けている。論考に「辺野古の現場から民主主義」（『現代思想』二〇一六年二月臨時号）など。

「オール沖縄」の分断に向けての工作は、琉球の自立、自決を許さない日本の支配層の強力な働きかけであることは容易に想像できます。保守の首長が作っている「チーム沖縄」は辺野古、高江の反基地運動が好ましくないという圧力をかけています。警察は逮捕して長期勾留するという人権弾圧、人権蹂躙も厭わないのです。

しかし、ある意味では独立は琉球人が望んでいることではないのです。日本のなかで、琉球人が多民族共生の存在として認められて、人権も保障されるなら、在琉米軍、自衛隊の基地を無くしていくことで、多くの琉球人が独立を言うことはないでしょう。しかし、言わざるをえない状況を生んだのは誰なのか。琉球の独立を目指さなければならなくなったのは日本政府の弾圧の数々ではなかったのか。選ばざるをえなくなっているのです(29)。

金城　「オール沖縄」の誕生は、独立への一歩とみますが、その分断は独立を蹴散らかすことです。強烈です。

――「オール沖縄」は沖縄県が日本の一員、一地域であることを前提としており、日米同盟を認め、必要な米軍基地は同意する立場をとっています。独立論とは明確に一線を画すのではないでしょうか。

松島　私のほうからお答えしますが、自己決定権とは何かです。自己決定権は内的自己決定権と外的自己決定権の二つにわけられる。前者は自治であり、後者は独立です。琉球独立論者は内的、外的双方を主張するが、「オール沖縄」の場合は前者を強調するという違いがあります。しかし、独立論者も「オール沖縄」の方々も同じく自己決定権を主張することは共通しています。安保関連法法制化、「共謀罪」法成立、憲法改悪、島嶼防衛、辺野古の新基地建設など、内的自己決定権を日本政府が認めない状況がこれ以上続けば、独立を主張する人がさらに増えてもおかしくありません。「オール沖縄」の中心的組織である「島ぐるみ会議」の国連部会長を務める、琉球大学の島袋純さんは近年、琉球独立を主張するようになっています。私は大学院生のころから島袋さんと交流があります。独立を明確に主張しなくても、かつて琉球国であった島の人間ですから、独立の意志を内在的にもっていても不思議ではありま せん。「オール沖縄」が独立論と明確に一線を画すとは思いません。

注29――「ストップ！　辺野古新基地建設！　大阪アクション」共同代表西浜楢和は五・一五の「本土復帰」に関する『琉球新報』『沖縄タイムス』二紙の社説を分析した論を書いている。一九七二年時は日本との親和性があったが、基地縮小が進まず沖縄人が沖縄差別を痛感し、一方で日本人は無自覚な事態が進行したことを明らかにした。自立を強調する社説が一九八四、八五年から現れ、二〇一三年の『琉球新報』社説で「自己決定権」の尊重をうたい、構造的差別と「植民地」認識が主張されるようになった。西浜は「まとめ」で、『沖縄タイムス』に寄せられた「独立も覚悟　試される県民」と題する投稿を紹介し、二〇一六年一〇月一八日、公務員（警察官―大阪府警機動隊員）が高江ヘリパッド建設工事に抗する作家目取真俊に「『触るな！　くそ！　どこつかんどるんじゃ！　ボケ、土人が！』と発言し、別の同府警機動隊員も抗議の市民に対し、『だまれ！　こら、シナ人！』と発言したことが判明した」ことにふれ、「一方がルビコン川を渡ってしまったと思い、他方が差別発言を浴びせるほど沸点に達している」と指摘、日本（人）の覚醒がいま求められている、と結んでいる。かぎ括弧の引用文は西浜論文「『復帰』幻想から自立、自己決定権追求への道程―沖縄地元二紙の5・15『社説を通して―』」（『共生社会研究』第一二号、二〇一七年所収、六五―六六頁）による。

金城　県民のトップに立つわけですから、独立など言わないでしょう。民意から辺野古新基地を作らせないということを強調するわけであり、たしかに「オール沖縄」は独立を言っていません。個人である金城実はいくらでも言えますが。

3　辺野古新基地建設では何が問われているか

国策裁判、国策捜査を強行

――辺野古、高江の話が出ましたが、歴史的に位置づけていただくとどうでしょうか。

金城　大田知事の代理署名拒否の裁判も翁長知事の辺野古新基地建設を認めない裁判も同じ性格をもつものです。

松島　国策裁判ということでしょうか。

金城　そうです。沖縄県は一九九六年九月八日に「基地の縮小と日米地位協定」の見直しを問う県民投票を実施しました。全有権者の過半数を超える人が賛成に投じた。それでどれだけの基地が縮小されましたか。新基地建設を辺野古で無理やり進めている。県民投票で県民の意志を示しても、国政選挙で辺野古新基地反対、高江のヘリパッド基地建設反対を訴えても沖縄の主張は無視される。

松島　日本の住民投票で基地問題を訴えても情勢は動かない。憲法九五条に基づく住民投票で琉球独立を問うても、賛成が過半数を超えても変わらないのです。しかし、国際法の枠組みで行えば可能な

著者（金城実）は 2012 年 9 月 9 日の「オスプレイ反対県民大会」に向けて「琉球独立の道へ」と題して沖縄人を 3 メートルの丸太に刻み自宅横の野外展示場に設置。独立の思想と水平社宣言の精神が共振するとみる著者に部落解放同盟大阪府連浅香支部が荊冠旗（写真右）を著者の彫刻活動を支援する意味で寄贈した。制作台に立つ著者（撮影・高橋美香）

のです（第六、七章参照）。大田知事の代理署名の上告を退けた最高裁判決が二〇年後に辺野古裁判で繰り返されたのです。

金城　出口が見えない闘いが大田知事の時代から続いている。大田、翁長知事の最高裁判決、山城博治君の不当な勾留は、法的に見てもとんでもないことです。国策裁判、国策捜査を強行した。「諦めろ」という民衆の闘いに対する弾圧の数々は、沖縄を実験台にしているんですよ。私は、翁長知事の今回の最高裁判決に対して「やっぱりそうか。またか」という感慨をもちました。しかし、絶望することはないのです。ではどうするか。闘い続けることです。私は結果に拘泥するような考え方はもちません。拘泥することで、「闘ってもだめだ」という考え方に傾いていくのは、権力の思うツボですよ。

松島　そうですね。闘ってもだめだ、しょうがないという考え方は事大主義と言われ、戦前でもあったし、いまもある。しかし、翁長知事を多くの人が支持しているのは、どうしてか。闘い続けようとする意志をもつ人が多いからです。

金城　こういうことを言うと誤解されるかもしれないが、負けるか勝つかは考えなくてもいい。靖国裁判(30)は三〇年間続けてきたが、一度も勝ったことがない。絶対に勝てない。負けることがわかっていてもやる。なぜやるか。自分のプライドですよ。私のなかにあるプライドは、権力がいかに弾圧しようとしても、大金を積もうと奪うことができない。自分が生きているという証しと、次の世代に伝える生き方としてのプライドですよ。

安倍「改憲」を問う

金城　二〇一五年六月に選挙権を行使する年齢が一八歳に引き下げられましたね。そして、二〇一七年五月三日には安倍晋三首相が憲法「改正」を二〇二〇年には実現したいと言いました。いまの憲法九条に三項を加えて、自衛隊の存在を明文化する。これまでの議論を飛び越えて、まさしく安倍憲法だ。国民主権はどこに行ったのか。

注30——著者（金城実）が大阪在住時代の一九八五年八月一五日、中曽根康弘首相（当時）が靖国神社に公式参拝したことから大阪地裁に国と中曽根首相を相手取り、同年一二月六日提訴した。著者は計六人の原告の一人。中曽根首相の公式参拝は「戦後政治の総決算」から行ったもので、靖国神社公式参拝違憲訴訟は播磨（神戸地裁姫路支部）、九州（福岡地裁）と、金城の大阪・京都の三原告団が闘った。公式参拝は憲法第二〇条三項が禁じる国の宗教活動にあたり（政教分離原則違反）、同一項の信仰の自由の侵害について、「国家権力と神社神道との癒着・結合は、神社神道を信仰しない者、他の宗教を信仰する者（中略）の信教の自由を侵害することは明白」（訴状から）とする信教の自由の侵害をあげている。さらに中曽根首相が公式参拝の目的を、「国に命をささげる」ことへの感謝を捧げる場所として靖国神社をあげたのに対して、「新たな『英霊』づくりの為の精神基盤の形式を狙ったもの」（同）として、憲法の平和主義、基本的人権等に反するなどの違憲、違法を主張、精神的苦痛を受けたとして損害賠償請求した。公式参拝の違憲性を確認することができるかが最大の争点ともなったが、第一審では憲法判断を避けた「門前払い判決」だった。第二審では損害賠償請求は却下されたが、公式参拝が違憲の疑いがあるとしたことで、原告は「実質勝利」と判断した。福岡高裁では損害賠償請求を却下したが、大阪高裁よりも明確に違憲判断を示した。以降、公式参拝をめぐり小泉純一郎首相に対しては大阪、沖縄（著者が原告）、安倍晋三首相に対しては大阪（係争中）で靖国公式参拝違憲訴訟が続けられた。『遺族の声とどく—京都・大阪靖国訴訟証言集』（行路社、一九九四年）参照。

選挙権の件はあとで申し上げるとして、安倍「九条改憲」案ですよ。現行憲法を守るのが首相なのに、自ら変えるという。憲法第九九条では「首相（大臣）は憲法を尊重し擁護する」とあるのに、違反してまでも自分の任期中に憲法を変えようとしているのには驚きますよ。七月二日の都議選の自民党大敗、支持率が低下したのですが、一〇月総選挙では「改憲」派が八割を占めた。「改憲」論議が加速するのは間違いない。安倍首相は立憲主義を理解していない。

現在の状況を一言で表現すると、天皇が参拝しない靖国神社に、国会議員が議員バッジをつけて参拝するのと同じですよ。これを私は「総靖国神社化」と呼んでいます。

松島　「総靖国神社化」とは、どういうことでしょうか。

金城　補足説明しないといけませんが、天皇は憲法の「政教分離の原則」を守っている。ところが、国会議員は政教分離の原則などかまうことなく靖国神社に参拝し、われわれが訴えた靖国訴訟では政教分離の原則にふれた判決を出さない。司法も福岡高裁などの判決は別として違憲判決を一貫して出さない。

憲法では「国及びその機関は宗教的活動をしてはならない」と明記しています。天皇の政治行為は憲法上禁止されています。靖国神社に天皇が参拝しないのは、A級戦犯が合祀してあるから参拝しないと言われるが、それは違います。政教分離の原則に反するからです。国会議員の憲法違反を是認する裁判所の罪は大きいですよ。戦後社会に大きな影響を与えてきた。三〇年も靖国神社の裁判[31]をしているとよくわかりますね。

憲法違反が当たり前になった日本で、五月三日の安倍首相の「改憲」発言が飛び込んできた。しかし、「これは憲法違反だ」「現行憲法を守ることが首相の責務なのに、それを変えるとは」とか、「議会制民主主義を無視している」といった批判で溢《あふ》れましたか。メディアの沈黙は恐ろしい。もう死んでいるのではないかとも思います。

憲法違反はいくらでもある。安倍「改憲」発言も、辺野古新基地建設に「ノー」を示した国政選挙の審判も無視して工事を強行する安倍政権は、憲法違反であっても国民が支える状況に乗っかっているんです。そんな空気が日本全体を覆っているんですよ。

松島　安保法制が施行されて、米軍との一体化が強まったわけですね。現実には朝鮮半島の今年

注31——著者（金城実）が沖縄から問うた靖国裁判で明らかになったのは、軍人・軍属などを対象にした戦争病者戦没者遺族等援護法（以下、援護法）が沖縄戦のゼロ歳児を含む住民に適用拡大されたことだ。二〇〇八年三月に著者を含む軍人・軍属などの遺族五人が「靖国神社合祀取消裁判」を起こしたことで明らかになった。「単に遺族の経済的援助や『精神的癒し』のみならず、結果として沖縄戦体験の事実に相反する認識を生み出す」（石原昌家「ヤスクニ化した沖縄―事実を直視し、考えよう」琉球・沖縄の自己決定権を樹立する会編『うちなーの夜明けと展望』琉球新報社、二〇一五年所収、一二一頁）。このことは、天皇の軍隊に殺害されたり「強制集団死」した住民が国のための殉国死者として靖国神社に祭神として合祀されたことになる。沖縄戦体験の事実とまったく反対の認識を援護法適用が生み出した。一方で援護法は植民地支配の責任を回避した側面も刻んできた。アジア太平洋戦争に徴用、徴兵された朝鮮人、台湾人の軍人・軍属などには、援護法は適用されなかった。当時、朝鮮人、台湾人は日本国籍者であったことから除外できないため、日本の戸籍法とは異なる朝鮮戸籍令、台湾戸口令（戸籍条項）で除外した。

危機です。アメリカは朝鮮民主主義人民共和国（以下、朝鮮）のミサイル発射実験で朝鮮への軍事的圧力を加えますが、琉球では自衛隊基地、米軍基地の共同運用がさらに進められることになる。「共謀罪」は反基地運動に対する圧力となり、今後取り締まりが強化される。政府、警察が解釈の仕方でいくらでも弾圧を加えられることになる。反基地運動、琉球独立運動が非暴力で闘っていても、取り締まる側は「テロリストを利する」と見なしたり、「テロリストがいる」と見なして運動に介入してくる。そうした法体制ができたわけです。

安倍「改憲」案で打ち出した憲法九条に自衛隊を明記することは、琉球を「戦争の島」にする状況が進んでいくことを意味します。負の「マグネット効果」ですね。米軍基地が集中する琉球で、この動きをどうして座視できますか。

先に「二一世紀の沖縄戦」ということばを出しましたが、集団的自衛権容認、安保法制の成立と続く情勢を見ますと、アメリカとの関係と自らの「国家としての評価」だけを重視していることが鮮明になりますね。これが現在の日本政府の姿なのです。

しかし、このような国の一部であり続けると、琉球は再び「沖縄戦」のような戦場として、「捨て石」として利用されるでしょう(32)。島は海に囲まれており、住民には逃げ場所がありません。他所《よそ》に避難しようとしても対馬丸のように潜水艦で沈没させられるでしょう。住民が必ず戦争に巻き込まれるというのが、二一世紀にも沖縄戦がありえるという意味です。

――一八歳選挙権のあとに憲法改悪、そして徴兵制、なぜ起こるのでしょうか。

金城　最初にあげた選挙権行使の引き下げに私は大変な危機を覚えます。二〇歳から一八歳に引き下げた。ねらいは、兵隊に早くとることです。徴兵制の義務が課せられることを意味します。安倍「改憲」で、自衛隊を憲法九条に付け加える案ではっきりあらわれました。憲法で自衛隊が認められるわけですから、戦前の兵役法、つまり徴兵に関する法律を制定しても憲法違反にならない。

注32――著者（松島泰勝）が言う危惧は、映像批評家仲里効によって二〇一二年に著した論説がいまだ克服されたとは言えないことにつながる。仲里の文（西谷修編『〈復帰〉四〇年の沖縄と日本』せりか書房、二〇一二年所収）を引用する。「沖縄戦は日米両軍が三ヶ月にわたって激しい戦闘を繰り広げたアジア・太平洋戦争における日米最後の地上戦ということにとどまるものではない。より重要なことは、住民虐殺に見られるように、日本軍に体現された植民地主義的な暴力の問題が孕まれていたことである。その国家的表象が『本土決戦』を引き延ばすための『持久戦』や『本土防衛』のために沖縄を『捨て石』としたことであり、日本の近代が植民地をもったことによって内在化された暴力にかかわっていて、それは〈取り込みつつ排除する〉こと、つまり〈包摂的排除〉という擬態の力学として現れる。沖縄戦での最も凄惨な出来事として語られる『集団自決』は、皇民化とそれを下から支えた集団心理がねじり合わされた、いわば〈包摂的排除〉の極地だと見なして間違いにはならない。考えてみれば、『琉球処分』以後、沖縄を日本の版図のなかに包摂した同化政策は、民俗学や言語学的知を動員しながら沖縄的な色や個性を日琉同祖論的に〈一〉（いち――引用者補足）なるものへ敷き均すだけではなく、都合が悪ければいつでも切り捨てたり排除したりすることができる装置として機能した」（五三－五四頁）。雑誌『未來』（二〇一二年一一月号）に同様の論考を発表している。仲里がいう〈包摂的排除〉は、沖縄でなお継続している。日本政府は沖縄県が米軍基地問題に協力するなら予算を増額するが、反対すれば減額する。辺野古新基地建設でも名護市の対応も同様だ。沖縄担当大臣が主宰し沖縄県知事も入った沖縄政策の開催が、大田知事が辺野古の新基地建設に反対したことで中止になった例（第七章「沖縄政策協議会」参照）も、〈包括的排除〉だ。

政府は公職選挙法改正の趣旨を「早く政治的態度を行使できる」と言っていますが、若者の保守化を見据えて断行したんですよ。保守をどうやって育てたか。教育ですよ。戦後補償問題の対応を見ればわかりますよ。日本軍「慰安婦」問題は一九九一年以降、大きくメディアで取り上げられた。なぜか。被害者が声をあげて迫ったからです。戦後補償が済んでいないのですから当然でしょう。ところが右派は「日本軍『慰安婦』は、歴史のデッチ上げだ」とまで攻撃した。多くの強制連行の文書があるのに、です。やがて教科書から日本軍「慰安婦」問題は掲載されなくなるし、戦前の加害の展示をした大阪の博物館は展示替えさせられたり、つぶされていく。こんな連鎖がいつまでも続くわけがない。

――ピースおおさかやリバティおおさかが、戦後民主主義で勝ち得てきた加害の事実を展示した内容に大阪市、大阪府がクレームをつけたことですね。

金城　若者は戦前の加害の歴史を学ばなくなる。するとどうなるか。加害の事実を知らない若者が増えて、ヘイトスピーチにも違和感をもたなくなる場合も出てくる。メディアは沖縄の米軍基地の実態が憲法違反であることを伝えていますか。辺野古での権力の横暴を報道しますか。沖縄の新聞は別ですが、残念ながら全国に届かない。普天間基地の即時閉鎖方針がいつの間にか表現が変わってきた。一九九六年四月に日米で在沖米軍基地問題を討議する「沖縄に関する特別行動委員会」（SACO）が設置され、同じ年の一一月にSACO最終報告(33)が出た。「辺野古に移設され」「辺野古ができないと、世界一危険な基地である普天間の基地問題は解決しない」と「本土」の人は思い込まされてしまった。大きな影響力をもつテレビが報道するから、人びとはそう信じるし、若者もそう思う。

こうした若者の歴史観、現状認識ならば、選挙権年齢を引き下げても、安倍政権を支持するという読みが出てくる。事実、昨年（二〇一六年）の参議院選挙で若者の保守化が目立つと報じられました。そこに登場したのが自衛隊合憲の憲法「改憲」ですよ。政府は言うでしょう。「徴兵制など、とんでもない」と。しかし、歴史をよく見てくださいよ。一九九九年に国旗・国歌法が可決したとき、当時の野中広務官房長官はどう言ったか。「強制などしません」と。どうですか。いま、学校では、入学式、卒業式で国歌を歌っているか、口元を見て確認するというではないですか。起立せず「君が代」を歌わなかった教師は、解雇まで追い込まれることがある。どこが「強制しない」ですか。自衛隊合憲をうたう憲法改悪のあと出てくるのは徴兵制ですよ。

注33——普天間基地の即時閉鎖ではなく「代替」施設として海上施設を沖縄本島東部に建設することをうたったが（普天間基地の廃止から「代替」「移設」へとすり替えたトリックは、注25参照）、当初案は在沖米軍基地内に新たなヘリポートを建設する規模だった。しかし、「嘉手納弾薬庫、キャンプ・ハンセン、キャンプ・シュワブの三案を候補地として米側は日本側に提示したが、日本政府は政府案として普天間飛行場代替の『海上ヘリポート基本案』を沖縄県、名護市、沖縄県漁業共同組合長に提示」（平井康嗣・野中大樹『国防政策が生んだ沖縄基地マフィア』七つ森書館、二〇一五年、一〇頁）という方向に変わってくる。しかし、辺野古新基地構想は五〇年前からあったことが新聞報道（『東京新聞』二〇一五年四月二六日）で明らかになっている。一九六六年当時に琉球米国民政府渉外局の極秘文書で、ベトナム戦争当時の米国の財政事情や反対運動があり計画は実現しなかったが、新藤健一著書では、ハイテクや核戦略を含む新基地建設が構想の根幹にあることが指摘されている（注26参照）。

「徴兵制を拒否すればいい」と若者は反論するが、納税、教育の義務と同じく、徴兵の義務が課せられる。納税の義務を果たさない人はどうなりますか。テレビから冷蔵庫、車まで赤紙が貼られるし、悪質な場合は逮捕される。教育の義務を果たさないなら、親は保護者責任を問われますよ。

徴兵制が施行されて拒否などできません。戦争に行けば、殺すか殺されるかです。拒否すれば刑務所行きです。アメリカでは、モハメド・アリが兵役を拒否して刑務所に送られた。九条「改憲」は子々孫々の若者が兵役を課せられていくことを容易にするでしょう。ずっと先まで見据えているのが権力なら、私らもずっと先の時代に起こることを考えねばならない。先まで見据えた運動、闘いなんです。日本国民はそこに気づいているでしょうが、安倍政権をなぜ支持するのかねえ。今年一〇月の総選挙は自・公政権の圧勝でしょう。ならば罪は重いね。

◎著者から――松島泰勝

「内国植民地」と「半植民地」

松島　植民地概念を整理しておく必要があります。沖縄に関して「内国植民地」「半植民地」が用いられてもきましたが、まず「内国植民地」から説明しますと、これは国民国家内に存在する地域間の政治・経済的不平等性を指すことばです。つまり琉球は日本固有の領土であり、琉球人は日本人であるが、政治・経済的な格差におかれた「内国植民地」だという規定です。しかし、琉球は日本固有の領土ではく、暴力的に日本に併合されたのであり、琉球人は民族的にも日本人ではありません。ですから琉球の場合は、「内国植民地」ではなく「植民地」ということばを使うべきだと考えます。

もう一つは「半植民地」ですが、「半植民地」とは、完全には植民地ではないという意味合いがある。しかし、琉球はかつて独立国であり、日本の領土ではありません。それが一六〇九年に島津藩の侵略で経済搾取を受けるようになりましたが、それでも独立国家としての機能を有しており、欧米諸国と修好条約を一八五〇年代に締結することができました。一八七九年に、明治政府は武力を用いて琉球国を消滅させ、天皇制国家に琉球を併合したのです。沖縄県という日本国の地方として位置づけたゆえに、植民地には見えにくいのですが、実際は、皇民化教育、差別、政治・経済支配が日本人を中心として行われてきたのです。戦後、日本から切り離され、米軍政府の支配下におかれ、琉球は軍事植民地になりました。一九七二年に「復帰」によって再び沖縄県になったのですが、国際法に基づく住民の自己決定権の行使という形ではなく、日米両政府の話し合いで沖縄返還協定が締結され、沖縄県が誕生したのです。戦前や現在の「沖縄県」という政治的地位は、日本による植民地支配を偽装する名称でしかありません。脱植民地付与宣言のように「植民地」とは国際法上の用語であり、「半植民地」(34)とは現状認識上のことばでしかありません。植民地にされた地域の住民が国際法に保障された人民の自己決定権を行使する、具体的には国連監視下で住民投票を行い、独立国、自由連合国、自治州などの新たな政治的地域を決めない状態の地域は、植民地であるというのが世界の常識です。

注34――半植民地を定義したのは歴史家井上清。「琉球共和国と日本人」(『新沖縄文学』四八号、一九八一年六月)で、「日本族とは別個の琉球族であった」という歴史の事実から出発し、島津藩支配を、「奄美群島の直轄植民地とされ、沖縄本島以南は、島津藩の琉球支配の原則十五ヵ条とそれを執行する在藩奉行の監督下に(中略)支配搾取される植民地とされた」「日本の一部分になったかといっても、それはどこまでも植民地とされた」。半植民地とは、「沖縄県の法制上の地位は漸次に日本の他の府県と同一になっていくが、県政の実質は、一貫して他の府県政とは違って、琉球人民に対する植民地的な差別、抑圧、収奪であった」「この名と実のちがいが軽視できない」(七七頁)として「半植民地」と規定した。法制度上の位置を指標とした。

第三章

琉球独立の原点――「命湧く海」に育ち

1　沖縄戦体験に立ち返る――金城実

浜比嘉島上空に米軍機が

――「琉球独立は可能か」というテーマでは、軍事、経済、文化などの沖縄の状況、運動について話すことになります。その前にお二人の琉球独立の原点について語り合っていただきたい。

金城　そうですね。深めておかねばならない原点があります。沖縄戦を体験したものとして証言しておきたい。私が体験した沖縄戦から話を始めましょう。

松島　金城さんは五、六歳のときのころの沖縄戦を記憶されていますか。

金城　米軍が沖縄に入ったのは、慶良間《けらま》諸島でしょう。四五年三月二六日に島を襲いました。沖縄本島の上陸作戦の補給基地を確保するのが目的だったといわれています。そして、私が生まれた浜比嘉島にも米軍の攻撃はありました。

中トビラ写真…沖縄戦の光景。仕掛けたダイナマイトで日本軍洞窟壕が爆破するのを見つめる米兵隊（第６海兵師団）の爆破作業員。（提供・沖縄県公文書館）

松島　詳しくは語られていないですね。

金城　この機会に語りましょう。沖縄戦が始まってからどれくらいたっていたでしょうか。浜比嘉島と平安座島《へんざじま》の間に三機の飛行機が飛んでいるのがわかったわけですよ。沖縄戦が始まる直前の四四年一〇月一〇日に那覇市が空爆を受けました。(35)たぶんそれと前後したころでしょう。

松島　飛行機といっても艦載機ですね。爆弾を積んで雨嵐と那覇に投下し、大変な被害がでた。

金城　浜比嘉島では飛行機を見るのが初めてでしょう。島人は家屋から出て「万歳」を何度も叫んだ。日本の飛行機だと思ったんですよ。本当に悲しい話ですよ。

松島　そうですか。

金城　すると平安座島に停泊していたやんばる舟が燃え出したもんだから、これは日本の飛行機じゃないと気づいたんですよ。「米軍の爆撃機だ」「大変だ」ということになった。島にも空爆が始まり、島中がパニックになった。大きな壕はすでに満員になっていて入れない。そこでおふくろは私を連れてウチナー語で「ミンタマヤーゴー」(目玉のような壕)と呼んだ壕に逃げ込もうとしたんです。そのときは、おふくろの姉の娘キヨが麻疹《はしか》になっていたから、母の妹が「おんぶ」して小走りに壕に向けて駆け出した。私は、「おんぶ」された彼女より三歳下ですよ。「何で私をおんぶしないのか」と泣いたことを覚えていますよ。ところが壕のなかで、今度は私が麻疹になり、壕から出て民家に飛び込

注35——一〇・一〇大空襲といわれる。沖縄本島などの南西諸島への米軍の攻撃によって、那覇市はほぼ全壊した。那覇大空襲とも呼ばれる。死者六六八人、負傷者八五八人、消失家屋は一万戸以上に及んだ。

んで味噌と鰹節をまぜたドゥシーメ（おじや）をおふくろが食べさせてくれましたよ。

松島　すごい記憶力ですね。

金城　生きるか死ぬかですから、よく覚えている。上等の服を着せられ、ポケットには黒砂糖を詰めこんでいた。服には「金城実」という名前を縫い込んでいました。「母　秋子」とも書かれていた。バラバラになってはぐれた場合は連絡できるように、と大人たちが考えたんです。漁夫マカリはというと、屋敷内の井戸の横に縦穴を掘って隠れていました。茅葺《かやぶ》きの家が燃えたら、すぐ消せるように井戸の横に退避していたそうです。爆弾が落ちればひとたまりもないですよ。空爆など初めてのことだからわからない。余談になりますが、私の名前の「実」は、海軍沖縄方面根拠地隊司令官の大田実中将からとったと母親から聞かされてきました。

五隻の水陸両用車が浜に上がってきた

――米軍が島に攻め込んでくることはなかったのですか。

金城　もう沖縄戦の終わりのころだと思いますよ。四五年六月二三日に牛島満中将が自決して沖縄戦が終わりますが、そのころですかね。日本兵が降参したあとに入ってきたんです。日本軍がいるわけでもないし、戦略的意味もない。しかし、島を押さえる必要があったんでしょう。

水陸両用車五、六隻くらいが海岸から上がってきた。島人も米兵を初めて見ました。島人の噂話として聞いていたのは、女性は米兵に強姦されるから、決して見つかってはならないということでした。おふくろは小柄だから家の天井に隠れ、おふくろの妹といとこのキヨは床下に逃げ込んだ。漁夫マカリは網を床に広げてほころびを縫うような作業をしていた。天井にも床下にも誰もいませんよというアピールのためですよ。米兵はじっと家の様子を見ていましたが、何もせず去って行きました。漁夫マカリから言われていたのは、米兵を見たら両手を挙げるということと、米兵に対して視線を天井や床のほうにやるなということでした。おふくろやおふくろの妹が隠れていることがすぐわかるからということでしょう。米兵は天井などに隠れていることはわかっていたと思いますよ。しかし、家に上がらずに去って行きました。噂に聞いていた米兵が乱暴することなどなかった。

また米兵が島に上陸したときだったと思います。平安座島出身のウチナーンチュで米兵となったカール・メーという人物が「しまくとぅば」で呼びかけたんです。「出て来てください」「出て来てください」と。移民していった沖縄人がハワイにはとりわけ多く、カール・メーはハワイ移民の一人で、沖縄戦で召集されたんです。メガフォンを持った彼は、平安座島出身であるとも話しながら、沖縄語を交えて説得しました。島人は米兵が女性を見つけたら連れ去るとか、見つかれば殺されるという噂話を信じていましたが、彼が沖縄語で話すので「これは大丈夫だ」と思うようになるんです。

米軍はチビチリガマの「強制集団死」のことなどを知っていたと思います。すでに渡嘉敷村の事件で日本軍によって「強制集団死」に追いこまれたウチナーンチュの情報は伝わっていたでしょう。住民を安心させる作戦に出るわけ。ウソの情報が流されていることを米軍は知っていたんです。

子どもまでが犯罪的であったこと——大人になって気づく

金城　さらに衝撃的な体験をしました。浜から上がってきた米兵を初めて見た。一つ後輩の山根裕三郎君と二人であとからつけて行き、どうするか見守っていました。

米兵はつけて来る私たちにチュウインガムを投げたんです。米兵は毒を持っているから食べるなと言われていましたから、すぐには飛びつかない。米兵はそのことも知っていて、毒じゃないとチュウインガムを噛んでみせた。「安心だから食べてもいい」というわけですよ。無論、私らは投げられて道に落ちていたチュウインガムを噛みました。

しばらくあとをつけると、海岸にかすりの着物を来て美しい背の高い女性が一人佇んでいたんですね。雲一点もない快晴で、心地よいそよ風が吹いていたことを覚えています。

彼女は「いっちょうら」を着ていました。家族に死に恥をかかしてはいけないからと考えたからです。おふくろより三、四歳年上の女性です。なぜ一人で佇んでいたのか。わかりますか。

松島　どうしてでしょうか。

金城　島人は壕のなかに逃げ込んで息を潜めて米兵が立ち去るのをひたすら待っていた。ところが、彼女は精神的な障がいをもっていた。壕に逃げた島人は彼女が不安に駆られてパニックになるのではとみていたのではないか。島人が助かるために彼女を人身御供《ひとみごくう》にしたわけですよ。

米兵のうしろからあとをつけた私と山根君は、「米兵はどんな行動に出るか」と興味津々で見ていました。大人の噂で流れていた女性をかっぱらっていく、そのことを期待していた。私のおふくろやおふくろの妹ならどうでしょうか。泣き叫ぶでしょう。他人だから残酷なんです。戦争という異常事態は、少年の心も汚染しているんですよ。

ところがどうでしょうか。米兵は彼女を脅かさないで、わざわざ避けて歩いて行った。何もしなかった。しかし、どこかにがっかりした思いもあった。何かを期待していたからでしょう。しかし、教えられた米兵の姿ではなかった。[36] 恐ろしいことを思っていたガキですよ。

いまから考えると、犯罪的ですよ。戦争は敵味方の兵隊がぶつかる、戦闘を繰り返すだけではない。敵の像を勝手に作り上げ、人間性を破壊して何も感じない人間をつくる。六歳のガキすらが犯罪的なことをしたということです。

しばらくして、海岸の拝所アマーミヨーから少し離れたところの岩場で七、八人の米兵が落ち合い、一〇〇メートルほど離れたところにある空き缶を目標にして鉄砲を撃ち始めた。私は米兵が彼女や私

注36――語られた体験の一部は一九八六年刊行の『神々の笑い』（径書房）のなかで書かれている。「アメリカ兵のなかにも悪いことをせぬ奴があるんだなあと、驚いたのであった。アメリカ――は、沖縄人にとって味方なのではない。読谷村の山内徳信村長が、政治と文化でアメリカと闘っているように、私も民衆の立場と表現という奴で闘うことを止めるつもりはない。だがあの戦場での光景を思い浮かべるとき、鬼畜米兵、つかまったら殺され、強姦されてしまうと言っていたわが日本兵こそが、実は沖縄住民を虐殺していたことをあとになって知らされた。そのことと、日本人が中国で行った残虐行為の数々を、重ね合わせて考えると、私は、沖縄の人間が、日本人として〝同化と異化〟の狭間に悩ましていると思わぬわけにはゆかぬ。つまり、日本人ならば『侵略者』ということばを、われわれ沖縄人もまるごとみずからの上に背負い込んでしまうからだ。複雑な気持ちである」（八二―八三頁）。

らに向けて撃たないのか、という不安と期待を込めて見ていた。しかし、何もなかった。米兵はやることがなかったんです。暇に任せて試射していたんです。

大人になってわかったことは、彼女が一人海岸に立たされていた背景ですよ。先に結論的なことを言いましたが、沖縄戦を考え出してから、私は何と恐ろしいことをしていたかと反芻《はんすう》するようになりました。戦争の真の恐ろしさは、差別が大手を振って行われるということ、作り上げられたデマにより敵の像におののき、追い込まれると、死さえ強制されていくということです。

真実を曲げた噂を、大人たちは鵜呑《うの》みにした、そしてチビチリガマのような悲劇が起きてしまった。浜比嘉島では「強制集団死」はありませんでしたが、思想的には同じだったんですね。なぜ「強制集団死」に追い込まれたのか。浜比嘉島では事件が起きなかったから大丈夫じゃない。「強制集団死」に追い込まれた思想的な解明と克服をしないといけないと思うんです。

体に深く刻まれた沖縄戦の記憶

金城　忘れられないのは、米兵が暇に任せて泳ぎ出したことですよ。そのなかに黒人の兵士がいたんです。黒人のことなど知らないし、初めて見るんです。体に墨を塗っていると思っていた。ずっと見ていたら、泳いで浜に上がってきたら、違うんですよ。墨が落ちていないから、びっくりして、走って行って、おふくろに言ったんです。「アンマー（おふくろ）、一人アメリカがよー、墨つけて海で泳いだが、海から上がってきても、墨が落ちんかったよ」と。おふくろはキョトンとしていました。おふくろは黒人のことなど知らないから、何を言っているのかと思ったのでしょう。

初めて見た黒人の感想を笑い話で済ましていいものか。人間の体は黒くないという先入観が六歳の子どもに刻印されていたということですよ。自分の肌の色が基準なんです。だから、おかしいと思った。「墨を塗っている」とアンマーに言いに行ったんです。人種差別発言でしょう。それを何の自覚も差別意識も注入されていない六歳のガキが言ったことに驚くんです。異なった肌の色への拒絶感があるという原点が人種差別にたどり着くのではないでしょうか。

マラリアに襲われた母——八重山諸島での犠牲者三六四七人

松島　祖父母も父母も私も石垣島の人間です。私は戦後生まれですから、沖縄戦を直接は知りません。石垣島では地上戦のような米兵の激しい攻撃がなかったと聞いています。ただ、八重山諸島ではマラリアで多くの方が亡くなっています。石垣島には、地元の人間に、「マラリアに罹《かか》るから行くな」と言われていた山間部があります。しかし、日本軍がそこに強制的に集団疎開させたんです。軍の命令ですから、拒否できないわけです。母方の一家は山間部に入ったんですが、まだ幼い母がマラリアに罹ってしまった。高熱に襲われ、何日も苦しんだそうです。意識が朦朧《もうろう》として苦しんだと聞いています。なんとか助かったのですが、体験話を母から何度も聞かされました。沖縄戦の残虐さ、被害の深刻さはとても語れない。母方の祖母と叔父が亡くなっています。「平和の礎《いしじ》」でもその名前が刻まれています。母方の祖母はマラリアで亡くなりました。

金城　私も小学五年生のころマラリアに罹りました。戦後四、五年ごろになりますね。あんな高熱にうなされたことはあとにも先にもありません。キニーネという特効薬が島に入って来る前ですから、ひたすら熱を下げるように体を冷やして寝ていました。毎日、ある時間になると高熱がでるんです。一週間ほど続きましたかな。

2　沖縄語を話すものはスパイ

「沖縄語ヲ以テ談話シアル者ハ間諜トミナシ処分ス」

金城　沖縄は国内ではただ一つ郷土軍隊のない地でしたが、戦争一色で塗り込められてしまう。

松島　日本軍は米軍の反撃で防衛線の後退を強いられていく。南西諸島、台湾の防衛強化から、四四年三月に琉球に南西諸島守備軍である第三二軍を配置したが、敗戦が濃厚になる。近衛文麿首相が天皇に敗戦は必至であり、早期の戦争終結を進言したことはよく知られています。

金城　天皇は、「もう一度戦果を挙げてからでないと中々話は難しいと思う」と答えた。沖縄戦はこうして回避できない方向に進んだわけです。こうした歴史的事実を述べるのは私の任ではないのですが（笑）、すでに沖縄問題の入門書（『知っていますか？　沖縄　一問一答』）で書いています。

当初、第三二軍は、「第三二軍司令官ハ海軍ト協同シ速カニ作戦準備ヲ強化シ南西諸島ノ防衛ニ任ズベシ」としました。ところが戦況の変化から、方針が変わる。四五年一月二〇日に裁可された「帝国陸海軍作戦大綱」では、沖縄作戦の基本方針が変わる。沖縄が米軍に対する持久戦として持ちこたえる役目を担うようになる。「本土」という「大」の虫を生かして、沖縄という「小」の虫を殺すのもやむをえないということです。

松島　「本土」防衛のための「捨て石」と考えた。

金城　沖縄を「捨て石」とする作戦(37)は、国体護持からです。沖縄戦では、ヤマトゥの防波堤として住民の四分の一が犠牲になった。さらに、日本兵が沖縄語を使う沖縄人を「間諜」(スパイ)だと見なして殺害していった。

松島　一九四五年四月九日、日本軍司令部から出された「球軍会報」第五項に「軍人軍属ヲ問ハズ標準語以外ノ使用ヲ禁ズ沖縄語ヲ以テ談話シアル者ハ間諜トミナシ処分ス」とある。すでに日本語をめぐる議論(第一章)で引用した文書です。琉球諸語を話したら、それだけで殺してもよいという軍令を出したのです。このように琉球が日本の植民地になり、日本への同化という植民地文化政策によって琉球人が戦争の手足として利用され、戦争になると琉球諸語、そして琉球人自身の抹殺が法的に容認された。これはまさに琉球が日本の植民地支配下におかれていたことを示すものです。まことに、

注37――歴史学者明田川融の研究によれば、米軍のルソン島上陸直後に開かれた最高戦争指導会議は、海上で捕捉を撃滅して本土上陸は殲滅し「皇土の蹂躙を許さず」とする要領を作成(一九四五年一月一八日)、翌一月一九日に上奏裁可された「帝国陸海軍作戦計画大綱」では、「本土決戦態勢が確立するまで、敵にできるだけ多く『出血消耗』を強いる〝時間かせぎ〟の戦場となることが期待されていた」(『沖縄基地問題の歴史　非武の島、戦の島』みすず書房、二〇〇八年、一〇頁)と「捨て石」として沖縄を位置づけていた。

身震いを覚えます。琉球を植民地としたことで、琉球人を下に見る意識が日本人の間で広まるようになった。日本人と琉球人ではアイデンティティが違うわけでしょう。「琉球併合」の翌年の一八八〇年、沖縄県庁学務課内に会話伝習所が設置されました。会話伝習所はその後、沖縄師範学校になり、琉球における皇民化教育の拠点として位置づけられます。沖縄県庁の学務課が「方言」の撲滅を制度的に推進したことは、柳宗悦などとの「沖縄方言論争」で明らかになりました。

日本政府は「琉球併合」直後、異民族のことばを抹殺して日本語を普及させる教育機関を設置し、日本への同化を進める教員養成に力を入れました。このように同化教育を受けた琉球の若者は鉄血勤皇隊、ひめゆり部隊などに編成され、戦争に動員されていったわけです。

——鉄血勤皇隊で戦争に駆り出された大田昌秀元知事の研究では、沖縄での学徒動員に法的根拠がなかったことを明らかにしていますね。超法規的に中高校生が動員された。

松島　「捨て石」作戦を、事実でもって明らかにしていく継続した営みが、後代の私たちに課せられていると言えます[38]。歴史から学ぶのは、いまを照射するためですよね。

金城　もう一つ忘れてはならないのは、久米島で行商をして生活をしていた在日朝鮮人一家がスパイだと疑われて日本軍により虐殺されたことです。ウチナーンチュの妻と子ども全員惨殺された。

虐殺事件のことを知ったのは、のちに衆議院議員となる服部良一さんに「大正区に遺族がおられる。一度会いに行きましょう」と誘われたときにさかのぼります。一九七五年ごろです。久米島で島民を戦争の被害から救おうとした久米島の恩人と呼ばれた仲村渠明勇《なかんだかい》さんの弟さんから直接惨劇を聞きました。仲村渠さんは沖縄戦の終結を「本島」で知り、島民を助けようと駆けつけた。ところがスパイと間違われ日本軍が殺害した。その悲劇の一つとして在日朝鮮人一家のことを知ったのです。

――久米島に米軍が上陸したのが六月二六日。日本海軍通信隊の鹿山正隊長が山にこもり住民をスパイ視して惨劇が起きた。軍隊は米軍と闘うことなく、住民を「スパイ容疑」で虐殺していった。

金城　この六月に「共謀罪」が可決され、『沖縄タイムス』は「共謀罪」をテーマにした連載で、この惨劇も紹介しています。沖縄戦での軍隊の住民虐殺と、現在の「共謀罪」が、住民間の疑心暗鬼を生む「監視社会」という点で直結することに危機を募らせた企画です。「鹿山隊長の命を受けた兵隊が、妻、乳児と一〇歳の長男を刺殺、家で震えていた七歳の長女と二歳の次女を絞殺、逃げる夫の在日朝鮮人と五歳の次男も殺された」（『沖縄タイムス』二〇一七年六月二六日報道要約）とある。

さらに米軍に降伏する文書を持たされた区長を含む住民二〇人も「スパイ容疑」で虐殺されている

注38――鉄血勤皇隊は沖縄県師範学校と県内の各中学校の男子生徒で編成された学徒隊の総称。身分は軍人・軍属扱いで、総数一七八〇人であり、八九〇人が死亡した。歴史の発掘では、大田昌秀の著作『沖縄健児隊』（共著、日本出版共同株式会社、一九五三年）、『鉄血勤皇隊』（ひるぎ社、一九七七年）などのほか、ジャーナリスト森口豁が著書『沖縄　近い昔の旅　非武の島の記憶』（凱風社、一九九九年）でBC級戦犯で死刑になった学徒兵田口泰正の歴史を記述している。鉄血勤皇隊員の証言から説き起こした作品。この注38の鉄血勤皇隊の説明は森口の前出著（一五四頁）から。

のです。その無念さを彫刻作品にしないわけにはいかないと、「昭和二〇年八月一八日」と名づけた作品を創り上げた。母親が腰を曲げて寝そべる子どもの頭をさわっている像です。「昭和」とわざわざ使ったのは、一家が惨殺された日が敗戦の八月一五日から三日後を示すためです。敗戦後も日本軍はスパイ容疑で残虐行為を行った。

日本軍は沖縄の人間を信用していなかった。と同時に、植民地支配を受けていた朝鮮人もスパイの疑いで惨殺した。この事実は沖縄戦の真実として私の彫刻で残さねばならなかったのです。

慰霊の日に考えること

金城　今年も摩文仁丘《まぶみのおか》での六月二三日の慰霊祭に参列しました。メディアが祈りを捧げる遺族を取り上げています。それはそれで大事でしょうが、祈りの先を見なくてはならない。祈りの先です。

松島　毎年六月二三日は慰霊の日、学校では特別な行事がありました。記憶に残るのは、北島角子さん、NHKの朝の連続ドラマ「ちゅらさん」に出演した琉球の女優として知られた方ですが、一人芝居「人類館事件」を全校生徒の前で演じた。「人類館事件」とはどういうものかを理解できました。「自分はヤマトゥンチュと同じ人間だがなぜ差別されなければならないのか」という強い疑問を感じました。琉球人を見せ物にするという日本人による差別が、沖縄戦の悲劇につながったのです。小・中学校のときは摩文仁丘の公園で全校生で草抜きを行ったことを覚えています。沖縄戦に関する授業は、とおり一辺ではなかった。フィールドワークをしたり、体験者の話を聞いたりしました。

金城　祈りから歴史を継承するということは、記憶にとどめること、風化に抗することを、さらに超える営みです。思い出すのは、大田知事の時代です。摩文仁丘での「慰霊の日」の行事におふくろと参加しました。そこでおふくろは泣いているんですね。私は言ったんです。「何で泣くのや」と。すると、おふくろは怒って、「お前は悲しくないのか。親父が戦争で亡くなったのに」と言いましたよ。私がおふくろにいつも言ってきたのは、なぜ親父は息子ができてすぐ戦場に行ったのか、ですよ。沖縄の遺族会の連中が、子どもたちに日の丸をもたせて参加し、国会議員などの来賓だけはテントのなかで、遺族は炎天下のもと何の覆いもない状態でした。それらのこともあり腹が立った。

沖縄戦を学習すると言いながら、どれだけ学んでいるのか、ということです。沖縄戦の悲劇は「天皇の赤子《せきし》」として戦争に駆り出されたことにある。泣いているおふくろの思いはよくわかるが、親父のようなウチナーンチュが命を差し出すように教育した天皇制のことを抜きにしては考えられませんよ。つまり天皇制の問題ですよ。沖縄戦の悲劇を招いた一因は、妻子を残し兵士に応じていった父のように、一方でウチナーンチュの側の問題を探ることです。

つまりこうした歴史を学ぶと、ウチナーンチュには沖縄戦の悲劇を大きくした責任もある。それは日本人に同化していく過程で呪縛されていくウチナーンチュの歴史的造形なんではないですか。

焦点2　日本軍「慰安婦」問題を語る

金城　沖縄戦で朝鮮人女性が日本軍「慰安婦」として強制連行された歴史は知られるようになり、韓国人留学生の洪玧伸《ホンユンシン》さんが一〇年間の研究を集大成した『沖縄戦場の記憶と「慰安所」』（インパクト出版会、二〇一六年）を出し研究も深まってきました。七、八年前に宮古島に「慰安婦」慰霊碑設置計画があり、私にモニュメント制作依頼があった。そのときに彼女が挺身隊問題対策協議会代表（当時）の尹貞玉《ユンジョンオク》さんといっしょに沖縄に来られて出会ったのが最初です。沖縄タイムス出版文化賞を受賞した初の外国人で、受賞式に合わせて那覇市のジュンク堂書店で開かれたシンポで、私はパネラーの一人として出席しました。ただ、人びとの関心はそれほど高くなく、聴衆は期待したほど多くなかったのは残念でした。

日本軍「慰安婦」問題で一つ忘れてはならないのは、敗戦後の彼女らはどうなったか、です。島ですから、沖縄から出ていけないわけでしょう。無論、米軍に収容されてハワイの捕虜収容所に送られた女性もいますが、とりわけ離島に強制連行された女性は収容の対象からもれたりして沖縄にとどまらざるをえなかった。そこでどういう生活をしたのか。米兵相手の売春宿に流れて行った女性も多いわけですね。当時は公娼制度がありましたが、闇の売春宿で身を立てていた女性もいた。

　私の父の死亡通知書を受け取ったのが一九四八年です。それまでの間、おふくろは浜比嘉島から屋慶名の港まで出かけて、近くのユタを訪ねた。父の安否をユタに占ってもらうわけです。私はおふくろに連れていかれるのが嫌でね。島で遊んでいたかったからね。

「ユタ」の家のすぐ近くには、いつも米兵が列をつくって並んでいるんですよ。「アンマー、何なん」と尋ねたが、答えてくれない。大人になってやっとわかった。ホワイトビーチが近くにあり、そこの文官が利用していた売春宿だったんですよ。

松島　ただ、日本軍「慰安婦」問題は琉球だけではないですね。日本が軍事統治したグァム[00]でもその歴史が刻まれています。グァムの先住民族であるチャモロ人の女性が「慰安婦」にされています。チャモロ人は戦後賠償を求めていますが、サンフランシスコ講和条約において米政府が日本に対する戦時賠償を免責したので、日本政府による謝罪や賠償は行われていません。日本政府はチャモロ人に対する賠償問題は解決済みとする立場を変えていません。チャモロ人はアメリカ政府に対して賠償要

注39――グァム島はマリアナ諸島最南端に位置し、ミクロネシア最大の島。一九四一年一二月一〇日に日本軍（南海支隊と海軍陸戦隊）がグァムに上陸し、アメリカ軍を武装解除させて全島を占領した。グァム島防衛が本格化したのは、マリアナ諸島が第一線となり、一九四三年に第二九師団が到着してからだ。アメリカ軍がサイパンへ上陸し、グァムへの砲撃攻撃を行い、同年八月一一日に小畑司令官の自決により組織的戦闘は終わった（『太平洋諸島百科事典』原書房、一九八六年、「グァムの戦い」一四七頁から）。日本政府は占領での賠償問題は解決済みとしている。

求をしていますが、これも実現していません。

金城　尊敬するある先輩が語ってくれた話です。朝鮮人女性が埋葬されるところに立ち会ったというんですね。屋慶名の港近くです。植民地支配の残酷さ、犯罪性を常に反芻していた人だから、葬られる女性の無念さと、日本人の側の犯罪性を反芻されてきた。何もできずにいたことを悔いておられたのでしょう。ずっと胸にあるから話された。日本軍「慰安婦」を強いられて、戦後は朝鮮半島に帰れずアメリカ兵の性の対象になったわけでしょう。私になんとか彼女の無念を晴らしてほしいとの思いを託されたのかもしれません。

しかし、加害意識がまったくない状態で戦後を生き抜いた人が多い。記憶から消し去ることで戦後を生きてきたといえます。先輩は違った。狭い沖縄ナショナリズムにからめとられることなく、思想は常にアジアとの連帯に窓を開けていました。琉球独立論とは直接関係しませんが、大事な視点であり、思想の遺産だと思います。私は駆り立てられるように久米島での朝鮮人虐殺事件（作品「昭和二〇年八月一八日」）、大阪市立文の里夜間中学にあるオモニの像、強制労働の像（神戸電鉄敷設工事朝鮮人労働者の像）、「恨之碑」の制作に進んでいきました。

3　アイヌ民族、パラオ、グァムの人たちとの出会い――松島泰勝

大自然の恵みを語る

――沖縄戦の体験を金城さんに初めて語っていただいた。松島さんがテーマを琉球独立に向けていく経緯、原点はどういうものがあるのでしょうか。

松島　琉球民族独立学会の内容については最後に話すことにして、独立に関心を深めていった原点についてまず述べます。

独立論の原点は、石垣島で生まれ、父の仕事の関係で、南大東島、与那国島で生活したことです。島の生活のなかにはユイマール（相互扶助）が生きていました。私が住んでいた島々の周りには珊瑚礁（琉球諸語ではイノーと言うのですが）があり、干潮になると、子どももお年寄りも、魚介類を採ることができました。そこは漁業者だけではなく、村のすべての人に開かれた場所です。

石垣島の白保のイノーは「命湧く海」と呼ばれ、戦中、地上で食料不足に陥っても、イノーに行けば、生活の糧を自由に得ることができ、命を長らえることができました。村の共有の財産です。魚垣《ながき》といって、石を半円形に積み重ねて、海の干満を利用して魚を捕獲し、とれた魚を村の人が平等に分け合う相互扶助の漁法もありました。イノーの砂浜では、琉球人にとって海上の他界であるニライカ

ナイに向かって祈りを捧げる村祀りも行われました。私が育った島々に米軍基地は存在せず、基地経済に依存することなく、住民が力を合わせて島の運営を実現できるという感覚が島の大人から私たち子どもにも伝わってきました。琉球人という意識は島の生活で養われました。

二〇一〇年に私といっしょに「琉球自治共和国連邦独立宣言」を発表した西表島《いりおもてじま》在住の石垣金星(40)さんも、「西表島は明日からでも日本から独立できる」と語っています。西表島の大自然を理解して、エコツーリズムとか、有機農業などをされている。地に足を着けた生活をして、生活のうえから独立をとらえている。日本政府が独立により補助金を出さないと言ったとしても、西表島は大自然を有しており困らないと言われます。経済的な理由も含め独立を主張されています。「大自然が大産業」である西表島では、補助金や軍事基地に依存しておらず、自然を活用した農業、染織業、エコツーリズムで生活を確立することができるという自信に基づいているのです。

金城　石垣島などの島で育ったことが松島さんの琉球独立の原点になっているということでしたが、ユイマール以外に、島人がもつ生命への畏敬についてはふれねばならないでしょうね。徹底したものでした。祖父の漁夫マカリですが、海に出て、食事をとったあと、残り物を海に捨てようとすると、厳しくしかりつけました。「食べられるものは、一切海に捨てるな」「不要になったからといって、海に投げ込んではだめだ」と。自然に対して謙虚であることを教えました。言うまでもなく、廃棄物の垂れ流しなどもってのほかであり、漁夫マカリは想像すらしなかったでしょう。海の神に感謝することを厳しく身をもって示しました。

島には神様がたくさんおられた。海の神、泉の神、火の神、農業の神などです。ヤマトゥの文化とは違う。皇民化政策が行われたが、ウチナーの文化[41]まで侵食しなかった。これは琉球独立の大きなバックボーンになりますよ。また私が指摘した人権問題では、平等性の徹底を漁夫マカリから学びました。初めて漁業に出たろうあ者の青年とベテラン漁師が水揚げした魚を平等に分けていました。

注40――いしがき・きんせい。一九四六年生まれ。郷土史家、染色業、唄者。藤原書店刊の季刊『環』五六号(二〇一四年冬)で「平和のキーステーションに」と題する文で以下のように書いている。「『アメリカとも日本とも世界中の人々と仲良くなる為に独立するのです。』(中略)『沖縄から琉球』へと独立するアメリカとも日本とも断絶するかのように勘違いしている人たちもいるはずだが、そうではない。今のような『踏みつけにする日本国と踏みつけられる沖縄』という不幸な関係は断ち切り『人としては本当の友人、国と国としては本当の友好国』という本当の友人となる為です。(中略)沖縄人と日本人同士がお互いいがみ合わされる不幸な事態を死ぬまで続けるような、非生産的な活動は早く終わりにしたいものです」(七二―七四頁)。また「『琉球自治共和国連邦独立宣言』をなぜ発したか」(『環』四三号、二〇一〇年秋所収)では、コザ蜂起の報を知りコザに飛んでいった経験を記し、止むにやまれぬ当時の思いは、今も爆破寸前であると書いている。

注41――ウチナー文化の独自性を著者(金城実)は以下のように書いている。「こうも太陽に対する考え方が違うものだろうか。沖縄人は太陽(テイダ)に対して謙虚なのだ。造語を生み出してきたことがオモロ文学の世界にみられる。たとえば、太陽のことを東(アガリ)の大主(オーヌシ)、西(イリ)の大主、地響(ジートウ)む大主、天響(テントウ)大主、明けもろの花、太陽(ティダ)の穴、などと言う。世界万物の中心に位置する太陽とは、琉球民族にとっていかなるものであったか。太陽を我がもののように独占してしまう感覚は、今、おごり高ぶる先進国や文明社会人のものなのだが、そこにアメリカ人と沖縄人の違いがあるのだろう。アメリカ人がビールを飲んでいるのに対して、沖縄人は島酒(泡盛)を飲んでいる。人と人が向かい合って、(中略)太陽に想いを込め、『ウートォートゥ』と言って頭より上に茶碗酒を持ちあげてしばらく祈り、それから飲むのが沖縄人である」(『神々の笑い』径書房、一九八六年、五〇―五二頁)。

それと、いまも島で育った人間は、挨拶のことばが、「メシ、食いましたか」ですよ。各家庭では、家族分より多く食事を用意するのが当たり前でしたよ。メシも食べずにいる人が訪ねてきたら、あるいは歩いていたら食料を差し出すからです。私が中学生のころ、島で食堂ができましたが、「お金をとってメシを出すとは、恥さらしだ」とすぐつぶれましたよ。貧しいからこそ支え合うんですよ。

アイヌ民族との出会い

松島　二つ目の原点はアイヌ民族との出会いです。アイヌ民族の活動が琉球の未来を開くものと確信するようになりました。

アイヌ民族の料理を提供するレストランが、私が学ぶ大学のすぐ近くにありましたので、そこで食事をしたり、アイヌの歌や踊り、ことばを学んだりしました。一泊二日の合同合宿にも参加し、やがてアイヌ民族が国際法、国連を活用して先住民族の権利を回復しようとする取り組みを知り、一九九六年にアイヌ民族といっしょに国連に行きました。先住民族の先住権、土地権の回復、そして独立のための国際法という新たな武器を発見しました。

参議院議員だった萱野茂《かやのしげる》さんに会うために国会に行ったことを覚えています。萱野さんは先住民族の権利を求める闘いをされてこられた。またアイヌ語の復興に力を入れてこられた。そしてアイヌ語辞典（『萱野茂のアイヌ語辞典』三省堂、一九九六年）を出された。お会いしたときには、民族のアイデンティティ、文化の重要性を強調され、抑圧や差別に負けないことを教えていただいた。

アイヌ民族は一九八〇年代から国連の先住民族会議に参加し、先住民族の権利回復運動を行ってきたのですが、当初、日本政府は「日本には先住民族はいない」と言っていました。しかし、二〇〇八年に国会でアイヌ民族を先住民族と認めさせたのです。国連、国際法を活用した、世界の先住民族との連帯が背後にありました。日本は一八七九年に軍事力によって琉球を植民地支配したのですが、現状に忍従することなく打破できることをアイヌ民族から教えてもらいました。

アイヌ民族は日本人研究者によって奪われた遺骨の返還運動を具体的に進めていますが、琉球人の遺骨も日本の植民地になってから奪われてきました。私は琉球民族遺骨返還研究会の代表[42]になりその返還運動を進めていますが、その際にもアイヌ民族のこれまでの運動から学んでいます。アイヌ民族の小川隆吉さんから励ましのことばをいただきました。

パラオ、グァムの生活を語る

松島　三つ目の原点が、グァムやパラオなど、日本の植民地支配を受けた島々で生活したことです。相対的に琉球を見直す[43]機会になり、グァム、パラオの人びとは、私を日本人とは異なる存在として認

注42――戦前、旧帝国大学（京都大学）の人類学者が琉球人の遺骨を持ち出し、現在二六体が同大学に保管されていることがわかり、二〇一七年六月五日、同志社大学でのシンポジウムで遺骨返還を求める「琉球民族遺骨返還研究会」が発足した。研究会の代表は著者（松島泰勝）。今後、遺骨返還を要求するほか、研究調査を行い、国の政策として取り組むように国会議員への働きかけも行う。

めてくれました。このことは本当に嬉しい経験でした。琉球人アイデンティティの発見、つまり独立の主体の発見です。

一九九七年から二年間、在グァム日本国総領事館に、九九年から一年間、在パラオ日本国大使館に、それぞれ専門調査員として滞在しましたが、人口わずか二万もない島嶼部の島々が独立を果たしてきたことに衝撃を受けました。というのは、琉球は独立国であったからです。当然復国しなくてはならないと島嶼部の島々から強烈なメッセージを受けたわけです。

パラオ共和国[44]での体験を語りますと、人口はわずか二万人弱であり、石垣島の人口の半分以下でしかない。近代的な法制度と伝統的な生活をうまく融合しながら、一九九四年の独立後も特に大きな問題もなく、人びとが生活している現実を自分の目で見ることができました。独立とは理想論、机上の空論ではなく、現実の具体的な脱植民地化のための方法なのだと確信しました。パラオ以外にも、世界には琉球よりもはるかに人口が少なく、経済的にも不利な面がありながら、独立し、平和で安定した生活を過ごす人びとが多くいることを知ることになります。

さらにグァムは一六世紀からスペインの植民地になり、一八九八年の米西戦争でアメリカが対スペインの戦争に勝利し、アメリカの植民地として米海軍の統治下におかれた。一九八〇年代にチャモロ人[45]は住民投票を実施し、米属領から自治度が高い政治体制・コモンウェルスという新しい政治的地位への移行を決定しましたが、米政府や議会は、グァムにおける軍事戦略を優先して、コモンウェルスを認めていません。

グァムにおける脱植民地、脱軍事基地を求める先住民族チャモロ人との出会いがあります。私がグァムで生活をしていた一九九七年から九九年ごろ、琉球ではグァムについて在琉米軍基地の移設先として議論していました。しかし実際、島に住んでみると、スペインやアメリカの植民地となり、現

注43——「相対的に沖縄（琉球）をみる視点」が琉球独立をめぐるキーワードだ。「本土復帰」前の『沖縄タイムス』の連載「沖縄と七〇年代」（一九七〇年一月から八月までの八〇回）で指摘したのも相対化する視点だった。記事では「『七二年返還』が、沖縄における支配と被支配の関係を根源的に解消するものではなく、新《ママ》らたな支配と被支配を用意するものであるとすれば、沖縄におけるすべての行為（思想的営為をふくめて運動にしろ闘争にしろ）は、まさしく支配と被支配の関係を逆転させる方向をめざさなければならない」と、国家の否定としての思想として「相対化する思想」を打ち出す。「絶対的基盤を覆し得るのは、絶対的基盤を相対化することで可能である」として、①吉本隆明の時間を無限遡行して「琉球・沖縄」の存在を考える視点、②谷川健一が島尾敏雄の「ヤポネシア」思想を深めて日本の同質均等空間から異質不均等の空間を意識化して相対化する視点、③沖縄土着の思想からの相対化をあげている（沖縄タイムス社『沖縄と七〇年代』一九七〇年、五〇－五二頁）。しかし、松島の相対化は異なる。太平洋島嶼部での生活によって沖縄を相対化する視点を獲得し、国連、国際法での独立の道を深めたことだ。松島に先立つこと四半世紀前に論及した外務省調査室（当時）西野照太郎（一九一四－一九九四）との比較は注49で論及している。

注44——ミクロネシアの西カロリン諸島最西部に位置する。いくつかの島の集合体としてパラオ共和国が存在している。主要な島はバベルダオブ島、コロール島で、行政機能のほとんどがコロール島に集中していたが、現在はバベルダオブ島にあるマルキョク州に首都が移転しており、行政の中心地になっている。

注45——マリアナ諸島の先住民族のこと。一七世紀のスペイン・チャモロ戦争（一六六七年－一六九五年）により人口が激減。グァムだけで五万人、ほかのマリアナ諸島を合わせると一〇万人近いと推定されたチャモロ人は五〇〇〇人以下に減少した。チャモロ人の大半はグァム島、サイパン島、テニアン島、ロタ島に居住している。チャモロ語を話す。三〇〇年以上のスペイン統治によりスペイン語の影響が文法や単語に見られる（前掲『太平洋諸島百科事典』より）。

在の島全面積の三分の一が米軍基地として利用され、さまざまな権利が侵害されているのがグァムの現実でした。つまり琉球と同じような植民地がグァムなのです。

グァムやパラオの脱植民地化、島嶼国における政治・経済の運営方法からも私は大きな影響を受けています。現在の私にとって、石垣島などの琉球の島嶼部で育ったこと、東京時代の被差別体験によって琉球人としてのアイデンティティを自覚したこと、アイヌ民族による国連を舞台にした国内外の運動に刺激を受けたこと、そしてパラオ、グァムでの生活、この四つが琉球独立に向かう原点になっています。

自立する島の精神風土が人を育てる

松島　私が石垣島などの島で育ったことをあげましたが、琉球独立を研究したり、論評している人には、宮古諸島、八重山諸島出身の人が多い。長年にわたり琉球独立を主張されてきたイリノイ大学教授の平恒次さん、詩人で一九八一年に「琉球共和社会憲法C私（試）案」を発表した川満信一さんは、ともに宮古島出身です。平さんとは二年前にニューヨークで琉球独立に関するシンポを開催し、ともに独立を議論したことがあります。私が、「ゆいまーる」の代表として、琉球の島々で車座の議論をする活動をしていたときも川満さんが何度か参加してくださいました。大きな存在に頼らず、自分たちで島の政治・経済を動かし、相互扶助の努力をすれば独立もできるんだという意識が、宮古、八重山諸島の人びとの心の底にあるのではないかと思います。三年前に宮古島で琉球民族独立学会の大会を開いたときにも、宮古島の方が「沖縄島といっしょの独立ではなく、宮古諸島だけでパラオのように独立したい」と述べていました。それだけ自分の島の独立に対する潜在力に自信があるのだと思います。小さな島で育った人は独立意識をもちやすい。

最近は琉球独立についても積極的に発言されている新川明さんは嘉手納出身ですが、お母様が八重山農学校の教員だったこともあり、一四歳まで石垣島で生活しています。その後、沖縄タイムス社の記者になり、石垣島にある同社の八重山支局で働いたこともあります。八重山諸島の生活の根っこから、日本という国家の虚妄性を問うたのが新川さんの『新南島風土記』（大和書房、一九七八年）です。新川さんは、私の琉球独立に関する最初の本である『琉球独立への道』を高く評価してくださり、また琉球民族独立学会の発起人に名前を連ね、学会の大会にも顔を見せてくださっています。

金城　祖父漁師マカリが教えたことは、島の生活そのものが大自然の恵みをいただき自立することでしたね。ですから、島にはそういう精神が根付いているということかもしれません。

グァム、パラオでの出合い

――パラオの独立について語られたのですが、沖縄とは国際的な位置が違うのですか。

松島　パラオが独立できた国際法上の根拠は、戦後はアメリカの戦略的信託統治領になったからです。金城さんは沖縄戦を中心にご自分の体験を話されたのですが、私の場合は、パラオ、グァムでの体験から鮮明に浮かび上がってきたのが琉球の姿です。戦後のアメリカとの関係も含め話すことにします。

金城　沖縄との比較が見えてくる。

松島　そうです。国連は信託統治領の統治内容を監視していて、将来は独立させるか、統治国の一部になるかという住民投票を行わせる義務があります。アメリカはミクロネシア地域にある四つの群島を信託統治領としました。現在の北マリアナ諸島、パラオ、ミクロネシア連邦、マーシャル諸島です。アメリカはこれらの群島をまとめて「ミクロネシア連邦」という国として独立してほしかったのですが、それぞれの群島で住民投票をした結果、北マリアナ諸島はコモンウェルスという形でアメリカの一部になり、パラオ、ミクロネシア連邦、マーシャル諸島はそれぞれで独立を果たしました[46]。

琉球の場合は、サンフランシスコ講和条約第三条の規定[47]では将来、琉球を信託統治領にするとされましたが、アメリカはこれを無視して軍事統治を続けました。これは完全な国際法違反です。アメリカの国際法違反、そして日米両政府だけの話し合いによる「復帰」が決定されたのです。植民地が新たな政治的地位になる場合、住民投票を実施すべきでしたが、行われませんでした。また沖縄返還協定を定める際に、琉球側の政府である琉球政府の参加も認められませんでした。これらも国際法違反です。琉球の場合、国際法という正義の法が無視されたことが大きな違いです。

ただ、パラオの憲法には「非核」条項がありました。アメリカは超核保有国ですから、安全保障上認められないとして、「非核」条項の削除を求めた。そしてパラオ内の分裂工作をかけたわけです。その結果、八回も住民投票を行い、独立の時期が遅れました。ミクロネシア連邦やマーシャル諸島の独立は一九八六年ですが、パラオの場合は一九九四年と八年遅れたのです。

――グァム、パラオと沖縄との類似性はあるのでしょうか。

松島　グァムやパラオでの生活は特に違和感はなく、琉球で生まれ育った環境と近いものを感じまし

一の施政権者とする信託統治制度の下におくこととする国際連合に対する合衆国のいかなる提案にも同意する」とある。琉球を信託統治としているにもかかわらず軍事統治をした。ミクロネシアの島々はアメリカの信託統治領となり、国連の信託統治理事会の監視下におかれた。国連が支援するなかで独立を問う住民投票が実施され、パラオ共和国、ミクロネシア連邦、マーシャル諸島共和国が生まれた。日本が国連に加盟したのは一九五六年一二月一八日。国連憲章第七八条は「国際連合加盟国の間の関係は、主権平等の原則の尊重を基礎とするから、信託統治制度は、加盟国となった地域には適用しない」とうたうことから、日本の琉球の信託統治化の前提が揺らいだ。筆者（松島泰勝）は「日本の主権回復（一九五二年四月二八日）は、国際法からみて正当性をもたないといえる」（松島泰勝『琉球独立―御真人の疑問にお答えします』Ryukyu 企画、二〇一四年、三八頁）と評している。

注46――パラオとの連帯をいち早く表明したのは、安里清信だ。沖縄が植民地支配を受けている認識を常に持ち続け、沖縄の自立を求めていた。沖縄の被植民地支配に直接言及したものに一九七九年一二月に発行された『思想の科学』No.一一三号のインタビュー「安里清信の世界」がある。一九七九年四月号に紹介された「天皇メッセージ」（注62参照）にふれて次のように発言している。「『沖縄というところは完全に植民地だ』ということをね、非常に深く沖縄人自身が自覚しないといかんだろうと私は思う。沖縄の米軍基地の中に、アメリカの星条旗と日の丸が立っておりますけれども、これは結局植民地だということと何のかわりもない。（中略）日本の一県という考え方など、私から言わせると、そうじゃない。完全に植民地だということと何のかわりもない。（中略）自分たちがそれだけ被植民地民族として自覚しない限り、沖縄の自立というのは真におこり得ないんじゃないかと思います」（一一三頁）。

注47――サンフランシスコ条約第三条では「合衆国を唯

た。気候、動植物もそうですし、人の生き方、歴史観もそうです。相通じるものがありました。大きな国に支配を受けながらも、それに負けない、自主独立を求める島人の気概も日常生活のなかで感じることができました。東京で感じた差別感、違和感とは真逆なものでした。

アメリカの統治策ですね。グァムを支配、開発するやり方は、琉球のもつ可能性（内発的発展）を奪っていったヤマトゥの統治方法とよく似ていることもわかりましたね。そして、グァムやパラオの独立の歩みは、自立・独立を求める琉球・沖縄の歴史と似ているんですね。

グァムの生活でわかったのは、長年にわたり、島の先住民族チャモロ人が脱植民地運動を展開していることでした。グァムの政治的地位はアメリカの属領です。ハワイのような州ではありません。一九五〇年までチャモロ人には市民権が与えられず、また学校内でのチャモロ語の使用を禁じ、英語の強制を促すという同化政策も行われました。現在、住民には米国市民権が与えられているものの、米連邦下院議会に派遣されているグァム代表には投票権がなく、また島の住民には米大統領選挙の選挙権もありません。

琉球の在琉米軍(48)のうち、海兵隊がグァムに移ります。しかし、グァムの人たちは海兵隊が移って来ることに反対しています。というのは、アメリカが一方的に決めたからです。米国政府や議会の一存でグァムの現状や将来を決めることができるという、植民地体制がいまでも続いているのです。

グァムの独立運動で中心的な役割を果たしてきたのがチャモロ・ネーションという団体です。チャモロ・ネーションの人びとは、島の米軍基地を取り囲むフェンスを乗り越えて、基地のなかに入り

「この土地は自分たちの土地だ！　返せ！」という反基地運動を行いました。日本政府はチャモロ人に対する虐殺や戦争被害に対する謝罪をせず、戦時賠償もいまだに行っていないことから、プラカードを掲げて観光に訪れた日本人に謝罪を求める活動もしてきました。

グァムの独立精神について

松島　現在もグァムではアメリカからの独立運動が活発に行われています。グァム政府の脱植民地化委員会のなかに独立部会があり、チャモロの若者を巻き込みながら、独立の可能性について大学、島の各地域でミーティングを開いています。

注48――「在琉米軍」再編において海兵隊のグァム移転などの構想が出されてきたが、どれだけ大きく変化してきたのか。國吉永啓「沖縄の軍事基地」（東江平之ほか『大田昌秀教授退官記念論文集　沖縄を考える』一九九〇年所収）――軍事基地は在沖米軍基地の意味（引用者補足）――は、冷戦崩壊、九・一一テロ以前に書かれた論考だ。基地を全面返還した場合の日米関係のメリットやデメリット、アジア太平洋におけるバランス、南北情勢とも合わせて検討して基地縮小の期待は難しいと述べている。論考から四半世紀を経て國吉の危惧どおりに推移している。米国の目的は日本の軍事化を防ぐため自国の軍事力を強化することだった。いわゆる「瓶の蓋」論といわれるもので、日本の軍事力に歯止めをかけることで、侵略を受けたアジア諸国への米国の威信を強めることにあった。國吉が米軍を前方展開させたほうがＡＳＥＡＮに対して発言力を強められると指摘していたのがそれだ（四七七頁）。しかし安倍政権の集団的自衛権容認で、米軍の後方支援にとどまらず、米軍が攻撃を受けるなら交戦できる戦争事態に突入も正当化するかたちに変わった。國吉の指摘でいまも大きく変化しないのは、以下の二点だ。①米国が「海洋戦略」を放棄しない限り、軍事基地の大幅縮小はおろか全面返還はありえない、②アジア太平洋地域のイニシアティブ維持から日本の責任分担を求める（同頁）。

グァム博物館のフラオ首長のことば。「我々は自分が思っている以上に強いのだ。元々の自由を回復しなければならない」。著者（松島泰勝）のパラオ、グアム体験を象徴することばでもある（2017年 11月 29日、撮影・著者＝松島泰勝）

チャモロ人は先住民族ですので、国連の先住民族関係の会議に参加して、先住民族が有する先住権の回復運動を行っています。国連人権委員会先住民作業部会を初めとした各種の会議に参加してきました。さらにグァムは国連脱植民地化特別委員会非自治地域として登録されていますので、国連の支援を受けながら脱植民地化の活動を進めることができます。琉球も国連脱植民地化特別委員会の非自治地域として登録されるようになれば、独立への歩みが国連監視下で進められます。グァムは将来の政治的地位として、完全独立のほか、自由連合国（内政権、外交権を有するが、軍事権は他国に委ねる国）そしてアメリカの州という選択肢のなかから一つを選ぶ住民投票を準備しています。

一方、パラオの場合は人口が少ないこともありますが、いまでもユイマールの仕組みが社会のなかで重要な役割を果たしています。土地を共有する制度が残っています。外国人や外国の企業がパラオの土地を所有することができないのです。憲法で禁じています。環境を破壊するような外部資本の経済進出を制限するような法制度が整備されています。また、私がパラオの政治家を自分の家に招いて話を聞いたとき、「パラオ魂」ということばを紹介してくれました。これは人口がどんなに少なくても、この地球上に自主独立の精神で生きていくというしたたかなパラオ人の生き様を示したことばです。

大国からの支配を受けず、「パラオ人の、パラオ人による、パラオ人のための政治や経済・社会」を実現しようという気概が社会の隅々から感じ取ることができます。例えば、ほとんどのパラオ人はパラオ語と英語を使うことができますが、パラオの国会や政府部内でのパラオ人同士の会話はパラオ語で行うことが多く、パラオ語と英語、日本語、中国語はまったく異なりますので、外国人はパラオ語を理解できず、パラオ側が何を議論しているのかがわかりません。これは言語による自己防衛方法と言えます。

戦前、パラオは日本の委任統治領であり、多くの琉球人が移住していましたが、現在でも琉球系パラオ人が各界で活躍しています。久米島出身で漁業会社を経営している国吉政則さんにも大変お世話になりましたが、国吉さんはクニオ・ナカムラ大統領のお姉さんと結婚し、大統領就任を経済的支援によって実現させた功労者として知られています。日本大使館の同僚であったヨシサダ・ヒガさんには公私にわたって励まされ、「同じ祖国（琉球）」の仲間として助けてくださった。

クニオ・ナカムラさんという日系人がパラオ大統領であったころ、私はパラオの日本大使館の一員として、日本の大使といっしょに会ったことがあります。一国の大統領ですから、日本の首相と対等です。アメリカともそうです。威厳をもって、堂々と私たち外国の外交団と交渉していたのが印象的でした。植民地から独立国になる[49]ことの重み、実際の姿を目の当たりにしました。

注49――外務省調査室（当時）の西野照太郎は「本土復帰」前の一九七〇年に論文「国際環境からみた沖縄復帰―島嶼住民の自決権と自治権」（後に国会図書調査資料『沖縄復帰の基本問題』一九七一年所収）を著し、「国際連合と島嶼の地位」の項目で以下のように論じた。「国連は二十四カ国委員会の管轄外においてきた。どの島嶼とも異質な、特殊な政治的位置にあったことはいうまでもない。しかし、非植民地化の問題としてではなく、日本の領土の一部に復帰するばあいの沖縄県という島嶼群の住民が、行使しうる筈である自治権について、考えて見たい人たちのために、私はこの報告を執筆したわけである」（六四頁）。西野は「本土復帰」一〇年目の八二年でも再説したが、七〇年時点ではなかった国連の脱植民地化特別委員会による独立を探る方法を提示した（新崎盛暉ほか『沖縄自立への挑戦』社会思想社、一九八二年、四四頁）。ただし、八二年時点の執筆では「ある意味では機を失した」と琉球独立の困難さをあげた（前出論文四九頁）。だが、議論はそこでストップせず、著者（松島泰勝）が新しい展開を可能にした。具体的には西野が文献を丹念に調べあげ、太平洋島嶼部の島々の独立について論じたのに対して、著者はグァム、パラオで計三年間生活し、「独立すればこうも違うのか」という実感を得たことだ。著者の琉球独立研究のパトスになっている。無論、一九九五年以降に沖縄で独立の動きが顕著になったことや、先住民族・アイヌ民族が一九八〇年代から民族的権利を求めて国連での働きかけを続けて先住民族の権利を獲得してきた動きは、西野が指摘したころにはみられなかった。琉球民族側の国連にむけての活動は成果を生み、①国連は琉球人が先住民族であり、②米軍基地の押し付けは差別である、③琉球諸語による教育を認める――を日本政府に勧告するようになった。

焦点3

アジア太平洋戦争下のグァム、サイパン、朝鮮、台湾

松島　グァムは一九四一年から四四年まで日本軍が軍事統治したのですが、日本軍人から「バカやろう」と罵倒されたことや、親類が虐殺されたことを八〇代のチャモロ人が話してくれました。いくつかの村では、チャモロ人が集団で日本軍によって虐殺されました。私がグァムで働いていた一九九七年から九九年のことですが、地元の新聞では日本軍によって虐殺された遺族の方々の声が掲載されていました。琉球で起きていた日本軍による琉球人の虐殺が、グァムのチャモロ人にも及んでいた。

サイパンで生活していた多くの琉球人も戦闘に巻き込まれ、米軍の攻撃に追い込まれて断崖から身を投げて亡くなっています。その場所は「バンザイクリフ」と呼ばれています。海に囲まれた島では逃げ場所がない。琉球から移民としてサイパンに住んでいた人たち、琉球と同じように、自決を強いられたり、自殺したりする悲劇が起きているんです。

金城　沖縄に強制連行された朝鮮人についてもふれたい。読谷村《よみたんそん》にある「恨之碑」は、慶良間諸島で強制連行され亡くなった朝鮮人軍夫の歴史を後世に伝えるために建立されたものです。沖縄大学の新崎盛暉さんが学長をしていたときに、琉球新報の三木健さんらが沖縄戦に関するシンポを開いたこ

とが機縁となっています。モニュメントを創ろうということで、石川元平さん、有銘政夫さん、海勢頭豊さんらが集まり、私に制作を依頼、二〇〇六年に「恨之碑」が完成するわけですよ。建立して一一年たちます。毎年、韓国から遺族が慰霊に来られています。韓国には同じ「恨之碑」（韓国での正式名「太平洋戦争・沖縄戦被徴発者恨之碑」）が慶尚北道英陽郡にあります。読谷村よりも早く一九九九年に建立[50]され、碑までの道を英陽郡庁が通してくれました。日本の市民運動では「平和と民主主義をめざす全国交歓会」が資金集めなどで懸命になってくれました。日韓の共同作業は重要です。

松島　昨年、台湾の研究者で構成される中華琉球研究学会の方々とともに摩文仁を訪れたのですが、各県の慰霊碑群がありますね。そこで新しく設置された「台湾之塔」を見に行きました。蔡英文・台湾総統が揮毫《きごう》した碑文があり、その内容は以下の内容になります。「台湾之塔は、先の大戦に台湾から参戦し散華された軍人軍属などの御霊を慰霊・顕彰する碑であります。（略）当時台湾から勇んで

注50——韓国英陽郡に「恨之碑」が建立されたのは、沖縄に強制連行された姜仁昌（一九二〇－二〇一二）の出身地であり、沖縄の市民運動が沖縄に一九四四年七月に強制連行された証言の聞き取りを重ねてきた地道な取り組みによる。姜は四四年一〇月一〇日に米軍機の那覇大空襲で一一月に慶良間諸島の阿嘉島に転属させられた。慶良間諸島には三〇〇〇人の朝鮮人軍夫が配置された。追いつめられた日本軍は島民による義勇軍を組織し朝鮮人軍夫に監視役を強要、脱出しようとした一三人を銃殺した。姜ら七人は脱出し米軍の捕虜とされた。姜の証言はNPO法人沖縄恨之碑の会『元朝鮮人軍夫姜仁昌の証言　恨みをかかえて　ハラボジの証言』（二〇一六年）に詳しい。

参戦した二〇万余の軍人軍属の内、約三万柱の戦没者と一万五千余人の行方不明者は、共に我々の同胞でした。時代が変わろうと、人が自らの命を犠牲にして他者を救わんとした行為は、民族や国家の如何を問わず、人道の範として賞され語り継がれなければなりません」

「散華」「勇んで参戦した」「自己犠牲」など戦争を美化にする表現が書かれていました。植民地の台湾の人びとは日本によって死を強制させられたのであり、沖縄戦で台湾出身者も命を失っています。「同胞」と呼ばれることを拒否する人もいるのではないでしょうか。

第四章

琉球独立の思想的課題

1　人権問題を問う

琉球独立に覚悟

金城　私が沖縄戦に向き合うようになるのは以下のような経緯です。大阪市にある住吉解放会館（当時）のモニュメントとして「解放へのおがり」[51]（一九七七年）という作品を創ったんですが、その制作後に自転車に乗っていてひっくり返り足を骨折した。入院中に「がじゅまるの会」（正式名・沖縄青少年の集いがじゅまるの会）の子どもが見舞いに来てくれたことを覚えていますよ。松葉杖をついた状態でしたが、関西大学の部落解放研究会に呼ばれて講演に行ったんですよ。そのときに大学の助手か助教授が、「曽野綾子の『ある神話の背景』をめぐる論争を知っているか」と問いかけてきたんです。一九七九年のころです。

そのころから「強制集団死」とか、沖縄戦を本格的にとらえねばならないと自分を追い込んでいくわけですよ。〈やっかいなことになるなあ〉と思った面もありますよ。家永教科書裁判の第三次訴訟

中トビラ写真…「演習地の中でノボリを立てて農耕」。阿波根昌鴻『写真記録 人間の住んでいる島―沖縄・伊江島土地闘争の記録』（1982年）より。沖縄タイムスは「米軍占領下、『銃剣とブルドーザー』に抗し非暴力で抵抗した闘争史」（1983年2月7日報道要旨）と書評した。

が始まっていて、私は八五年に靖国裁判を始めた。次から次へと追い込まれるというか、出合っていく。ところが、おふくろに靖国裁判の原告になったことを責められるんです。

「お前はアホ違うか。親父はお国のために命をかけて死んだ。何が不満なんや」

おふくろが言っているのが正しいのではないかと、自分でも不安になる。多数派の弁はそうでしょう。そうした葛藤を経て爆発していくんですよ。沖縄には居座っている現実があるでしょう。米軍基地、経済的問題、権力の弾圧などが目白押しでしょう。これらに対して、「何をやっているのか」と自分に問うんですよ。政府や沖縄県に対してではない。自分が自分に向かって言い聞かせている。

本書のテーマである琉球独立は、私にとって希望的観測であり、希望であり、理念ですよ。しかし、単に希望だけでは絵に描いた餅にしかすぎないでしょう。希望的観測をもっているなら、「てめえは何やっているのか」と自分に言い聞かせないといけない。それぞれ自分の自覚と覚悟がいるわけですよ、真剣な覚悟が。その覚悟なしに琉球独立をぶっても、希望的観測を言ってみても意味がない。

松島　ただ、私は現実味がないとはまったく思っていません。琉球よりもはるかに人口が少なく、かつて独立国でなかった太平洋の島々で独立が実現できた。私は自らの体で独立を体感できたのです。

金城　これは少し説明しないといけませんね。生きている間に独立が実現するとは思っていないとい

注51――高さ一二・五メートル、幅七メートルの作品で、右手を突き上げて「おがる」（怒る）表情を表したもの。現在は会館（現在名は住吉人権解放センター）の解体が二〇一八年五月に予定されており、作品をどう保存するのかが課題となっている。

うことです。なぜなら、私は八〇歳ですよ。あと四、五年、よく生きて一〇年ですから、独立が残された時間で実現することはないと言っているわけではない。しかし、未来を絶望しているわけではない。私は何をやらねばならないのか。その覚悟を自分に言い聞かせているのです。未来の子どもに対しての問題提起だけでもいいから、琉球独立を夢見て覚悟をもって行動しなければならないということです。そうでなくては辺野古新基地に対して、「どうぞ、どうぞ」と言えますか。基地問題を闘い抜かないと独立が見えてこないわけですよ。

人権問題を問う――先駆的か否か

金城　琉球独立に関して問わねばならないのは、政治的課題ではなく、思想的な問題かもしれません。ウチナーンチュのもつ弱さです。人権問題のとらえ方が弱い点です。在沖米軍基地問題に吸われてしまうのです。これは克服しないといけない。

松島　私は人権問題の取り組みが弱いとは思いません。琉球では女性の人権確立の取り組みが進んでいます。琉球のフェミニスト平和運動「基地・軍隊を許さない行動する会」(52)（以下、「行動する会」）の一九九〇年代半ばからの活動は、国際的に連帯した女性の平和運動を生み出しました。世界でも最先端を行く営みも続けられています。ですから、人権問題が在琉米軍基地問題に収斂《しゅうれん》されているとは思いません。先住民族の権利回復運動、琉球諸語の回復運動、自己決定権行使運動、自然保護運動、性的マイノリティの権利確立運動など、さまざまな人権運動が琉球では展開されています。

金城　一九九六年二月に沖縄で米兵が運転する乗用車と単車に乗った海老原鉄平君が衝突して亡くなったのです。彼は沖縄の大学に進んで私の彫刻を学ぶ志をもっていた。こんなに無念なことはないでしょう。父親の海老原大祐さんは立ち上がるが、補償交渉で沖縄防衛局はこう言った。「弁護士は立てないでください」。わかりますか。これまでどれくらいの沖縄人が在沖米軍に関連した交通事故の被害に遭ってきたか。いずれも弁護士を立てないで、わずかばかりの見舞金で済まされてきたのです。しかし、海老原さんは泣き寝入りしなかった。弁護を依頼された池宮城紀夫(53)弁護士は『歴史的な闘いだ』と一切の報酬を受け取ることなく在沖米軍と闘い慰謝料を勝ち取ったのです(54)。

残念なことは賠償金ではないことです。日米地位協定に妨害されているのです。悪法なのです。こうした人権問題の取り組みが沖縄でどう見られて評価されたかは、具体的に関わっている人間だからわかることですよ。「金城は自分が関わることを我田引水している」という批判はあたらない。闘いの場に同行するからわかることです。

注52――一九九五年に中国・北京市で開かれた「第四回世界女性会議」のNGOフォーラム「軍隊・その構造的暴力と女性」に参加した。その参加に至るまで綿密な準備を重ねた。九五年一〇月には沖縄で初の「強かん救援センター・REICO」を発足させた。「行動する会」は「平和と安全保障の概念を再構築すべくジェンダー分析というツールを提案した」（林秋こずえ『ジェンダー研究』七号、八四頁）。

注53――いけみやぎ・ゆきお。弁護士。一九二九年沖縄県那覇市生まれ。弁護士。米軍基地被害や自然環境を守る闘いの弁護に一貫としてかかわる。反戦地主会が国を相手どった基地強制使用認定取消裁判、金武湾を守る会の石油原油備蓄基地建設阻止闘争裁判、白保の新石垣空港建設阻止闘争裁判など。大田知事の代理署名拒否裁判県弁護団事務局長。「ヘリパッドいらない弁護団」団長。

人権問題への関心は大阪に住んで、夜間中学に勤めたことや、部落解放運動に出合ったことなどが大きく影響しました。新崎盛暉[55]さんが早くから指摘されてきた沖縄が受苦している構造的差別[56]もそのとおりだと思います。しかし、沖縄で指摘される差別については、あまりにも軽いと思う。ヤマトゥに住んで初めて、在日朝鮮人、被差別部落の存在に出合いました。沖縄で知らなかった差別です。ヤマトゥでの沖縄人に対する差別も大阪でその深刻さを知りました。沖縄人差別で出身を隠して「負」の世界を背負うことで葛藤をしなくてはならないこともあるかもしれませんが、政治的問題として収斂してしまいがちです。部落差別による冤罪事件で無罪を訴える闘いを続けている石川一雄さんですね。部落差別がいかに人間の尊厳に関わることであるか。そこのところです。沖縄の人も活字のうえでは、石川さんの闘いが、無実の罪を晴らす営みを続けていること、「狭山差別裁判」として闘われていることだと知っているでしょうが、石川さんの闘いは単に無実の罪を晴らす営みではないということです。無実の罪を着せられた背景に部落差別があることを明らかにすることが部落解放運動をそこまで闘わせている、そこを見ないといけない。差別からの解放は人間性の回復を意味するからです。どこまでも人間の尊厳に関わるのです。

2　自己決定権すら奪われた存在と向き合うこと

人権問題の深層に光をあてること

松島　在琉米軍基地が存在することで、いろいろな事故、事件が発生して、それらが琉球人の人権を大きく侵害しているととらえます。翁長知事が「戦後七〇年間、沖縄の軍事基地は、事件、環境問題を発生させてきました。私たちの自己決定権や人権がないがしろにされてきたのです」と、国連の人

注54――海老原裁判と呼ばれた裁判。父親の海老原大祐が事故の加害者米海軍将校を相手取り損害賠償裁判を起こした。一九九七年一二月二五日に那覇地裁沖縄支部が米海軍将校に三七〇〇万円の賠償命令を下したが、日米地位協定による恩恵的慰謝料と、SACO合意にもとづく従来の米国側の差額の穴埋めで支払われた。米海軍将校は自己責任が基本となる公務外不法行為でも一円の賠償もなく処理された。日米地位協定の改定を要求している一方、特別立法「日本国に駐留するアメリカ合衆国軍隊の構成員等による損害賠償法」制定を求めているがいまだに改定されていない。一連の経過は海老原大祐著『〈沖縄〉米兵による交通死亡事故とその補償』（米軍人・軍属による事件被害者の会、一九九八年）がある。同書では「米軍人の不法行為が『公務中』『公務外』かで、それに対する日米政府の対応や、補償方法等も異なることが分かった。（中略）その理不尽な規定の根源は『日米地位協定』にあることも分かった。基地をほとんど押し付けられた島・沖縄では、そのためにどれだけ多くの人々が犠牲と我慢を強いられてきたのだろう」（はじめに）と記述している。

注55――あらさき・もりてる。一九三六年生まれ。一九七四年に沖縄大学に赴任、一九八二年に一坪反戦地主会を組織、現・沖縄大学名誉教授。『沖縄同時代史』（全一〇巻、別巻一、凱風社、一九九二年－二〇〇五年）など著書多数。

注56――新崎盛暉は構造的差別をテーマとして本も刊行したが、『沖縄を越える―民衆連帯と平和創造の核心現場から』凱風社、二〇一四年）で説明しているのを以下要約する。歴史的背景をもつ民族的差別という面よりも、戦後の問題とする。米国の戦後日本の占領政策の円滑な遂行のために、「天皇制の利用」「日本を覇権国家米国の軍事的拠点とする」「沖縄の分離軍事支配」という三点セットとして戦後日本社会、政治を構造化した。「日米の間には、とくに日本の民衆を覆い隠すために、その矛盾をしわ寄せする場が必要だった。その場として沖縄が位置づけられている」（前掲書、一五四頁）。根幹にあるのは日米安全保障条約だ。

権理事会で発言しました。自己決定権とは人権問題の基礎にあるものですね。翁長知事の国連スピーチに対して、日本政府代表は日本政府自らの加害者性をまったく認識していません。「沖縄の基地問題は人権問題ではない」と反論しました。

金城　在沖米軍基地で生じるさまざまな問題が人権侵害ではないとどうして言えるのでしょうか。鉄平君の問題は、実際に闘うことで見えてきたし、これまで押さえ付けられてきた沖縄の被害者の姿が見えてきた。(57) 沖縄の民衆運動は反基地闘争に収斂してきた、あるいは収斂せざるをえなかった。しかし、その背後で光があたらず泣き寝入りしてきた人権問題があるのです。この取り組みの弱さを、事件に関わってきたからこそ指摘できるのです。取り組んだ話に先立って琉球独立を求めることになる自己決定権のことをまずあげましょう。

自己決定権の基本は個々人にあるわけですよ。個々の積み上げが琉球という民族になり、国家になる。ところが、一番下で琉球を支える個人が自己決定権すら行使できないとあれば、どうなのか。そこにいつも立ち返ることです。人権問題の課題としてどれだけ取り組んでいるのか。

大学時代のことを話しますと、ペルーに移民した祖父からの送金によって京都外国語大学に進むことができました。しかし、二年生のときに突然お金が送られなくなった。養鶏場が倒産したから、送金どころではなくなってしまったのです。仕方なく大学を休学して沖縄で働いた。そこで経済的に頼りにしたのが、いとこですよ。米軍機の空爆でいっしょに壕に逃げ込んだいとこのことです。沖縄戦の体験で話した彼女です。

彼女は小学校六年で学校をやめて身売りをして家族を支えてきた人です。女性が身を売られることを指す「辻売り」[58]ということばがありますが、彼女は米軍の「パンスケ」と蔑称されながら家族を助けるために働いてきた。私は送金がストップすることで、彼女に出会うのです。そこで、彼女が貧しさから身を売らざるをえなかったことを知るのです。また同じような境遇の女性のことも知りました。奄美大島、沖縄の離島や農村、漁村の貧しい家庭の女性たちです。身売りされて家族に送金する女性たちが受けた差別にわれわれはどれだけ迫りきれるか。インテリが概念化する差別は、幾重もの深層に気づかない時があるのです。いとこの彼女は在沖米軍兵士と結婚し、アメリカオハイオ州に住んでいます。市民権を得て暮らしています。昨年(二〇一六年)一二月にアメリカを訪れて四〇年ぶりに会いました。

注57——米海軍将校は自己責任が基本となる公務外不法行為でも一円の賠償もなく処理された。日米地位協定の改定を要求しているが、いまだに改定されていない。一連の経過は前掲海老原大祐著書に詳しい(注54参照)。著者(金城実)が沖縄での人権問題の取り組みをさらに問うようになったのは、海老原鉄平さんの事故死、裁判の過程で認識を深めていったことにある。

注58——「辻売り」は借金を返すまで、または身請けの男性が現れるまで逃れることができなかった。男子は糸満の漁師のもとへ売られ、「糸満売り」といわれる。徴兵年齢の満二〇歳までという期限付きであった(『沖縄を知る事典』日外アソシエーツ、二〇〇〇年、二九六頁)。「辻」とは那覇市にあった遊郭の名前から由来する。辻遊郭は沖縄戦の直前に沖縄守備隊の日本軍の慰安所となり、敗戦後は「辻売り」と呼ばれる身売り制度はなくなったが、戦後も貧しさから売買春街で家計を稼ぐ女性を一般的に「辻売り」と呼んだ。

――「幾重もの深層がある」とはどういうことですか。

金城 ある学者はデータにある普遍的なものを打ち出す。それも誰も発見できなかった見方を提供する。そのことの意義は大きい。しかし、個々人の半生は一般化できないでしょう。普遍化からこぼれ落ちるものが出てくる。個々人の苦悩、息づかいは、最も深い人間関係で結ばれたものでしか受け止められないでしょう。「受け止められる」というのは軽いことばです。突き刺さらない。私は彼女たちと出会い、沖縄で見ていなかったものを知ったんです。

浜比嘉島で小学六年までいっしょに生活した彼女がおかれた現実にショックを受けました。私も島の人びとも親類も彼女のことを恥と思っていましたが、実際に彼女に会い、彼女のことを恥として無視することがいかに愚かなことかわかってきました。祖父の大学授業料の送金ストップがなければ、私は上昇志向に駆られたままだったかもしれません。彫刻のテーマとして虐げられた民衆をテーマとして追求していなかったかもしれません。沖縄の何を見たか。そのときから「俺の反逆」が始まるのです。私にとって沖縄で見たのは、彼女の境遇ですよ。差別からの解放は、松島さんは学問的に追求することだったのでしょうが、私は彼女から沖縄が見えてきたことを核としています。

米軍の車にひき殺されて――ある青年のこと

金城 これから述べるヤマトゥの広島に集団就職していった青年の半生をどう考えればいいのか。その青年は小学生六年生を刺し殺してしまったのです。私も法廷に立ちました。一九七〇年代半ばのことです。もう四〇年以上も前のことだから関係ないとは言えない。なぜ事件が起きたのか。

岡山県に庭瀬後楽園というところがあり、彼は休日に野球場と思って出かけた。ところが、普通の公園だった。仕方なく帰る途中、自転車に乗った小学生とぶつかり、小学生が「にやっと笑った」と感じたそうです。それで腹が立って持っていた包丁で刺し殺してしまった。なぜ包丁を持っていたのか、なぜ無垢な小学生を刺したのか、です。とんでもないことをしてしまった。差別された人間が理解しがたい精神状況に追い込まれていたとしか考えられない。差別されたことがない人間からは、それが見えるのでしょうか。

広島の定時制高校の先生方が彼を支援する会を結成しました。差別問題に取り組み、のちに「沖縄問題研究会」を結成して、集団就職の若者を励ました先生方でした。彼は収監中に気がふれておかしくなり、医療刑務所に転送された。しかし、あとはどうなったのかは不明です。

私は転送前に収監されている刑務所に面会も行きました。「何がほしいか」と尋ねると、「空手の本がほしい」と言う。コザ市（現沖縄市）の中学を出ていて、空手の先生に憧れをもっていたという。それが集団就職でヤマトゥに来て虐《いじ》められ、差別されて、その被害者意識を振り払いたいから、「なんとか強くなりたい」と思ったんでしょう。

彼は幼いときに、父親が米兵の車にひき殺されてしまったんです。遺族に補償など一切なかった。貧困のどん底に突き落とされた。母親一人では育てられないから、弟と二人が里子に出されて中学校を卒業した。それから「本土復帰」前にヤマトゥで働くようになったのです。沖縄の人権問題は彼と小学生という二人の被害者を生んだということです。

この事件は沖縄でほとんど知られていません。直接米軍基地に関わる人権問題ではない。しかし、だからといって、彼の半生、被害にあった小学生の無念さの思いに鈍感であっていいのか。青年の支援に広島の先生たちとともに取り組んだだけに、何とも言えない虚脱感が抜けないのです。

3 大阪府警警官の「土人」発言をどうとらえるか

「土人」発言の背後にあるもの

松島 人権問題は被差別体験をするときに鮮明になるものです。二年ほど前には、琉球新報の記者が東京で家を借りようとして、新聞社の名前が知られ、入居を拒否される事態が起きました。また、私も東京に出てきて住み始めていろんな被差別体験をしています。
戦前のような激しい差別ではありませんが、現代でも蔑視、差別が続いています。だからこそ、高江で大阪府警の警察官が「土人」「シナ人」発言をするようなことが起きたのです。琉球民族を劣等民族だと見るからそうした差別語が現実化したと見ます。これに対する抗議は当然起きました。これまでいろいろ具体的な例を出されたが、琉球の人権問題の取り組みは決して弱くないと思います。
金城 「土人」発言のとらえ方もそうですよ。もっと深くとらえないと。私は育った島の生活を思い出すわけです。中学を卒業するまで裸足の生活ですよ。中学二年生になると、一五〇〇メートル競技の「本島」の地区大会に出るわけです。都会の生徒との違いはショックでした。具志川や石川から来る都会の子は、スパイクを履いているし、ユニホームも刺繍している。パンツも陸上競技用や。こちらは裸足や。ユニホームじゃない。シャツのうえに墨で「浜中学」と書いてあるだけ。陸上用パンツではなく、サルマタを履いているだけ。「なんで、あいつら恰好がいいのか」「とんでもない貧しい島で生まれたなあ」と思いました。恥の思いが私を縛り付けてきた。貧しい浜比嘉島で生まれたことを隠しましたよ。大学に進むために東京の予備校に通いましたが、先生のことばがわからない。ウチナー語と日本語はまったく違う。ウチナー語を恥じることにもなる。しかし恥のまま生きていけますか。誇りをもてますか。

一つひとつの出会いのなかでそれが恥ではないし、隠す必要もないと転換していくわけです。誇りに転換していくわけですよ。「土人」でどこが悪いのか。俺が自ら土人であると思うし、野性だと思う。それは俺が誇りに思うからですよ。部落問題では水平社宣言（一九二二年）に「エタであることを誇りうるときが来たのだ」と書いていますね。そのとおりです。誇るときが必ず来るのです。それと同じで、「野蛮」とか「土人」とか言われて隠そうと思っていません。自分の先祖のことを思うと、どうですか。ことばの意味でも、生活でも、裸足で生活し、豚を解体し食べてきました。それは日々の営みであり、文化のあり方ですよ。それを否定できますか。否定することは、自分の先祖を否定することです。かつて在日のウチナーンチュが沖縄の風習にならい、豚足を大晦日に食べたら、ヤマトゥンチュから「豚足を食う琉球人」とバカにされましたよ。

私は「土人」であることを誇りますよ。[59] しかし、それを大阪府警の警察官のように他人から言われたら、天に達するほど怒り、許しませんよ。それは、私は「土人」を敬愛しているが、大阪府警は「土人」を忌み嫌い見下し、差別しているからです。

松島 私も土人が本質的に否定される存在ではないと思います。しかし、ここで問題にしているのは、文明と野蛮を縦軸において、日本人は文明人であり、基地に反対する琉球人は野蛮な土人であるという価値観が二一世紀の日本において存在し続けていることです。ニューカレドニアの先住民族であるカナク人の、「カナク」ということばは統治者であるフランス人による差別用語でしたが、島の主体であるとしてカナク人はそのことばを使い、独立運動に主体的に参加するようになったのです。「琉球人」も戦前、日本人によるわれわれに対する蔑称の一つでしたが、いま琉球人は、そのことばを自称として使うようになったのです。

島のすべてを開発し、近代化することで土人から文明人になるのだという教育が「琉球併合」後から現在まで行われてきました。これは琉球人だけの問題ではありません。島の自然、歴史、文化を再評価し、琉球人であることに自信をもった人が増えたからこそ、ここまで辺野古や高江などの米軍基地建設に対する反対運動が高まったのではないでしょうか。「土人」発言への大きな反発は、そのような琉球人のアイデンティティ確立の証しでもあります。また、一九〇三年の大阪・天王寺で発生した人類館事件後、琉球内では「自らは他の『土人』とは異なる天皇の臣民である」という反応が起こりました。今回はそうではありません。日本人であることを強調するよりは、琉球人としてのアイデンティティを返って強める結果になりました。鶴《つる》保《ほ》庸介《ようすけ》・沖縄担当大臣（当時）、松井一郎大阪府知事も「土人」発言に対する謝罪をせず、正当化し、内閣も差別発言と認めないという決定をしました。日本政府として琉球人差別を容認[60]したわけです。

4 「思想の排外主義」とは何か

抵抗の主題——米軍基地と原発は子孫に残してはならない

金城　もう一つ、固い表現ですが、「思想の排外主義」の克服を言いたい。沖縄と原発の立地自治体

注59——著者（金城実）の原点である箇所だけに、三〇年以上前の著書でも表現している。以下は『土の笑い』（筑摩書房、一九八三年）から。「文化の面からいうと、沖縄にも中央がある。本土に東京という中央があるようにね。また東京は東京でどこを向くかというと、ヨーロッパ、アメリカがあります。この一つの流れそのものを撃たねばならないということに、私はだんだん気がついてきたんです。そこに問題があるのだ、と。沖縄の人間であって何が悪いか、裸足であって何が悪いか、ことばにしても、沖縄の島の言葉のように一つ一つの形象を具体的に造形的につかまえてくるあの豊かさが、標準語の一体どこにあるのか。こう開き直って、上昇志向を逆転してみせたとき、私は私の内なる核の中に入っていったわけです」（一一〇頁）。

注60——政府が「土人」発言を閣議決定までして「差別発言ではない」としたのは、差別発言であると認めることは、沖縄差別の存在を認めることになるからだ。沖縄差別は米軍基地が集中していることに現れているが、本章で紹介した翁長知事の国連人権理事会での訴え——米軍基地問題による人権侵害——に対して、日本政府は「沖縄の基地問題は人権問題ではない」と反論した。沖縄差別はないとする政府見解は一貫している。

はよく似ている。原発と米軍基地の共通性です。日本政府は自治体がなかなか引き受けない施設を「アメ」、つまり経済援助を多くして受け入れやすくしてきました。ただ、辺野古新基地建設や高江のヘリパット基地建設もごり押しです。選挙によって表明された民意にはおかまいなしです。原発は再稼働に向けて議会工作などして自治体の賛同を取り付けていく。沖縄は民意が反対の意志を示しても強行する。

子どもや孫の未来を考えたとき、原発や軍事基地を残していいのでしょうか。いいはずはない。これはウチナーンチュもヤマトゥンチュも関係することです。今年（二〇一七年）二月末に高江の闘争参加の途中で読谷村のアトリエを訪ねてきた京都の人たちに「原発に関心を」と言ったのです。基地だけでは困るのです。米軍基地問題だけ関心をもち、原発には関心が薄い、あるいは原発は関心があるが、米軍基地には関心がないというのでは、困るのです。自分の思考の枠組みから外すという意味で「思想の排外主義」というべきでしょうか。その罠に陥ってはならないのです。

インターナショナリズムということばは、世界に開かれた連帯の意味で使われますが、抽象的な次元で留まってはいけない。「思想の排外主義」を乗り越えることなんです。共通に取り組まねばならない問題で、軍事基地、原発の片方を無視するわけにはいかないのです。未来の子どもに残してはならないものとして軍事基地、原発がある。二つを射程におくことです。これが多数派を占めれば、確実に沖縄は変わり、ヤマトゥも変わる、ヤマトゥの人はヤマトゥのことを考えてほしい、とはならない。「思想の排外主義」にどうか陥らないでほしい。

独立を夢見るとは、理論、理念を突き出すことでもあり、同時に自覚と覚悟がいると言ったのですが、その下地《したじ》としての沖縄の運動が常に問われるんです。独立するためにをくらねばならないか。くくるとは、前に進むということです。松島さんも私も壁がある。現実、つまり現場で直面する巨大といっていい壁です。日米地位協定、安保体制、アメリカの核支配、現在の日米の沖縄支配を容認する壁です。その壁を越えるためにどういう運動をしなければならないか。そこを徹底して問わないといけない。一つひとつの現実の闘いをたぐり寄せていくなかでこそ琉球の独立が見えてくる。

松島　「思想の排外主義」克服は、脱植民地のための方法、理論、思想によって可能になります。琉球独立は他者を排外することではないわけです。独立の前も後も世界の人びととつながるものであり、インターナショナリズムを前提としたものです。開かれた思想なんです。ですから、金城さんが言われた「思想の排外主義」の指摘は極めて大事だと思います。

5　天皇制と天皇について

天皇制とウチナーンチュ

金城　これまで話に出ませんでしたが、大事なのは天皇制との闘いです。骨身にしみて天皇制に取り込まれていくこととどう闘ってきたか、です。その闘いから何かが見えてくるのです。その葛藤、闘いがなくて、どうして琉球独立でヤマトゥから縁を切るということができるでしょうか。

戦前、天皇の赤子として教育され、米軍に捕まったら、辱めを受けるとして手榴弾を渡されて自決していった人たちに向き合うなら、どうなるか。「集団的強制死」の歴史と向き合えばどうなるのか。国のため、天皇の赤子として殉じた「英霊」として靖国神社に祀られることに、「ありがたい」となるのか。「天皇陛下万歳」として死ぬことが正しいとされた。戦前の教育は間違いだと気づいたはずです。戦前の思想を戦後の慰霊の方法にかぶせてはならないでしょう。「おかしいではないか」と裁判を起こすのは必然でしょう。

しかし、天皇制に抗《あらが》うことがどれだけ沖縄で難しいかは、靖国裁判を沖縄から起こしたからよくわかったことですよ。原告になる人がいないのです。沖縄で天皇制について批判的な論述をしていたインテリたちや、人権抑圧を訴えてきた知識人に「原告になってくれますか」と訪ねて回りましたが、見事に断られました。「それは、ちょっと」と、天皇制を問題にすることには尻込みをする。

琉球独立と天皇制の関係を明白にし、目標に定めたら、それは簡単なことではない。これは私の体が知っていることです。

松島　天皇と琉球との関係は、近代の皇民化教育以降を除いては歴史的・文化的な関係がほとんどない。ということは天皇制が皇民化教育によって別の文化を育ててきたということです。私が関西に住んで思ったことは、関西では天皇に関わる歴史的な場所、碑文、古墳とかがあちこちにあるということです。琉球にはない。それを見ても、琉球と天皇の歴史は非常に希薄ですね。ほとんどないと言えます。天皇として琉球に足を踏み入れたのは、現在の天皇が初めてです。

琉球とヤマトゥの神話は別世界ですね。[61]「琉球併合」後、天皇制国家に組み入れられて、皇民化教育をされ、兵士や住民として戦場に送られた。琉球人が取り込まれていった。琉球国の復国は、もちろん天皇制がない国で、そういう国になる権利が琉球にはあると思います。

金城　松島さんの天皇制の理念的、歴史的なことはよくわかります。しかし、現実に靖国裁判の事務局はヤマトゥンチュしか担ってくれなかった。ウチナーンチュは誰も入ってくれなかった裁判の支援者は一〇〇人弱でした。裁判報告では、同じころに裁判があった大江・岩波裁判の参加者とは雲泥の差でした。集会での参加者はものすごい数でしたね。歴史修正主義の闘いと天皇制の克服の取り組みが別であっていいはずはない。こんなことで天皇制を乗り越えると簡単に言えますか。

「天皇制」と「天皇」を論じる

金城　ここで原理的というか、「天皇制」と「天皇」について整理しましょう。天皇制と天皇は混同

注61——精神の核にあるものの違いを補足する必要があるだろう。新川明「琉球人のなかの天皇制」から引用する。「沖縄人に固有の信仰として、その核にあるのは端的にいって祖霊であり、あるいは火の神や水の神その他の、いわゆる自然神であって、天皇はじめ、権力者によって持ち込まれる神々とは本来的に無縁な存在であったからだ。その意味で、『明治』期に確立された日本の天皇制思想が、支配の原理として構造化された点では、沖縄といえども例外ではなかったとはいえ、その思想を精神土壌の基底において血肉化し、信仰対象として合一化するという点では、明らかに異なる位相を持っていたといえると思う」（大沢正道編『われらの内なる天皇制』太平出版社、一九七三年、四六頁）。

してはいけませんね。天皇制は無機物ですよ、制度ですから。血も涙も出ない。目に見えるものでもない。ではどこに存在するのか。形をもって現れる。それが靖国神社であり、日の丸・君が代でしょう。森友学園問題で子どもたちの教育で復活させた教育勅語でしょう。

戦前の天皇は、絶対主義天皇制との関係で現人神《あらびと》でした。神であり人間ではなかった。戦後は象徴天皇制のもとでの天皇です。天皇は生身の人間ですから、無機的ではありません。体調をこわし病気にもなる。日本国憲法でうたわれた象徴天皇制のもと、天皇は三・一一の東日本大震災以降、被災地を回っている。それも被災者と目線が同じですよ。天皇制は大嫌いだが、憲法でうたう象徴天皇は嫌いではない。

「天皇制」と「天皇」を分けて考えなければならないという内容が朝日新聞のインタビュー記事として掲載（二〇一六年八月二一日）されると、左翼系からは「靖国神社裁判を闘った金城実とあろうものが。天皇大好きとはけしからん」と言われ、右翼系からは「わけのわからん発言や」と批判が出たそうです。直接聞いていませんが。「天皇大好きとはけしからん」という人が必ずいますよ。

敗戦記念日なると、靖国神社には国会議員が続々と参拝しますよ。メディアは必ず報じますが、天皇と靖国に関する質問をしているのですかね。天皇が参拝しない靖国に国会議員が集団で参拝することに関して、メディアは無関心なのかね。天皇と靖国について質問しているのを聞いたことがない。敗戦記念日に天皇が参拝しない靖国神社に国会議員が詣でることが繰り返される。この光景こそ戦前から受け継がれてきた天皇制ですよ。その国会議員の証しとして、靖国神社に参拝する。落選または引退したら、わざわざ東京まで行って参拝しない。しかし、国民統合の象徴である天皇はどうですか。死ぬまでその立場が変わらない天皇は靖国に行かない。さらに「天皇制」と「天皇」では、日の丸・君が代の例を出すとよくわかります。

東京都教育委員会の委員長が「今上」天皇と話した内容が伝えられています。教育委員長は自慢話をするためでしょう、「全国に日の丸と国歌斉唱を広めていくのが私の責務であります」と言った。すると「今上」天皇は「強制になるということではないことが望ましい」と答えられた。教育委員長が褒められると思って発したことばが、あっさり切られてしまったんです。つまり天皇という有機物は、日の丸、君が代の強制という「天皇制」という無機物を否定しているということですよ。これは一〇年以上も前のことですが、すでに天皇は自ら天皇制に悪用されることを危惧されていた。

これほど明らかに違う無機物と有機物である天皇制と天皇を、隙あらば抱き合わせて悪用してくるわけです。だから今回の生前退位についても、天皇は悪用されないように昨年八月八日のビデオメッセージでこう言われた。「象徴天皇の努めが常に途切れることなく、安定的に続いていくことをひとえに念じ」と。今後も天皇が国民統合の象徴であり続けることを望み、国民動員に利用されないようクギを刺した。うれしかったですよ。

しかし、敗戦記念日に安倍首相は戦争の反省はひとこともなく、逆に天皇は「過去の戦争に深く反省する」とはっきり言われた。安保法制、盗聴法、「共謀罪」など、戦争のできる国へと突き進んでいる。天皇はどの政治家よりこの国を愛し、いまの安倍政権の行く末も危惧されている。だから「天皇制は大嫌いだが、天皇は大好きだ」と朝日新聞のインタビューで私は答えたのです。

松島　金城さんは天皇制と天皇を切り離すなかで日本の天皇制と闘うと指摘されましたが、琉球人と天皇と天皇制の関係は、ヤマトゥンチュとは違った歴史をもっています。それは何か。自分たちを一つの方向に追いやる、「日本」という国家権力の象徴として天皇が位置づけられているということです。金城さんが指摘された象徴天皇とは、琉球は別なんですね。琉球独立で不即不離となる「琉球連邦共和国憲法」では、天皇を象徴として定める日本国憲法から脱するわけですから、象徴天皇制を憲法でうたうことはありません。

金城　象徴天皇制は琉球とは別と言われるが、琉球が独立するときに大きなハードルは天皇制との闘いです。われわれが関係ないと言っても、日本政府は沖縄人を天皇の赤子にしようとやっきになってきた。これは沖縄戦での苦い経験です。松島さんが言われる琉球独立の憲法に入れないのは当然としても、その前に立ちはだかる闘い抜きに天皇制を論じることはできないでしょう。

「天皇メッセージ」は憲法違反

――しかし、象徴天皇制は戦前の戦争責任を覆い隠した政治的意図も含まれているのではないですか。戦前のアジア侵略、植民地支配の責任を追及されている金城さんの天皇観、天皇制観とは異なる見解ではないですか。

金城　私が矛盾しているのではなく、政治権力の天皇及び天皇制の悪用を見抜く必要があります。著書『沖縄から靖国を問う』（宇多出版企画、二〇〇六年）でもふれていますが、沖縄戦において天皇と天皇制は甚大な惨禍をもたらした。さらにアジア侵略・植民地支配を進めていった。沖縄から見えてくることです。朝日新聞のインタビューに批判を寄せた友人はこの矛盾に気づかない。

ここで「天皇メッセージ」について説明しましょう。米軍は一九四五年三月二六日に慶良間諸島に上陸したあと、ニミッツ布告を出した。日本政府の行政、司法、立法権を停止したわけです。慶良間諸島に上陸五日後に米軍政府の設立を発表しています。アメリカの外交文書に天皇の対米メッセージ関係の外交文書が二通あります。一九四七年九月二二日の書簡「琉球諸島の将来に関する日本の天皇の見解」と同書簡に添付された覚え書です。[62]

「天皇メッセージ」がいつ出たかわかりますか。

注62——対日政治顧問W・J・シーボルトの国務長官マーシャル宛て書簡と、同書簡に添付されたマッカーサー元帥宛ての覚え書の二通ある。天皇の顧問（アドバイザー）寺崎英成が伝えたもので、書簡「琉球諸島の将来に関する日本の天皇の見解」では、「米国が沖縄その他の琉球諸島の軍事占領を続けることを天皇が希望していること、疑いもなく私利に大きくもとづいている」ことを、さらに天皇は、「長期租借による、これらの諸島の米国軍事占領の継続を目指しています」と記述している。覚え書では、書簡内容を受けて、「そのような占領は、米国に役に立ち、また、日本に保護をあたえることになる」「ロシアの脅威ばかりでなく、占領終了後、右翼および左翼勢力が増大して、ロシアが日本に内政干渉する根拠に利用できる〝事件〟を引き起こすことも恐れている日本国民の間で広く賛同を得るだろう」「米国の軍事占領は、日本に主権を残したままでの長期租借——二五年ないし五十年あるいはそれ以上——の擬制にもとづくべきだ」というのが主な内容だ。「天皇メッセージ」はアメリカの公文書公開の三〇年後に明らかになり、『世界』一九七九年四月号が報じた。

——「天皇メッセージ」は一九四七年九月でしょう。

金城　そう。国民主権の原則に基づいた象徴天皇が政治的な発言をしたことは、憲法違反です。では、なぜ沖縄に対して政治的発言が生まれたのか。当時、メディア、文化人の戦争責任が追及されていました。その頂点に天皇がいた。私は思うんです。国民に向けて「天皇メッセージ」をあえて発することで、責任をかわす必要があったのではないか。沖縄戦の犠牲者二〇万人のうち一万二五〇〇人がアメリカ人でしょう。アメリカの遺族、沖縄戦で負傷したアメリカ兵からは、「戦争の最高責任者は当然処罰すべきだ」という声が出てきた。そこに現れたのが「天皇メッセージ」だと思うんです。誰も戦争責任をとらないで敗戦から七〇余年が過ぎた。アジア侵略や植民地支配に対してどうですか。被害者に対して無責任な対応をしてきた。日本軍「慰安婦」問題でなぜ韓国人が少女像を創り、韓国各地で広がったのか。これは韓国政府が主導したのではない。市民でしょう。歴史的精神を記憶の文化として創造した民衆がそこにいるんです。民衆でしょう。日本政府は読み間違っている。植民地支配に目覚めた民衆がシンボル的なものを精神の核に求めた。それを撤去せよとどうして言えますか。戦争責任、植民地支配責任はずっと日本人が向き合わねばならないものなのです。

——「今上」天皇との関係はどうなんでしょうか。

金城　沖縄国際海洋博が一九七五年七月二〇日から半年間開かれた。昭和天皇に代わって皇太子（現在の天皇＝「今上」天皇）が開幕式に来沖します。そこで天皇と天皇制に関わる事件が起きます。「ひめゆりの塔」（第三外科壕）に参拝したときに火炎瓶が投げられた事件です。「本土復帰」は「核つき返還」であり、自衛隊が配備される。文部省（当時）からの日の丸・君が代の強制が強くなり、不満が溜まっていました。そこで事件が起きた。天皇・天皇制に関して沖縄戦の歴史を知り尽くしていて、沖縄を代表して抵抗した事件を起こした容疑者四人を必ずしも否定しない人が多かった。

その証拠に火炎瓶を投げつけた当時一九歳の少年はいま、沖縄県内で市議会議員をしている。

さらに一九八七年の沖縄国体ソフトボール大会で日の丸を引きずり下ろして焼いた青年は村議を三期務めた。ヤマトゥでは考えられますか。なぜか。天皇と天皇制に対して批判的に見る土壌があるからです。

私の論も拒絶しない。天皇と天皇制を切り離す考えができるのは、相対的視点をもっているからです。沖縄戦での悲劇の責任はどこまでも追及する。そこで昭和天皇の「天皇メッセージ」が憲法違反だということを見破る。象徴天皇制における政治利用は厳しく指弾しますが、政治利用を拒絶する天皇は認めるのです。そういう意味で「天皇制は大嫌いだが、天皇は大好きだ」と朝日新聞のインタビューで述べたのです。

政治家は天皇・天皇制を利用してきたし、今後も利用するだろう。自民党の憲法改悪では、天皇を元首とする案を発表しています。しかし、この手に乗らないことが、今回の生前退位に関する「天皇メッセージ」なんです。

私の「天皇制は大嫌いだが、天皇は大好きだ」という意味を深めていただきたい。

松島　象徴天皇制が誕生したのは、日本国憲法が施行された一九四七年五月三日でしょう。琉球は米軍統治の時代であり、琉球は「蚊帳の外」だったわけです。日本国憲法では、天皇が「日本国民の象徴」と規定していますが、琉球人は憲法施行時に日本国民ではなかったわけです。琉球人も含めて日本国民の統合として天皇を考えていなかったのではないか。東京で謝花昇と自由民権運動を行い、孫文や蒋介石とともに中国の独立運動に参加し、沖縄戦では日本軍に妻が虐殺された、南風原《はえばる》出身の新垣弓太郎は、「天皇は琉球に来て謝罪すべきである」と怒っています。天皇制だけでなく、天皇個人に対しても強い怒りをもった琉球人が多いのではないでしょうか。

象徴天皇制の政治利用を糺《ただ》されることはわかります。昭和天皇と「今上」天皇は制度的に別であり、「天皇メッセージ」が憲法違反であることもたしかです。しかし琉球の歴史から考えてみて「天皇」と「天皇制」を分けて考えられるでしょうか。どうもすっきり理解できない。というより、一体のものではないでしょうか。天皇という個人が存在しない天皇制はありえません。「今上」天皇も安倍首相の政治利用を拒否することができたとは言えません。天皇の政治利用を可能にするのが明治以降現在まで続いている天皇制なのです。

琉球独立で目指す「琉球連邦共和国憲法」は、天皇を象徴として定める日本国憲法から脱するわけですから、象徴天皇制を自らの憲法でうたうことはありません。金城さんは天皇制に絡めとられた琉球人を変えていかねばならない、そのことが琉球独立のために取り組むべき第一番目のことだと、この対談でも一貫して指摘されてきた。天皇と天皇制を分ける考えは、克服のために段階的に目指す方法だと受け止めましたが、一体のものであり続けてきたし、これからもそうだと思うんです。「琉球連邦共和国憲法」を樹立する段階に来れば、そういう段階的な天皇制観も克服されていくと思うんです。

金城　「天皇制」と「天皇」について、日本人、沖縄人、左翼、右翼も一体のものと考えていますよね。それをひとまず切り離すことが大事であり、琉球独立の課題でもあるんです。

6　脱植民地化と平和思想を貫いて

植民地認識が確立されているか

——議論が途中になりますが、松島さんから思想的課題をあげていただくとどうなるでしょうか。

松島　琉球が植民地であるという認識です。この認識をどう獲得するのかが、大きな「思想的課題」です。なぜなら、植民地支配を国際社会は許さないからです。植民地支配からの解消を戦後の国際社会、国際法が柱としているのです。国際法上どうなっているのかは最後（第八章）にまとめて解説します。脱植民地化のための思想的課題を深めるということです。まずは植民地としての歴史的事実を押さえねばなりません。

一八七九年に、明治政府は武力を用いて琉球国を消滅させ、天皇制国家に琉球を併合したのです。

沖縄県という日本国の地方として位置づけたゆえに、植民地には見えにくいのですが、実際は、皇民化教育、差別、政治・経済支配が日本人を中心として行われてきたのです。戦後、日本から切り離され、米軍政府の支配下におかれ、琉球は軍事植民地(63)になりました。一九七二年に「日本復帰」によって再び沖縄県になったのですが、国際法に基づく住民の自己決定権の行使という形ではなく、日米両政府の話し合いで沖縄返還協定が締結され、沖縄県が誕生したのです。植民地が新たな政治的地位を獲得するための手続き、つまり、国連監視下での住民投票が行われませんでした。戦前や現在の「沖縄県」という政治的地位は、日本による植民地支配を偽装する名称でしかありません。

この植民地体制を強化するのが、日琉同祖論の「呪縛」です。琉球文化と日本文化との共通性を強調する見方がありますが、琉球は、日本だけでなく、中国、朝鮮半島、東南アジア、太平洋諸島など、各地域の文化を吸収しながら独自な文化を形成してきました。日本の文化要素が琉球文化にあることは事実ですが、日本文化との類似性を強調し、琉球人の独自な民族性を否定するかのごとき言説は、かつての日琉同祖論と変わりありません。これがなお根強くあるのです。

琉球の分離独立に関する論説があります。その一つが「救済的分離論」ですが、代表的なものに伊藤一頼さんの論（「沖縄が日本から独立するかもしれない？」『国際法で世界がわかる―ニュースを読み解く三二講』岩波書店、二〇一六年所収）があります。伊藤さんは「一部の地域が国内での自己決定の機会を完全に奪われ、いわば植民地同然の状態におかれていたり、広範かつ深刻な人権侵害を継続的に受けていたりする場合」に、「最後の手段として分離独立に依拠することを認める」（同三四頁）という「救済的分離論」を紹介しています。そのうえで、世界各地における「救済的分離」の事例を紹介し、「沖縄が現時点においてそれらの先例と同等の境遇にないことは否定できません」（同三八頁）と結論を下しています。独立国であった琉球が主権を回復するのは、完全独立によってしか可能ではありません。しかし、「救済分離」の認識は琉球の植民地化を正当化しており、大変な問題であると考えます。琉球は一六〇九年、一八七九年に日本の侵略、併合を受けた植民地です。皇民化教育、沖縄戦での悲劇、戦後の米軍統治、現在の基地の押し付けなど、金城さんとのこの対談でも明らかになったように、日本政府、日本人は琉球の植民地化における加害者なのです。琉球は国内で自己決定の機会が完全に奪われた植民地であり、広範かつ深刻な人権侵害を継続的に受けているのです。しかし、伊藤氏の論説[64]は世界の事例から考えて、琉球はそうとは言えないと断じています。ここには植民者の傲慢《ごうまん》さを感じとることができます。

注63——沖縄が軍事植民地だと初めに定義したのは、社会学者矢内原忠雄だ。沖縄教職員組合の招きで沖縄を訪れた一九五六年一月一六日から四日間での講演を終えたあと、五七年一月二八日の朝日新聞で「現地に見る沖縄の諸問題」のなかで指摘した。米軍統治下の沖縄を「米国が沖縄を統治する主な目的が軍事上の必要であることは、プライス勧告にも明言されている。すなわち、沖縄は米国の軍事植民地である」。「本土復帰」後から四五年のいま、軍事植民地と定義されるのは、アメリカだけではなく日本の植民地ということになるが、「日本こそ独立しなくてはならない」と琉球独立を目指す人から指摘されるのは、アメリカの植民地支配を脱すること、その根幹にある日米安全保障をどう破棄していくかにまで視野を広げなくてはならないということである。

——松島さんの日本の植民地支配に対する認識は徹底している。松島さんの著作で「植民地関係という全体構造において、琉球を訪問する観光客、ビジネスマン、日本移住者は琉球、琉球人にとっては植民者を意味する。個々の日本人がいかに友好的で、親切であっても琉球の植民者であるという、その歴史的、構造的属性から離れることができない」（『琉球独立への道』三頁）と厳しく指弾していま す。たしかに、国際法で定められた民族自決権の前段として欠かせない認識ですが、日本との反親和的対応は琉球を孤立させないか。独立を支援する日本人との乖離を招かないでしょうか。

松島　琉球において日本企業、日本人が植民者として振る舞っているという現実を批判すると、「反日的である」と言われます。琉球を収奪し、支配し、米軍基地を押し付けようとするほうが悪いのであり、その被害者である琉球人が悪いのではありません。「慰安婦」少女像、南京大虐殺などの問題で日本を批判しているアジア諸国はいわば日本に対して反親和的対応をとっていると言って批判されますが、アジアや世界から孤立しているのは日本なのです。琉球・植民地支配を現在でも続けている日本がアジアや世界から孤立しているのであり、琉球が孤立しているのではありません。琉球の植民地化は、米軍基地問題だけでなく、日本政府や企業による経済的植民地化、内閣府沖縄担当部局や沖縄総合事務局などによる政治的支配、画一的な日本人化を目指した教育政策や教科書検定などの精神的なものまで、さまざまな面で見られます。

金城　沖縄が植民地だと感じるのは、軍事的植民地ということが根本にあるからですが、ほかはそう感じなくなっています。在沖米軍基地があるのは仕方がないという意識になると、いっしょに植民地意識も弱まる。そこに「アメとムチ」が投入される。日本政府は諦めない。植民地・琉球の位置づけを変えない。だから人間の尊厳、沖縄の自己決定と主張して譲らない。「オール沖縄」への攻撃は尋常ではない。「オール沖縄」を支えねばならない。

島嶼防衛作戦に抗する

松島　思想的課題で最も重要なものは、平和思想です。第二次安倍内閣において二〇一七年八月の内閣改造前に稲田朋美さんは防衛大臣を辞任しましたが、稲田さんが選任されたのは、安倍さんの国家主義の考え方に最も近い方だったからです。尖閣諸島を争点とし、琉球を「捨て石」として戦場にするための島嶼防衛作戦が着実に進められています。尖閣諸島の土地は狭く、インフラ整備が不可能で

注64――著者（松島泰勝）は伊藤一頼論文における「人民」の国際法での規定での誤りを指摘する。「国連憲章一条二項をはじめ、戦後の国際法において自決権は一貫して人民（people）の自決権と表現されてきました。人民とは、自決権を民族（nation）という単位から切り離すために導入された用語であり（以下、略）」（三三頁）。この文章には事実誤認が含まれている、と指摘する。人民は「people」ではなく、「peoples」と表現されてきた。国連憲章一条二項の英語原文は次のように記されている。「to develop friendly relations among nations based on respect for the principle of equal rights and self-determination of peoples, and to take other appropriate measures to strengthen universal peace」（『ベーシック条約集』東信堂）。「peoples」は民族を意味する。「the right of self-determination by peoples」は「民族の自己決定権」とも日本語では訳されている。著者は「人民とは、自決権を民族（nation）という単位から切り離すために導入された用語」とはいえないと指摘している。

すので、紛争になった場合の自衛隊の拠点となるのが宮古・八重山諸島です。辺野古や高江の基地建設を急いでいるのも、米軍基地を琉球にさらに固定化するためです。戦後の琉球史のなかでもこれほど、日米両軍の基地が琉球に強行的に建設された時期はありません。

二〇一六年三月に与那国島に沿岸監視部隊基地が設置され、一五〇人の隊員、その家族五〇人が移住しました。ロシア、朝鮮、中国の情報を傍受するレーダーが設置される予定です。その電磁波による住民への健康被害が懸念されています。宮古島には地対艦ミサイル部隊、地対空ミサイル部隊、警備中隊の七〇〇人の自衛隊基地が設置される予定で、すでにそのための予算化が行われています。石垣島にも宮古島と同じようなミサイル部隊として六〇〇人規模の自衛隊基地が初めて設置されます。「軍靴の音」が宮古・八重山の島中に響き渡ろうとしている。[65]

金城 朝鮮半島が危機だとか、尖閣諸島の警備を強化するとかで、与那国、宮古、石垣あたりを防波堤にするような政治的構想が覆い被さっています。離島防衛です。しかし、そこには人間が生きているわけでしょう。飯を食い、文化を築いている。国の安保政策のイデオロギーだけが注入されるのはおかしい。人びとが生活を守り、産業を育成してきている。離島防衛でとやかく言われる必要はない。ヤマトゥの支配に対して生まれ育った地を守るために闘う、抵抗するのはごく自然なことです。これを抵抗の遺伝子というのです。

松島 日本政府は法律に則って琉球を支配しています。それが可能なのは、日本のなかの沖縄県として位置づけられているからです。しかし、その実は日本の植民地としての沖縄県なのです。ですから植民地の問題性を明らかにして、国際社会、国連に訴えて独立への手続きを具体的に進めないと、ますます強行的に基地がつくられてしまう。それを阻止するための独立と位置づけることができます。

米軍基地からどう解放されるのか。一時期論議された道州制として琉球州が誕生しても、安全保障、外交、金融などの権限は日本政府が掌握するわけでしょう。いくら「琉球州」が生まれても、米軍基地の廃止は日本政府が決定権をもちます。基地をなくすことは、自分たちが決定権をもたないとできない。米軍基地問題に向き合うとき、どうしても琉球独立を考えないと解決の糸口が見つからない。琉球独立しかないのです。

琉球独立の理念は日本国憲法に依拠しない

松島　脱植民地化と平和思想の確立という二点をあげました。日本の枠組み内にあるから植民地としての琉球の姿が見えないし、平和思想の具体的な展開として当然、反基地・反開発・反日の丸・君が代闘争などが粘り強く圧力に抗して営まれています。

注65――自衛隊那覇基地に第九航空団が編成された。二〇一六年に入りF15戦闘機は倍増した。同年三月には与那国島に陸上自衛隊レーダー沿岸監視部隊が発足した。宮古島、石垣島では地対艦・地対空ミサイルの部隊配備計画が進行している。この部隊を指して、毛利孝雄は、「日本版海兵隊といわれるこの部隊の訓練は、キャンプ・シュワブで米軍と一体で行われている」(「辺野古新基地建設をめぐる諸動向―辺野古の現場は全国に広がっている」(『科学的社会主義』№二二七、二〇一六年五月、二〇頁)と説明している。毛利は「辺野古の全国化」について、奄美群島、佐多岬、天草などの西日本各地から埋立て用土砂が調達されていることをあげている。

ここで反基地闘争に話を絞りますが、岡本恵徳さんが司会をし、新川明さん、新崎盛暉さん、屋嘉比収さんが参加した座談会「特集1　検証・独立論」（雑誌『けーし風《かじ》』第一七号、一九九七年）の発言は、琉球独立を考えるのに非常に示唆に富むものが含まれています。

そのなかで、独立論には「一国二制度」や、当時の大田昌秀知事が掲げた「国際都市形成構想」だとか、幅広いものがあるとして議題にあがっています。参照になるのは、「将来像を紡ぎ出す運動か、依拠すべき理念の構築か[66]」のテーマです。そこで新川明さんが「理念がはっきりしないと運動が本来目指したものにならないで、（中略）状況対応の運動しかならない」として、以下のように発言をされている。「沖縄の運動の特質を極論すると、攻撃に対応して後追い的に運動を構築する対症療法的なものに終始してきた、と言えるが、それはなぜか。沖縄の反体制的な運動が、復帰運動以来、日本国憲法を唯一の拠りどころとして考えているものだから、その限界を乗り越えきれないという考え方なんです。そこに、将来構想への明確な理念がないからです」（二二五－二二六頁）。

日米両国の支配下にある琉球で反基地闘争として抵抗してきたのですが、「後追いだ」という指摘です。そこに限界があった。新川さんは「日本国憲法を唯一の拠りどころとして考えているから、その限界を乗り越えきれない」という。植民地主義を克服できない最大の理由は何か。琉球が反憲法的状況にありながら、運動体が日本国憲法を基盤にしているという自己矛盾があるわけです。「復帰」運動には、日本国憲法が琉球にも及び、米軍基地の問題で苦しめられた状況が改善されるという大きな期待があったのです。ところが実際はそのようにはならなかった。それではどうするか。過去の国家像の再構築ではダメだし、どのような新たな理念を出すのか、ということになります。

――「核なき世界」という理念に導かれた運動は、核兵器禁止条約を成立させました。しかし、直面した原爆の被害に驚愕した事態から生まれたものであり、どうしても市民運動は経験知をベースにせざるえない。理念を一つひとつ現実化するとはどういうことなのでしょうか。軸足を地元の人間が独立をどう望んでいて、運動の現実はどうかという点におくのか、理念構築におくのか。金城さんと松島さんとの独立論の違いに接近する意味でもヒントになる指摘でもありますが。

松島　国連を舞台として琉球独立を目指す(67)。それは近代の国民国家ではありません(68)。集権的、拡大的な国家形態は、先住民族、民族的マイノリティに同化を強制し、周辺国への侵略の道をたどりました。しかし琉球の場合は、草の根に自治をベースにして沖縄諸島、宮古諸島、八重山諸島の各諸島がそれぞれ自治共和国として国家を形成する。いずれも対等な関係で琉球連邦に参加する。かつての琉球王国の「復国」ではなく、琉球連邦共和国の樹立を目指します。奄美諸島は武力で琉球国が支配

注66――理念の構築を焦眉の課題とする新川明は、運動が依拠すべき理念をどこに求めるかが重要としているのに対して、新崎盛暉は、理念構築先行に運動を軽視していないかとして、「一つひとつの現実の運動、例えば、ヘリポートを潰さなければ自立も独立もありえない。そういう運動こそが、あるべき将来像を紡ぎ出していくものであって、まず最初に青写真として何かがあるというものではないと思う」（『けーし風』第一七号、二五頁）と発言している。独立論をめぐる新川―新崎論争を集約するものといえる。沖縄が反憲法的状況の極地にあるとする捉え方は共有する。

し、一六〇九年以降島津藩の直轄領になり、琉球と異なる歴史をたどったのですが、琉球連邦に参加するかは住民投票によって島民が決めることです。

独立運動の主体は民衆であり、目指すべき独立は、政治的独立のほか、文化的独立、経済的独立など、多様な独立、しかも民衆の生活や経済に結びついた、実践的な独立運動を進める。一部の人の理論を中心とした独立運動ではなく、運動主体の裾野の広がり、独立論の射程の深化というのが現代琉球独立論の大きな特徴です。金城さんが指摘される民衆に根差した運動と言えるわけです。「琉球自治共和国連邦の将来像」として『琉球独立への道―植民地主義に抗う琉球ナショナリズム』(法律文化社、二〇一二年)で書いていいます。こうした理念をもとに具体的に国連を舞台にして平和的に独立を勝ち取っていく。時々の政治的情勢に揺れ惑うことなく貫けるのは、思想的課題が明確だからです。

――思想的課題の明確さは独立の「後発」組だからこそ世界中の体験を学べるという時の利もあるのでしょうか。

松島　そうですね。平和的な独立運動に関して、世界中に数多くの成功例があり、琉球は脱植民地化を実現した国々や国連、そして世界のウチナーンチュの支援を得ながら独立することができるのです。琉球内の独立運動はインターナショナルな形で展開せざるをえません。独立に関する理論も琉球内の自己決定権や内発的発展の理論を踏まえながら、世界、そのなかでもアジアや太平洋諸島の独立に関する思想や理論から学ぶことができます。

既存の国民国家論を越えることを目標にすえているのが琉球独立論の特徴であると言えます。また運動も、反基地運動だけでなく、言語復興運動、環境保護運動、琉球人遺骨返還運動、経済自立のための活動など、琉球人が人間としての誇りを取り戻すためのあらゆる住民運動を含むところに、琉球独立運動の独自性があります。

注67――琉球独立は一六〇九年の島津藩の軍事侵略以降、「悲願」でもある。川満信一は独立論が大国依存の独立論を無意識に成り立たせてきたことを見出している（『沖縄・自立と共生の思想』海風社、一九八七年、九二頁）。「くさて」とは「腰当て」の意味で、「ニライ・カナイ信仰」と結び付いてもいる。海の向こうの世界に理想郷を描くことが、外の世界に出て活躍する海洋国家・琉球国の原点ともなってきたが、一方で大国への期待＝「くさて」意識を生む。著者（松島泰勝）は「くさて」独立の弱さを指摘した川満の思想を受け継いでいる。だからこそ、日本への依存を断ち切るところにスタートを見出し、「琉球民族による民族自決」「マイノリティ・ナショナリズム」を具現したものこそ、琉球独立へと進むとみる。

注68――近代国民国家の限界を越えるものとして打ち出す琉球独立は、決してそのミニサイズを目指すものではない。川満信一は一九六〇年代末に登場した「琉球独立党」などを批判して、新たな植民地従属関係に苦悩する第三世界の実態を参考にすべきであり、「近代国家のいきづまりを打開していく論理が欠けている以上、独立論としては中途半端なものでしかない。近代国家のミニサイズを琉球でつくるだけのことに、どうしても思想的にも、生活闘争のうえでも情熱がかけられよう。それよりは経済大国の傘の下で庇護されたほうがよいから、民衆は復帰運動を選ぶだろう」（前掲『沖縄・自立と共生の思想』一〇四頁）と書いているが、現在の琉球独立運動は近代世界が失敗を重ねた国家像を乗り越えたものともいえる。著者（松島泰勝）は太平洋島嶼部の島々、とりわけパラオ共和国のように軍隊もないし、侵略もせず分権化を遂げた国家が存在しているとして、運動の取り組みは現実とかけ離れたものではないと主張している（第四章6「脱植民地化と平和思想を貫いて」参照）。

――ただ、近代国民国家の枠組みで生きている私を含め多くの人には、夢物語のように聞こえるのですが。

松島　そうですか。私が生活したパラオ共和国は軍隊もありませんし、他国を侵略もしていません。構成されている一六州は独自の権限をもっています。現に近代国民国家を乗り越えている国家が存在しているのです。

米国から経済的に独立していないという批判はあります。たしかに、パラオは米国からコンパクト・マネーという援助金に独立後依存してきましたが、現在、国の観光収入が財政収入の重要部分を占めるようになってきました。またパラオの観光業もエコツーリズムを主体とする独自な観光業です。

同国の軍事権は米国が有していますが、琉球のような米軍基地があるわけでも、軍事演習が行われているわけでもありません。私自身、米軍基地に入ったことがありますが、ゲートは開いており、なかにはテニスコートがあり、ものものしい雰囲気ではありませんでした。パラオ大統領が米大統領に対して基地の建設や訓練の実施についてはちゃんとクギを刺しているのです。日本政府のほうがよっぽど米国に依存していると言えます。

今年八月にオーストラリア沖でオスプレイが墜落し、日本政府もいったん国内における同機の訓練自粛を米軍に要請しましたが、拒否され、同機の演習を認めるようになりました。日本政府、日本国民はパラオ政府、パラオ国民を批判できるでしょうか。

スコットランドはどうでしょうか。近代国家を乗り越えたと評価されるEUに戻りたいとしてイギリスからの分離、独立を求めて活動しているわけでしょう。近代国民国家を乗り越えた国家を目指すことが、とんでもない夢物語と考えるほうが間違っています。非武装中立という大命題も現実離れしていません。本書の後半（第七章「琉球独立は可能か」）で詳しく話したいと思います。

7 「コザ蜂起」が原点

「コザ蜂起」のインパクトが彫刻家の道へ

金城 私の思想と彫刻家への原点ともなっている課題は、一九七〇年に起きた「コザ蜂起(69)」です。琉球独立が何によってもたらされるか、つまり民衆です。この「コザ蜂起」はそのことを物語るのです。

当時、大阪府八尾市に住んでいて、「コザ蜂起」の報を受けて近くの酒屋に飛び込み、わが同胞と乾杯したことを覚えています。優しい沖縄人の堪忍袋の尾が切れて、ついに人間の尊厳をかけて闘っている姿に涙しました。「コザ蜂起」を契機に私は、「沖縄の誇り、生命を表現したい」と彫刻の世界

注69――「コザ蜂起」の三カ月前に酔っ払い運転の米兵が沖縄女性をひき殺したが、加害者の米兵は蜂起が起きる九日前の裁判で無罪になった。一九七〇年一二月二〇日未明におきた交通事故では、「また無罪になるのでは」と、米軍支配への怒りが爆発した。米軍車両八二台を焼き討ちし嘉手納基地に突入した。指導者もいない自然発生的な抗議行動だったが統制がとれて黒人兵には手を出さなかった。

にのめり込む[70]ことになります。「戦争と人間」をテーマにした一〇〇メートルレリーフに「コザ蜂起」を刻みました。

松島　「コザ蜂起」ということばに私も同意します。「コザ暴動」「コザ騒動」では琉球人の主体的な動き、「革命的な闘争」という実態をとらえることができません。琉球人はこれまで権力の支配や暴力に対して付き従うのではなく、抵抗して自らの力で現状を変えて、自らの手で平和や発展を勝ち取ろうとしてきました。

現在の「オール沖縄」による基地反対運動もその流れのなかにありますね。琉球独立運動も「コザ蜂起」につながる民衆主体の「革命的な闘争」であると私は見ます。

金城　「コザ蜂起」は単発性で終わったのですが、この間、四〇年近くわれわれも成長してきました。「コザ蜂起」に参加した人は警察に徹底してマークされて逮捕されたりしました。「コザ蜂起」に加わったとかは、他人に口外しなかったと言います。しかし、そう簡単に言いくるめられることはない。

安保政策への協力の度合いにより沖縄県への補助金を増減する「アメとムチ」で締め付ける手法を日本政府は何度も繰り返してきましたが、いま翁長知事はへこたれていますか。へこたれていません。沖縄の民意が支えているからです。

「コザ蜂起」は権力に衝撃を与えたことはたしかでしょう。警察の苛烈な弾圧はあまり知られていませんが、それだけ権力は衝撃を受けた。しかし、権力の弾圧は変わらない。現在の辺野古の新基地建設「ノー」の意思表示はことごとく無視されて、警視庁など全国の警官が弾圧に投入されています。

1995年の少女暴行事件を糾弾する沖縄県民大会でまかれた琉球独立を訴えるビラ

「コザ蜂起」から学んだ権力は、膨大な警備と、あらゆる法規を駆使し、私たちの抵抗を蹴散らそうとしています。二〇一六年七月の参議院選挙が近づくと、辺野古基地建設をストップしましたが、選挙が終わると「豹変」しました。詳しくはあとで話したいと思いますが（第五章）、中断していた高江のヘリパッド建設では虚をつくように未明に土砂運搬のダンプが大挙してフェンスで囲まれた建設現場に入ってきました。

松島　琉球人の怒りのマグマは常にずっとあるわけです。いつ爆発するか、コザのときは大きく爆発した。そのときにも、ある種、阿波根さんのように平和的というか、略奪行為はしない、黒人の車などは襲わない、燃やさない。ある種の秩序、平和、そういった闘争の仕方というのも、やっぱり琉球らしいと思います。常にそういったマグマをもっているということを、琉球の歴史は証明している。

◎著者から――――松島泰勝

私の「沖縄戦」体験

私は与那国島で育ちましたが、毎日、近くの浜（ナンタ浜）や田原川で泳いだり、天蛇鼻という山に登り、植物や動物を友達といっしょにとったりしました。天蛇鼻の頂上にいくと軍国的な内容の石碑があり、記憶に残っています。琉球の詩人、伊波南哲という人が書いた詩です。

「荒潮の息吹にぬれて千古の伝説をはらみ美と力を兼ね備えた南海の防壁與那國島。行雲流水己の美と力を信じ無限の情熱を秘めて太平洋の怒濤に拮抗する南海の防波堤與那國島。宇良部岳の霊峰田原川の尽きせぬ流れ麗しき人情の花を咲かせて巍然とそそり立つ與那國島よ。お、汝は黙々として皇国南海の鎮護に挺身する沈まざる二十五万噸の航空母艦だ。紀元二千六百三年三月」

一九四三年に設置された石碑です。いまは「皇国」の世ではありませんが、「南海の鎮護」が復活してきました。昨年、与那国島では陸上自衛隊の駐屯地が初めて設置され、自衛隊誘致の賛否をめぐって住民は対立、住民投票も行いました。与那国島だけではありません。日本政府は、石垣島、宮古島、奄美大島などにおいても自衛隊基地の設置、増強を進めており、琉球諸島を再び「浮沈空母」の島にしようとしています。しかし、一方で「日本人」になる教育を受けてきました。対談最初で述べたように、私は方言札の悪しき慣行を経験しました。いまではそういうことはないと聞いています

注70――著者（金城実）は『彫塑　金城実作品集』（東方出版、一九九三年）のなかで、彫刻の世界にのめり込む半生を「わが邪の道」と題して以下のように述懐している。「そもそも彫塑の世界に踏み込んできたのは何であったか。よく言われることだが、それは沖縄へのこだわりであったと言うことができようか。沖縄には琉球政府があり、日本への渡航にはパスポートを所持しなければならなかったアメリカ世が遭《ママ》った。（中略）沖縄へのこだわりと情念から始めた彫塑に、技術よりイデオロギーが先行し、美術の基礎と言われるデッサンを学ばず、もっぱら公衆風呂での人体観察にあけくれた。その道の邪道を踏みながら公募展で山本恪二先生（彫刻家、新制作協会彫刻部会会員――引用者補注）と出会ったのは幸運であった。先生は私の気迫だけをほめて下さったようだが、大阪市長賞受賞にのぼせてまるごと技術まで評価されたものと勘違いした私は、この彫塑の世界へと突進してきたのだ。民衆との共同制作、そこで覚えたスピードと荒けずりな大きな作品へと挑んできたのも民衆のエネルギーとの対抗意識であった」（八七頁）。

が、「日本人」だという意識を強烈にもっていたから、東京の大学に入り、「どこの人」と言われたときには、衝撃を受けるわけです。

しばらくしてからですが、知花昌一さんが国体会場で日の丸を焼いた琉球人の抗議の姿にショックを受けました。その知花さんの説明で読谷村にあるチビチリガマで金城実さんが制作されたチビチリガマの像を見て、ガマの内部の様子も知ることができました。一九八七年にチビチリガマの像が破壊されたのですが、しばらくしてからガマに行き、彫刻がブルーシートに覆われているのを見て、「住民は二回殺された」と思いました。

フィールドワークでは南風原町の陸軍病院壕にも行きました。地元の語り部さんの説明を受けながら壕のなかを歩きました。近くにある南風原文化センターの展示会場には、壕の内部が再現され、詳しく説明されており、島で戦争が行われると住民はどれほど悲惨な目に遭うのかを体の底から認識しました。学生も沖縄戦はどんな歴史だったのかを知ることができたと思います。

展示品の一つに、「日兵逆殺」と刻まれた墓石の複製品がありました。先にふれた（『天皇メッセージ』は憲法違反」の項——一三二頁）新垣弓太郎が作ったものです。沖縄戦のとき、日本兵によって新垣の妻が射殺されたのを怒って妻と自分の名前を書いた墓石に「日兵逆殺」のことばも刻印したのです。日本兵による琉球人虐殺は、ほかにも多くの事例が記録されています。

第五章

暴圧に向かう果てに

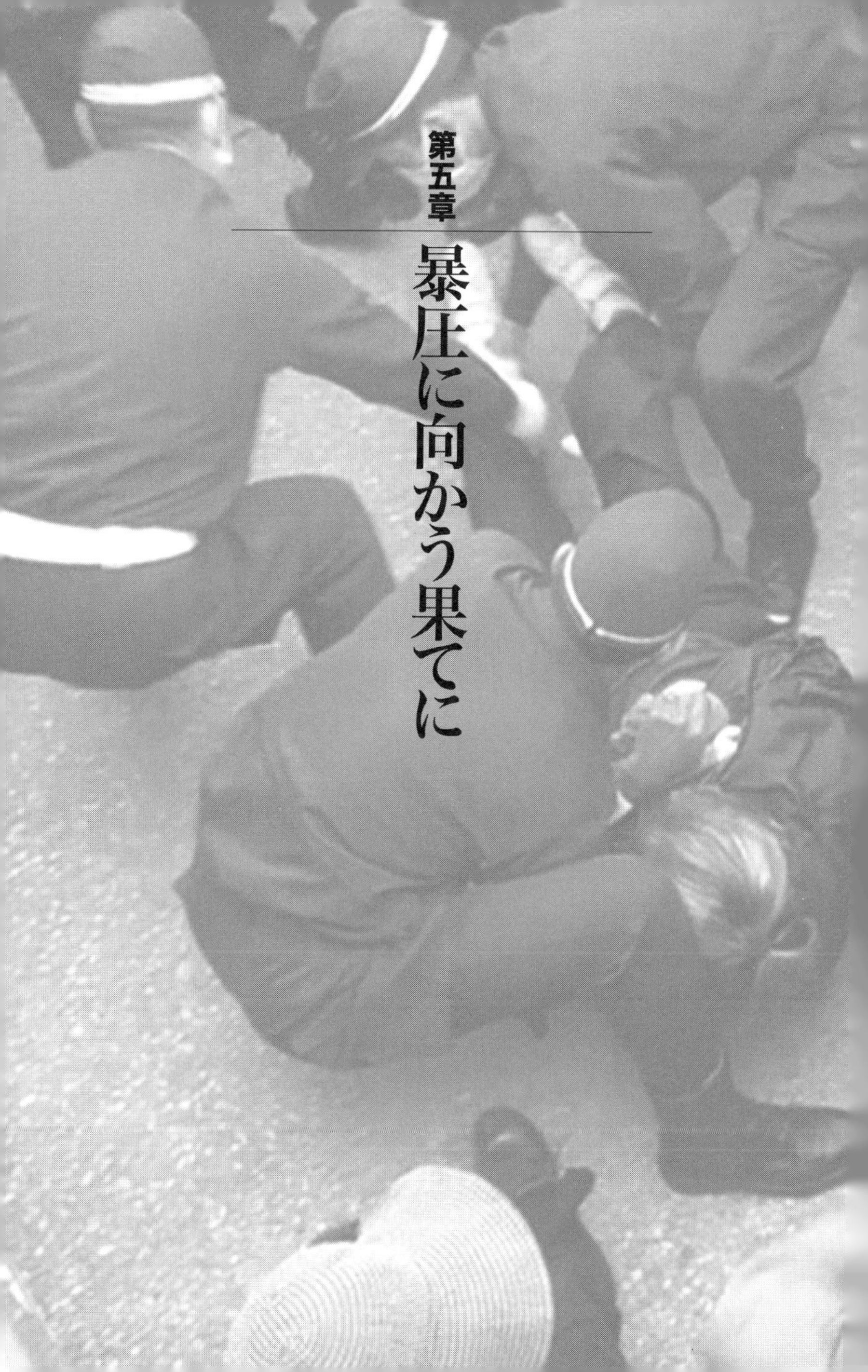

1　軍事基地沖縄の姿(71)

暴圧に立ち向かう

――琉球独立の思想的課題としてさまざまな問題を出していただいたのですが、決して観念的なものではなく具体的な場面で現れるものですね。

金城　そういう意味では、それは反基地の闘いの場でこそ現れる。昨年七月一〇日、参議院選挙の投票で島尻安伊子沖縄担当大臣の落選が決まりましたね。沖縄の民意が辺野古、高江の新基地建設に「ノー」を示したのですが、翌一一日には国が二年間ストップしていたオスプレイ(72)が離着陸する高江ヘリパッド基地工事の着工を通知しました。民意も何もあったもんじゃない。そこで現れた諦めることのない抵抗のありようこそ、ウチナーンチュがこの間熟成してきたものではないですか。

それから一一日後の七月二二日朝にトラックなどが機材を運ぶという情報があり、元読谷村議知花

中トビラ写真…辺野古新基地建設に座り込んで反対する市民を排除する警備の警察官。キャンプ・シュワブゲート前で（撮影・沖縄平和サポート）

昌一さんと前夜の一〇時、読谷村の私のアトリエからヘリパッド建設工事阻止行動に赴き、深夜に高江に着きました。

朝四時か五時ごろにわれわれを排除するため機動隊が突入するということで、緊張した感じでした。機動隊は近くの新川ダムのあたりにいて、沖縄県警三〇〇人、本土から来た警察官が五〇〇人と

注71――沖縄の基地は米軍が日本軍基地を接収した嘉手納飛行場、読谷補助飛行場（当時呼称は沖縄北飛行場）などがあるが、戦後、住民が米軍収容所にいる間に、「誰もいないところで白地図に線を引くようにして作られた基地が嘉手納基地」（新崎盛暉「沖縄戦後史における基地問題」月刊『フォーラム』七七号、一九九六年一一月号、一〇頁）であり、一五地域にまたがる。戦後すぐに作られた基地は宜野湾村（当時）五地区を接収して普天間飛行場も住民が収容所にいる間に作られた。普天間の住民は周辺にへばりつくように住まざるをえなかった。朝鮮戦争（一九五〇年六月―一九五三年七月）で基地は拡張する。「銃剣とブルドーザー」（注78参照）で土地収用が始まったのが朝鮮戦争時である。本土は九割近くが国有地で、戦前の日本軍の軍用地だが、沖縄は私有地が三分の一を占めている（同一一頁）。米国はサンフランシスコ講和条約により半永久的に沖縄を占領し、基地も核持ち込みも含めて使用することになった。一九五〇年代後半は沖縄島中部から北部にかけて建設された。北部訓練場、キャンプ・ハンセン、キャンプ・シュワブなどの海兵隊基地があげられる。

注72――佐藤学はオスプレイ導入に関する疑義をいくつもあげている。大口採用先として期待した米陸軍がオスプレイを採用しなかったのは、高価で複雑、機体が脆弱なためであること、通常の双発輸送用ヘリCH―47チヌークで十分とする判断が働いたことにあると指摘。これまで外国軍隊で導入したところはなく、自衛隊が唯一の商売先だという。また朝鮮半島有事の際に、「北朝鮮の核兵器を在沖海兵隊が確保しに行く、そのためにオスプレイ基地が必要」というPRがあることも紹介（どのようなPRかは不明）。核兵器施設を抑えに行く想定そのものが非現実的であることを指摘している（「日米軍事同盟体制と沖縄の役割―在沖海兵隊・オスプレイ『御守り』論」『日本の科学者』Ｖｏｌ．「五二、二〇一七年四月、一一頁）。

いうものすごい数ですよ。一方、われわれは二〇〇人ほどでした。

しかし、夜中に高江に着いたからよかったものの、国道七〇号が封鎖されたんですね。あとから来た応援の人たちや、取材に駆けつけた新聞記者たちは完全に締め出された。

違法な封鎖は明らかですが、法律を都合のいいように解釈して、封鎖されたあと駆けつけた新聞社も現場に行けない。沖縄の民意は「米軍の新たな軍事施設を作るな」でしょう。民意の総意を蹴散らかすことを何とも思わないから、不法な道路封鎖もいとわない。

復帰闘争の歌などをうたいました。緊張を解くためです。なかなか機動隊が来ない。ますます緊張感が高まる。怯えた表情、硬直した顔が見える。これが闘う民衆なんです。権力も金もない、それが民衆の闘いです。雨が降るなか、スクラムを組んで待ちました。

沖縄県警は私たちにこう言っていました。「今日の午後からは工事再開しません」と。だから工事再開はないと思っていました。現場の沖縄県警のことばにウソはなかったでしょう。ユンボなどの機械が運ばれないと信じた。だまされたんです。私らも現場の沖縄県警も。

ユンボなどの車両がどんどんゲートを通って入りました。警察庁の上層部と沖縄県警の幹部が描いたとおりです。私たちはあっけにとられました。すでに一、二番目のヘリパッド基地は建設されてしまったから、三、四番目のヘリパッド基地建設を阻止しなければならない。道路脇を含めて私ら反対派が抗議の意味で座り込んだわけです。ところが全国から集められた機動隊がわれわれをごぼう抜きにしていったんです。車の下にもぐって抵抗を続けました。機動隊のごぼう抜きで車にひかれてけがをする者はいるわ、ひどいもんです。どこが政府のいう「沖縄の人びとに寄り添う」というのか、「説明を十分尽くす」というのか。

機動隊が私の体を押す、つつく。「年寄りに暴力を振るうのか」と抗議すると、感情一つ変えないでわれわれを排除する。いまさらながら権力の正体を見ました。命令された業務を、人間的な感情を一切押し殺し遂行する。暴力を振るうこともいとわない。

私の横ではヤマトゥから来た若者が機動隊にやられて青ざめてひっくり返っていました。二〇代くらいの女性は、機動隊に腕をつかまれて痣《あざ》ができていた。「腕が折れそうになった。履いていた靴がなくなった」と私に訴えたもんだから、白い線が三本入った帽子をかぶった機動隊の幹部に「あんたらがあの女性の腕をつかんで大きな痣ができた。混乱で靴がどこか行ったというのだ。責任もって靴を探して来い」と言ったら、機動隊は「そんな状況でない」と言う。「何を言うんだ」と抗議したら、最後は靴を探してきた。

機動隊の隊列の前にはさまれて動けない。「いつまで出られないのか」と抗議して、やっと出られたとき夕方の五時を回っていた。目の当たりにしたのは、醜い権力の姿ですよ。応援のヤマトゥンチュが多くいました。体を張って闘ってくれました。沖縄人だけでは持ちこたえられませんよ。

――『琉球新報』七月二三日には金城さんのコメントが載っていましたが、「われわれは負けない」というものでしたが。

金城　新聞に語ったのは、小さな針でも飲めない、という沖縄の諺《ことわざ》です。ウチナーンチュのことばで言えば「グマサン　ハイガ　トッティヌマリーミ」となりますが、「グマサン」とは、小さいという意味、「ハイガ」は針が、「トッティヌマリーミ」は取って飲めるか、となる。小さい、小さい針とバカにするが、君たちは小さい針を飲み込めるかという意味です。わかるでしょう。

権力や巨大な力への抵抗をあらわすことばです。そして抵抗の遺伝子は伝わり進化するのですよ。安倍晋三首相のＤＮＡとは対極の抵抗の遺伝子があるのです。

沖縄は、「琉球処分」以降、沖縄戦をへて、戦後も七〇年を越えました。侵略は島津藩の支配にさかのぼって考えることも大事でしょう。米軍統治も、「本土」復帰後も米軍兵士によるレイプ事件、交通事故と、沖縄人が泣き寝入りしてきた犯罪が繰り返されてきました。「忍従」に「忍従」を重ねてきたのですが、そのなかから何が生まれたのか、「抵抗権」ですよ。

「抵抗権」は進化する

金城　私が言うのは皮肉でしょうが、権力の側にしてもそうでしょう。「沖縄は日本の植民地だ」と権力の側が思っている。闘うわれわれの側も植民地支配を受けていることを痛烈に感じる。それは闘いの場で感じるのです。いま辺野古、高江での闘いで、植民地という認識をもたないと、向き合う視点がぼやけてしまう。辺野古、高江の権力の姿は、まさしく「共謀罪」の実験台ですよ。

ある雑誌に一つの比喩で説明したことがありますが、体重七〇キログラムの大きな大人が、〇・六グラムにすぎない子どもの背中に乗っかり、そこから爆撃機を発着させている。さらに世界一危険な飛行場があるから、つまり普天間基地をなくさないといけないから、〇・六グラムの上に半永久的な飛行場を建設しようとしている。七〇キログラムとは、在沖米軍基地七〇パーセントが、沖縄に集中していることであり、〇・六グラムとは日本の面積のわずか〇・六パーセントの沖縄にのしかかっていることの喩えです。住民は国政選挙（参院選）、知事選、さらに辺野古の地元である名護市長選で、いずれも新基地建設「ノー」を示した。民主主義の手続きで沖縄の民意を示した。しかし、日本政府は、高江では機動隊を導入して工事を再開させ、辺野古では一見民主的に見える裁判で暴圧にお墨付きを与えてきました。ウチナーンチュがどんな悪事を働いたのか。日本政府に暴力を振るったというのか。

そこでベースになるのは、われわれが経験してきた抵抗なんです。先輩方が体験してきた挫折、絶望は、抵抗することでしか乗り越えることができないのです。そこから、ぎりぎりのところで人間の尊厳が出てくるのです。闘いの現場から独立や希望も生まれてくるのです。

台風のあとの樹木を見てもわかるように、雨風に叩かれても叩かれても芽が出る。そういうふうに次の世代に移っていく。韓国を見てみなさいよ。光州《クァンジュ》事件があった。悲惨な弾圧を受けたが、若者の抵抗する遺伝子は確実に受け継がれています。しかし、日本、沖縄ではまだまだではないか。

ヤマトゥの闘いは、かつては労組などの組織ぐるみでやってきたのが、市民個々の参加に変化してきました。辺野古、高江の闘いは金武湾闘争[73]もそうでしたが、規約はない、入るのも自由だし出て行くのも自由、一人ひとりが一個人として闘う意思のもとで集まっている。組織の一員としてではなくて、一個人としての人間の尊厳をかけた闘いが、いまの闘いの特徴です。沖縄戦を体験したオジィ、オバァですよ。ヤマトゥの人も多数来ており、活動家だけではない。運動が広がっています。

「抵抗権」という民衆の権利は、いまの時代に何か縁遠いと思われがちです。安倍政権下で官僚たちの「忖度《そんたく》」によって教育が歪められているのに、法律にふれないからか、市民からの糾弾の大きなうねりが起きない。そのままうやむやになっていく。しかし、民衆には「抵抗権」があるでしょう。韓国の「ろうそくデモ」は延べ一七〇〇万人の人たちが参加した。別に「動員」があったわけではない。そして朴槿恵《パククネ》大統領を失職に追い込んだ。民衆の抵抗によるものです。日本にはそれがないのか。否。部落解放運動では糾弾権として確立してきました。戦前の帝国軍隊は絶対服従を強制しましたが、差別を糾弾した福岡連隊差別糾弾闘争(74)があり、北原泰作(75)が軍隊内の差別を訴えた天皇直訴事件がありました。治安維持法が施行された戦前であっても、差別、人権弾圧を許さなかった。このことは、独立に向かうとき、いかなる困難な状況があっても沖縄人が局面を切り開ける可能性を歴史的に教えているといえます。

松島　島津藩の支配を受けるときに、その支配を認めるよう謝名《じゃな》親方利山《りざん》(一五四九―一六一一、琉球王府の三司官)に求めましたが、謝名は拒否し、島津藩によって処刑されました。一八七九年の「琉球併合」を阻止するために、琉球王府の旧役人を中心に琉球救国運動が日清両国において展開されました。清国に亡命し琉球救国運動をした人びとの墓が福建省福州に「琉球墓園」としてあります。アジア太平洋戦争で召集されるのを拒否するため、鉄砲を撃てないように人指し指を切断して反戦の意を示したことも抵抗ではないでしょうか。戦後の反基地運動もそうです。米軍統治時代においても、瀬長亀次郎(76)さん、阿波根昌鴻さんなどを中心とした米軍への抵抗運動が行われました。琉球の抵抗の歴史は、一六〇九年の島津藩支配から始まり現在でも一貫して続いている。

金城　「抵抗権」は学者、芸術家だけでなく、民衆のなかで育つものです。抵抗権の確立と自治権の確立を表裏一体のものとして進めていかなければ琉球独立は難しい。松島先生のような学者、知識人

注73――金武湾内の平安座島―宮城島間のCTS（石油備蓄基地）の建設、操業に反対して、安里清信、崎原盛秀両氏を代表世話人として一九七三年九月に金武湾を守る会が結成された。以降の運動はめざましいものがあった。屋良朝苗沖縄県知事にCTS撤回を求めたほか、環境権、人格権などを訴えた裁判闘争を展開した。八〇年にはCTS第一期工事が完成、操業する事態となったが、事業規模を大幅に縮小させ、以降、環境汚染監視などの闘いを継続している。沖縄最初の住民運動で、県内最初の住民運動ともいわれ、県内でのほかの運動に大きな影響を与えている。

注74――一九二六年から二八年にかけて福岡県で展開された水平社の反軍闘争。全国水平社の全国大会（第二回大会）で陸・海軍への抗議を決定した。

注75――きたはら・たいさく。一九〇六―一九八一。二七年に岐阜歩兵六八連隊に入営したが、差別事件で抗議。同年一一月一九日の陸軍大演習に関する天皇閲兵式で軍隊内差別を糾弾して直訴した。戦後は部落解放委員会で書記長など務めた。水平社同人と「部落解放運動の統一と刷新をはかる有志連合」結成。著者に『賤民の後裔　わが屈辱と抵抗の半生』（筑摩書房、一九七四年）など。

注76――せなが・かめじろう。一九〇七―二〇〇一。「本土復帰」前、沖縄人民党幹部となり、「復帰」前に那覇市長、「復帰」後は国会議員（日本共産党）を務めた。市長時代の米国政府の弾圧は「第五章　5　脱軍事基地を希求する」参照。

だけで動いても駄目だ。民衆の熱気、気概が根底で動かすのです。二つをどう取り結ぶかです。

「沖縄差別」はどう指摘されたか

――今年（二〇一七年）三月には長く大阪に滞在された。しかし急に沖縄に帰られましたね。

金城 そうです。今年三月二五日に県民集会（「違法な埋め立て工事の即時中止を求める県民集会」）が開かれ、参加するためです。その前日までNHKが私のドキュメンタリー(77)を撮るため大阪にいましたが、抗議集会に参加するため沖縄に帰りました。辺野古のキャンプ・シュワブ前での県民集会には三五〇〇〇人が集まりました。翁長知事が出て、あらゆる手段で国と対決すると力強く訴えた。辺野古で開く抗議集会に翁長知事が出席するのは初めてですよ。宣伝カーの上で訴える翁長知事の姿を『沖縄タイムス』『琉球新報』は号外として報じました。政府の高江ヘリパッド建設工事阻止に非暴力で立ち向かって逮捕され長期勾留されていた山城博治君が保釈されて集会に参加していました。昨年一〇月に逮捕されて五カ月間も拘留されて、三月一八日に釈放されたのですが、「辺野古に近づいたらいけない」という保釈条件がついていた。しかし、弁護士がいっしょに責任をもって同行すればいいということで、池宮城紀夫弁護士とともに来ていました。翁長知事と山城博治君がセットで現れたことに、沖縄の闘いはぶれることなく、諦めることがないことを改めて感じたね。

松島 その民衆の運動の盛り上がりは近年、顕著ですね。当時の鳩山由紀夫首相は、県外移設を公約に掲げたわけです。それを全国知事会で、普天間基地の引き受けをお願いしますと言ったら、橋下徹大阪府知事のみが関西国際空港にもっていくと言ったわけです。実際に、仲井眞弘多知事が関空を視察に行きたいと言ったら、神戸空港はあまり使われてないので神戸を使ってくださいとか、前言を翻したわけ。それ以外にも、佐賀とかいろんなところが移設先として名前があがりましたが、地域の住民とか政治家が拒否しました。それを見て琉球の一般の人びとが、「沖縄差別」ということばを使うようになったのです。

「日米安保条約が日本にとって重要というのであれば、その責任と負担は全国民が引き受けるべきです。そうでなければ沖縄差別ではないか」

これは大田知事が一九九六年七月に開かれた代理署名訴訟の最高裁大法廷の口頭弁論で訴えた内容ですが、「沖縄差別」ということばは、一般では使われていなかった。しかし、二〇〇九年以降自分たちは差別されている、つまり被差別者の状況から脱出する抵抗の主体であるという意識が、民衆レベルで非常に広がるんですね。民衆が辺野古、普天間、高江にも行って闘う。一般の民衆が反基地というものを生活のなかに位置づけているのではないでしょうか。代理署名訴訟の上告棄却の報に接して思ったのは、琉球人の生命や生活よりも、米軍基地を司法が選んだのであり、国内法では琉球人は

注77——NHK・ETV特集「沖縄を叫ぶ～彫刻家・金城実～」。二〇一七年六月三日午後一一時から一時間放映された。NHKの番組紹介文は以下のとおり。「沖縄や戦争、人間の尊厳をテーマに創作を続けてきた彫刻家・金城実（七八歳）『芸術は解放の武器たりうるか』と自らに問いかけ、差別や貧困の現場に身をおいてきた。七〇年代には作品をアトリエから持ち出してキャラバンを行い、闘う芸術家として知られるようになる。圧倒的な存在感で迫る彫刻作品。沖縄から東京、大阪、そしてふたたび沖縄へ。型破りな日々と人生を見つめる」。

救済されないということでした。

米軍基地が琉球に集中したのは、ヤマトゥでの反基地闘争の激化からですね。その移設先として日米政府が考えたのが琉球でした。一九五〇年代のことです。当時の琉球は米軍政下で、日本国憲法が及びません。ヤマトゥにおかれていた米軍基地を琉球に移設して、いわゆる「銃剣とブルドーザー」(78)で米軍基地を建設していった。

これまでアメリカ政府は琉球に地政学的理由で基地を建設してきたと言われていますが、そうではありません。アメリカ政府は一九七二年と七三年、さらに一九九五年、二〇〇五年に琉球に駐留する海兵隊のカリフォルニア州や韓国などへの移転を提案しましたが、日本政府は拒否しました。日本政府は意図的に琉球に米軍基地を押しつけているのです。

「地政学的に琉球に米軍基地がなくてはならない」と基地容認派はよく指摘します。しかし在琉米軍はアジア太平洋地域を定期的に移動するローテーションを繰り返しており、常に琉球に常駐してヤマトゥを守っているわけでもない。また中東地域での紛争に出撃する米軍は、琉球から長崎の佐世保にある米海軍基地に移動して、そこから紛争地に向かうという「回り道」をしています。在琉米軍の主体となる海兵隊は紛争地に真っ先に送り込まれる「殴り込み部隊」であり、ある地域を守って「抑止力」を発揮するための軍隊ではありません。米軍が琉球に常駐して琉球人の生命や生活は破壊されたのであり、それらが守られたことは一度もありません。そのような琉球の歴史や現実を日本政府や国民の大部分は知っているから、意識的に琉球に米軍基地を押しつけている。

米軍ヘリが墜落した沖縄国際大学の現場を目の当たりにして

――琉球独立の思想的課題として、とりわけ在沖米軍基地問題で突きつけられた現実に直面されたことがあるのでしょうか。

松島　二〇〇四年八月一三日、沖縄国際大学に普天間基地所属のヘリコプターが墜落した現場に私はいました。大学の図書館に資料を探しに車で向かっていると、大学の方向から黒い煙が立ち上っていたのを見て、悪い予感がしました。大学に近づくと宜野湾《ぎのわん》市の消防車、パトカー、市役所車両、そして大勢の人びとが墜落現場に集まっていました。大学の駐車場横にある門の近くに来ると、門は閉ざされ、一般車道は米軍によって黄色い進入禁止のテープが張られていて、それ以上現場に近づけません。琉球のご老人が米軍人に詰め寄って怒りのことばを投げていました。マスコミの記者が米軍人により現場に近づくのを阻止されていました。沖縄県警の警察官は進入禁止の外側に立っていました。

その後、大学近くの駐車場の門が開いたので、構内に入りました。校舎の壁が黒く焦げ、周囲には

注78――一九五二年、USCAR（琉球列島米国民政府）は占領した沖縄の土地の軍用地化を進め、住民（地主）に地代支払いを開始。大半の地主は契約に応じなかった。これに対しUSCARは「土地収容令」を交付、強制収用を開始した。この強行策を「銃剣とブルドーザー」という。宜野湾村（当時）伊佐浜では米軍車両と二〇〇名を超える武装兵士を動員して住民を追い出し家屋を引きつぶして測量を行った。測量対象地は一二町村、四万エーカーに及んだ。伊江島真謝では土地収用に反対する住民は集落立ち退き要求を拒否したが、米兵が集落を焼き払い軍用地化する暴挙が行われた（前掲『沖縄を知る事典』一二三頁）。五六年から島ぐるみ闘争が始まった。

異臭が漂っていました。沖縄県警が大学周辺の警備をしていましたが、現場検証は米軍が行いました。金網によって囲まれた基地のなかはアメリカの治外法権的特権の場所ですが、このような事故が発生すると、事故現場一帯もアメリカの「領土」になるという状況を自分の目で確認しました。治外法権なのです。米軍は証拠物件となるヘリの残骸も基地内に持ち帰りました。沖縄県警に返還していません。「日本は本当に独立した国なのか」と思いました。

琉球にいると米軍が支配していることを感じさせられるときが多々あるのですが、ヘリ墜落の現場ではその問題が白日の下にさらされました。あとで知ったのですが、事故処理にあたるべき米軍のなかには、大学の一角に座ってトランプに興じていた米兵がいたということです。地元新聞社の記者はその模様を写真に撮っています。自分の国の、自分の部隊のヘリが他国の大学に墜落しても、責任感のカケラも持ち合わせていない。どうして琉球や日本を守ることができるでしょうか。かえって害悪を与えるのです。今年一〇月にも高江で沖縄国際大学に墜落したのと同じ型のヘリコプターが不時着、炎上しました。

金城　事故で焼け落ちた校舎の一部、それは猛烈な火で焦げた校舎の壁でもいい、モニュメントとして残すべきだと、佐喜眞《さきま》美術館館長の佐喜眞道夫さんら三人と宜野湾市の伊波洋一市長（当時）に会いに行きました。市長は黙って答えませんでした。後世に事故の凄まじさを伝える意味でもモニュメントとして残したかったのですが、訴えだけで終わってしまった。事故後しばらくして現場を見ようとしたのですが、警察、ガードマンに阻まれて大学構内に入ることができませんでした。琉球朝日放送の記者も入れず、取材の自由は米軍の事故ではまったくない。情報は完全にコントロールされている。

松島　「軍隊は住民を守らない」という琉球人の確信は、沖縄戦、戦後の米軍統治の経験から生まれたものですが、それはいまも発生し続けている米軍関係の事件・事故によってさらに強まっています。

日本政府、日本国民の大部分は「軍隊は住民を守る」と思っているようですが、琉球の歴史や現実を直視すれば、そのような幻想は消えていくでしょう。琉球の歴史や現実を軽視する、琉球人の訴えを無視する、まともに聞かないのは、「琉球差別」の現れだと思います。「私たちは日本人によって差別されている」という強い怒りを、ヘリ墜落の現場で感じました。

金城　これまで米軍の凶悪な事件に米軍側が日米地位協定を盾にして、容疑者は起訴されるまで米軍当局が拘束してきた歴史が繰り返されてきました。八五年の金武《きん》町では米兵が物盗りに入って就寝中の男性を殺害した。沖縄県議会は日米地位協定見直しを全会一致で決議した。このときの外務大臣は安倍晋三さんの父晋太郎さんですよ。

松島　そうですか。

金城　よく覚えていますよ。「地位協定には不平等な規定はなく、改正の必要がない」と答えた。息子が首相になり、沖縄の民意にかまうことなく、辺野古新基地をごり押しで進めている。彼や菅義偉官房長官が常に言っていたのは、「沖縄の人たちに寄り添い」です。ことばとはこんなにむなしいものですかね。空虚なものなんですかね。

松島　八五年といえば、大学生でしたが、日米地位協定はどれだけ改正されたのか。変わらない。

2　闘いは知恵を出し合い柔軟にして粘り強く

風呂敷のように融通無碍に相手を包み込む闘争を

金城　日米地位協定を相手にした闘いとは、沖縄から在沖米軍基地を撤去させ、基地のなかった沖縄、琉球の土地を取り戻していくことでしょう。その象徴的な闘いとして読谷村村長だった山内徳信さんの取り組みを話すことにします。

松島　どういった取り組みなのでしょうか。

金城　いまから三〇年以上も前の一九八三年に対談しています。それは『土の笑い』という本に出ています。「金城さん、あなた、カバンを持っているか。カバンはよくない、風呂敷や」と言うんです。「カバンは規格品だから入る量は決まっている。風呂敷は酒瓶を入れたら酒瓶のかたちになる、四角なら四角のもの、必要ないときはポケットに入れられる、必要があるときは物のかたちに添うて包んでくれる」と。発想の転換にびっくりしました。

一般的にカバンがいいと思われていますが、風呂敷の素晴らしさをぶったのです。風呂敷文化論と名づけたものです。風呂敷は対象のものに応じて変幻自在にかたちを変えて包み込むことができる。

たしかに布一枚で弱々しいが、相手に応じて包み込めるというわけです。

松島　面白いですね。その発想が米軍や国と向き合うことで生まれてきた考え方ですね。

金城　山内村長さんはどういうかたちで米軍と闘っているか、と私が聞いたわけです。「象の檻《おり》」とP3Cアンテナ基地[79]を造るという情報が入ったので、村は一生米軍施設と付き合わないといかんと思った、と。彼はトリイステーション（トリイ通信施設）に行って抗議することにしたと言うんです。

山内村長は役場に登庁後、トリイステーションに行くのを日課にした。米軍は会ってくれないから、便所の前に座った。米兵たちは、それを見て、「あいつはクレージーだ」と。何でトイレの前に座り込んだ、というわけです。回を重ねると、これはかなわんと思ったのか、話しかけてきた。何で、ここに座っているか。一〇分なら話を聞いてやろうということになった。話を聞いている米兵も、一〇分では理解できない。彼は、ここが勝負とみて、相手が一〇分だと言うたら一〇分で帰る。また次の日に行く。それをずっと続けているうちに、しまいには一時間ほど話を聞くことになる。「P3Cのアンテナ基地をやめてほしい」と、問い詰めていくうちに、トリイステーションの責任者

注79――正式には、P3C対潜哨戒機との交信用アンテナ。山内徳信村長が建設の動きを知ったのは一九七六年七月。「基地の中であっても、新しい基地は造らせない」と反対運動に乗り出す。それも村民全体の反対運動を行う。山内は著書のなかで、「基地と闘うには、相手に食われない強靭な精神力がなければ持ちこたえられない」（『山内徳信回顧録　解放を求めて　アリの群れライオンを襲う』沖縄タイムス社、二〇一四年、五六頁）と書いている。

は、あんたがここへ来ても、どうもこうもできない。米軍横須賀基地のトップに聞いてくれとなった。横須賀までいっしょに行ってくれるかと聞いたら、その場所では、「はい」と言ったらしい。

そこで山内村長はいち早く沖縄のメディアに連絡して、役場職員も引き連れて、横須賀に行ったわけです。しかし「米軍横須賀基地では会わない」と拒絶された。そこで、山内村長はジミー・カーター大統領に手紙を出す方法で直訴したんです。

私は歴史を勉強しなければならないことを、このときいやというほど感じました。では、どんな手紙で直訴したか。米国の独立宣言や人権外交を重んじたカーター大統領の就任演説を引用したというのです。手紙を出して一一日後、「アンテナ基地を他の地域へ変更することを検討する」と防衛施設庁から返事が来たそうです。一九七七年のことです。

――地方自治体がアメリカを動かしたことになりますね。

金城　しかも、最後まで手を抜かない。詰めが厳しい。以下は山内さんから聞いた話です。読谷村の花織の反物を大統領の連れ合いにクリスマスの前日に届くように贈った。「大統領閣下に斯々然々の手紙を桐の箱に入れて差し出しましたが、拝見していただけたかどうか、お尋ね、お願い申し上げます」と送ったそうです。しばらくすると、やっと正式決定が出た。P３Cアンテナ基地の建設は白紙撤回というわけです。

読谷補助飛行場のなかに庁舎建設する交渉も、歴史的な知識を生かして交渉したと聞きました。これは一九九四年のことです。在沖米軍の司令官が読谷村を訪問したときに、一五〇年前の一八五三年にペリー提督が読谷村に立ち寄ったという記録を披露した。読谷村民は空腹と長旅で疲れた一行を出迎えた。『ペリー提督遠征記』に「鶏二羽、卵とキュウリの山を届けてくれた。神の贈り物のようでありがたかった」という記述があり、これを題材した絵画作品がある。司令官が座る応接室に飾った。そこで司令官と交渉し始めた。

――山内徳信さんの回顧録『解放を求めて』（沖縄タイムス社、二〇一四年）に交渉の一端が書かれていますね。「昔の恩を返せという意味ではないが、正直に申し上げたい。役場庁舎建設と飛行場の全面返還に向けて、あなたの力を貸してほしい」（九九頁）と。

金城　そう。粘り強い交渉の末、読谷補助飛行場内に庁舎を建設し、飛行場も全面村に返還された。こうした話を聞いて闘いの美学というのは、山内村長が言うところの風呂敷文化だと、やっとわかりましたね。相手を包み込む融通無碍《むげ》な戦術です。戦術を立てる。それも硬直した考え方ではなく、融通無碍なかたちになる風呂敷のように相手を包み込む。琉球独立を言い出しても、中身がスケスケなら、何も動かない。毎日のように、相手と向き合う、そしてこちらのペースに引き込んでいく。

松島　アメリカ政府は反対運動から在琉米軍基地をどこかに移してもいいということを、何度も日本政府に提案してきました。一九九六年には、モンデール駐日大使も在琉米軍基地は琉球から移してもいいと言った。それらをことごとく潰したのは日本政府なんです。

ですから、山内徳信さんの事例でわかるように、琉球側が直接アメリカと交渉したら、そのほうがスムーズにいく。読谷村のように内発的発展を推し進めていく。日本政府の介入を防ぐためにも、独立の意味があると思います。琉球側が何か行動すると、それを抑えに回るのが日本政府でしょう。風呂敷文化というのは、どんなに日本政府が介入しようが、関係なく包み込んでしまう。また、アメリカ人と言っても、いろんな人びとがいる。そのなかにネイティブ・アメリカンの司令官がいたという話でした。ネイティブ・アメリカンと言えば、ある意味、琉球のコスモロジー（宇宙論）を理解しえる人です。だから、直に交渉したほうがいい。

現在は琉球は独立してないので、地域外交ということになりますが、知事をはじめ、どんどん直接大統領に訴える。日本政府を当てにしないで、介入を防ぐためにも独立する必要があると思います。私の著者『琉球独立への経済学』でも、読谷村の内発的発展を、琉球のほかの島々のそれと比較しながら論じています。

読谷村の経済的な内発的発展の試みは、全基地を撤去して跡地利用の過程で花が開いた。経済的な利益を最優先にするのではなく、文化とか、人間の権利、自治、そういったものを最優先していく。それがまた経済に結びついていくというのが重要だと思います。

村民の利益、村民の命が最優先です。ほかの琉球の地域は、ホテルの進出に何も条件をつけないで受け入れることになったのですが、これでは経済的植民地支配になっていく。村で強い自治の方針が進められていると、外から来た資本、これを排除するわけではなく、受け入れながら、村の地域のなかで循環させる、自立経済に結びつけることが可能になるわけですね。

山内徳信さんをはじめとする村民の方々のこれまでの内発的発展の実践活動は、生活に根ざした自己決定権であると思います。そして、「オール沖縄」というかたちで少しずつ全体に広がりつつある。ですから、外からのヘイトスピーチとか、根拠のない脅しとかは、却って逆効果になっているのがいまの動きです。日本政府も知るべきなのだけど、まだですね。

金城　山内村長が役場の職員を集めて語っていたのは、村は米軍基地撤去でアメリカと闘っているけれども、毎年一一月に開く読谷祭のときは絶対に手を出したり暴言を吐くな、逆に自分のポケットマネーでビールの一、二本ぐらい買って、米兵に呑ませなさい、と。支配されても、人間の生き方としての人格において、軍隊に対して精神的優位に立てということを強調していました。

3　主権在民は闘わねば実現しない

主権在民の闘いこそ

金城　山内さんの主権在民の闘いは着実に受け継がれていますよ。二〇一一年四月のことです。チビチリガマの慰霊祭で国会に抗議に出かけると宣言しました。「チビチリガマの悲劇は過去のものではない。沖縄への基地押しつけで、チビチリガマと同じ悲劇がおこるかもしれない。チビチリガマの悲劇を子や孫たちに味わわすわけにはゆかない。行ってきます」と。年老いたオジィ、オバァ、子どもたちは、「チバッテ、クミショリョ」(がんばってください)と激励してくれました。

東京に行ったのは知花昌一、知花盛康の二人と私で、沖縄を発つ前に「背広を着ていくぞ」と伝えました。二人は怪訝そうな顔をしていましたが、背広を着るのは闘うときの衣装です。靖国裁判のときもそうでした。部落解放同盟和歌山県連合会の委員長だった故北山誠一さんの遺族から背広をプレゼントされて、それを着る。身が引き締まる。

国会議事堂入り口でわれわれを待っていたのは、何とも愛想のない役人で、「要望書ですか。ここで私が受け取りましょう」ときた。なめている。事前に内閣府に予告していないから、入れようとしない。「どうして入れないのだ」の押し問答が続いた。私は「われわれも背広を着ている。あなたも背広を着ている。対等ではないか」と、少しおかしな説得の仕方と思ったが、言い返した。押し問答は延々と続くような感じでした。とどのつまりは、国会議員の紹介がないと入れないと拒絶した。

しかし、国会議員の紹介で入ろうとすれば、当時いくらでも紹介する議員はいた。山内徳信参議院議員、照屋寛徳衆議院議員、服部良一衆議院議員がそうだ。国会議員のバッジを借りて入ろうなどとはまったく思っていなかった。主権在民を強調したかった。沖縄は自立し、主権在民を徹底することが沖縄の闘いなんです。主権在民の追求から琉球独立が来るんですよ。強い主権在民の意思が通じたのか、部屋を用意されて知花昌一さんが要望書を読み上げた。ルポライターの鎌田慧さん、ジャーナリストの森口豁《かつ》さんも応援に来てくれました。

「辺野古移設の決行は、沖縄住民の意志を踏みにじる第四次の琉球処分だ。一九四五年から七二年にかけて沖縄には平和憲法は存在しなかった。沖縄返還のときも密約事件があり、毎日新聞記者の西山太吉さんは真実を書きながら、人生を踏みにじられ、一方、佐藤栄作首相は国民と沖縄県民をだましてノーベル平和賞を受けた。またしても沖縄をだますのか」

テーブルを叩いて抗議しましたが、用意された部屋でマスコミと支援者が見守ってくれた。国会議事堂から出て、下駄手（ゲタディー）と三線《さんしん》によるパフォーマンスをしました。結構楽しかったね。何よりもチビチリガマの遺族たちとの約束を果たせたことで胸をなで下ろした。主権在民の行動ですよ。辺野古の新基地反対の運動もそうです。

松島　「主権在民の追求から琉球独立が来る」という金城さんのことばは大変重要です。琉球独立運動とは反基地運動だけはなく、日常的に「主権在民」を実現させるための活動や運動に土台をおいています。そのような活動があるからこそ、目的としている「琉球連邦共和国憲法」の柱として「平和主義」「基本的人権の保障」と並んで「主権在民」は概念だけに終わらない（詳細は注89参照）。「主権回復の日」の挙行、有無を言わせないオスプレイ配備、辺野古や高江での新基地建設強行、安全保障関連法の制定など、これまで安倍政権がやってきたことを見ると、「国家主権」の国づくりを目指していることがわかります。日本政府が上から国民を統治して、戦争のできる国にしようとしている。琉球独立は戦前回帰的な日本政府に「否」を唱えるものです。国民が主権をもつ国を目指す。フランスの思想家、ジャン＝ジャック・ルソーが『社会契約論』で説いた「人民主権主義」の島を実現させる。金城さんの「主権在民」を求めた闘いには、ルソーの思想に通じるところがあります。

4　集団就職の若者の苦闘——琉球独立の原点

集団就職の青年の自死

金城　話は変わりますが、私が琉球独立の原点とも考えている集団就職者の問題をどう見るかです。米軍の車の事故で父親が亡くなり、補償もなく残された母子三人が貧困のどん底に突き落とされた一例はすでに紹介しましたが（第二章）、こうした悲劇はあらゆるところで起きていました。

集団就職した若者が自殺に追い込まれる悲劇が起きていたなら、当然、原因がどこにあるかを突き詰めて考えねばならない。琉球が独立国で経済的に自立しているなら、青年たち（金城さんは、男女とも称して青年と呼ぶ——編者）の悲劇はなかったかもしれない。青年たちが夢見たのは「琉球独立」でした。四〇年以上前、酒を酌み交わしながら語った「琉球独立」は、居酒屋独立論かもしれませんが、私には忘れることができない琉球独立論です。青年たちの夢を実現していくのが琉球独立を考える一つにしなくてはならないのではないか。沖縄の知識人、論者でどれだけの人が集団就職した若者の苦闘[80]を考えてきたか、です。

松島　詳しく語っていただけますか。

金城　「本土復帰」前の一九六八年四月に集団就職で大阪に渡り、最後は自殺に追い込まれた宮古島出身の青年がいますが、彼はなぜヤマトゥに働きに行かなければならなかったのか。彼のことを話しましょう。二十過ぎの若さでした。希望に満ちた大阪の職場は、慢性の人手不足であり、「仕事がのろい」などの侮蔑発言を浴びせられてきた。沖縄の仲間が次々と辞めていくのと同じく彼も辞めて宮古島に帰った。しかし、戦前から働いている先輩たちは、汗まみれになり、鉄くずを集めたり、大正区の木材貯蔵場で運搬などの力仕事を続けてきた。その先輩たちは、成功者の目で見ているから、「いまの沖縄の若者は我慢がたらん」となる。若者と意見が合わない。

彼は再び大阪に戻り同じ職場に復職を求めたのですが、社長からまた侮蔑的な発言を受けたという。それで腹を立てて、「少し困らせてやろう」と考えたらしい。社長の家に放火する事件を起こした。ところが逃げ遅れた社長の妻が亡くなってしまうんです。放火殺人で逮捕、収監された。私たちが事件を知るのは重い懲役刑が出た大阪地裁判決後です。のちに関西沖縄解放同盟準備会の崎浜盛喜[81]さんらと彼を支える会を作ったのですが、彼は大阪高等裁判所での初公判を目前にして独房で首吊り自殺してしまった。一九七四年五月二四日のことです。

大阪拘置所から遺体を引き受けに行って大正区のお寺に仮安置したのですが、青年たちは号泣して遺体にすがりつき、私もこれだけ涙が出るものかと、いまも記憶に鮮烈に残っています。葬式は「が

注80――「本土」に集団就職した若者の苦闘は、沖縄でも論じられていた。作家大城立裕が『国語通信』（一九七七年、三六号）でも論じ、岡本恵徳も『沖縄タイムス』一九七八年三月一四日、一五日の琉球処分一〇〇年目の特集で、「『同化』と『異化』をめぐって」（前掲『「沖縄」に生きる思想　岡本恵徳批評集』所収）と題して記述している。金城実は大阪在住者として若者と歩みを同じくして、経営者との交渉等の活動に奔走した。

じゅまるの会」の青年たちや創立者の渡慶次恒徳さん[82]、大正区南恩加島のクブングァー（窪地[83]）に住んでいたナミお婆などが参列しました。彼は希望をもちヤマトゥで就職して、なぜこんなことになってしまったのか。日本社会で生き抜けなかった沖縄の若者たちのことは、琉球独立を目指すときに見落としてはいけない。

彼の死から約二週間後に追悼集会を開きました。「彼の問題を集団就職者として一般化しなかったか」「沖縄差別の押さえ方が曖昧だった」「島差別である宮古差別[84]の実態を明らかにして、自身の問題にできなかった」と反省が次々と出た。その弱さは、彼の個別の問題ととらえてしまったことです。普遍化することができなかったことです。

松島　大阪で起きた青年の悲劇のいきさつについては、以前、関西沖縄文庫の金城馨さんから聞いたことがあります。

金城　宮古島出身の彼がなぜヤマトゥに働きに来なければならなかったのか。宮古のサトウキビ栽培の地場産業が日米資本によって吸収されてしまい、地元で働く場が奪われてしまった。一九六〇年代前半のことです。

宮古の農民は、沖縄製糖と宮古製糖という地元の製糖会社が砂糖価格の暴落を防いでくれると思っていたのです。経営権を握ったのは「本土」資本でした。サトウキビの原価をダンピングして利潤を生むことで栽培農家はさらに疲弊するのです。日米の資本が島の経済を牛耳ろうとしたので、製糖工場がつぶれていった。だから宮古で働く場がなくなり、その結果、集団就職しなければならなくなった。

注81――さきはま・せいき。一九四七年、沖縄県北中城村生まれ。奈良―沖縄連帯委員会代表。琉球独立に関する論考を発表している。一部を以下引用する。「現代に『琉球民族』として復権し、近代国家として『琉球国』を樹立すべきであろうか。答えは、否である。琉球諸島と琉球社会内部における島々への差別、女性、障がい者、アメラジアン、病者、外国人などへのあらゆる差別を克服するための社会的関係の樹立という課題こそが我々に問われている。(中略)琉球民族の形成には強いナショナリズムと民族主義が求められる。(中略)ナショナリズム・民族主義は内外のマイノリティ・被差別者への排除、排外主義を生み出す。『琉球民族』への悲哀を外に転化してはならない」(「『民族・国家』を超えて『共生社会共同体(ユイマール)』へ」『月刊琉球』二〇一七年五月号、一〇九頁)。

注82――とけし・こうとく。一九一六―一九九九。沖縄県国頭郡本部村伊豆味の開拓村生まれ。一一歳のとき大阪・大正区に住んだ。結婚後、広島県内で炭焼き、養豚業。四五年八月六日、広島に原爆が投下された翌日の早朝、救護隊の一員として広島入りし、二次被曝。五年後に生まれた次男が一九歳の時に急性白血病のため死亡。入市被曝した放射線障害が原因と疑っている。その後は原爆援護法の制定、沖縄戦記録映画一フィート運動などに取り組んだ。

注83――大阪市にウチナーンチュが沖縄から出稼ぎに来たのは、大阪港など航路があったからだが、市内での「琉球人お断り」などの差別に遭い、排除されたことから居住環境の悪い低湿地帯に住み、親戚を呼び寄せ集落を形成した。一九六〇年に大阪市の区画整理事業が進み、立ち退き予定地のなかでも窪地のことを沖縄語で「クブングァー」という。崎浜盛喜らが「立ち退き問題に反対する住民の会」を結成し大阪市と交渉。「金城実さんも交渉でともに闘った。代替住宅保障を勝ち取ったが、区画整理事業に対する大阪市との交渉では、機動隊まで導入された」(二〇一七年七月二一日証言)という。本文に出てくる「ナミお婆」は著者(金城実)の前掲『土の笑い』(六一―六六頁)で紹介されている。

米軍政府の経済政策——集団就職を生んだ背景

松島　集団就職について経済学者として話をしますと、まず「復帰」前に若者がなぜ故郷を離れて出て行かねばならなかったのかを問いたい。その原因は米軍政府の経済政策が破綻していたからだと思います。もしその経済政策が成功しておれば、琉球の若者は島のなかで働き、生活することができた。集団就職して差別を受ける恐れがあるヤマトゥに出て行かなくてもよかった。

米軍政府時代の経済政策ですが、基地を安定的に維持するために米軍発行の軍票B円高の為替政策を実施したため、製造業の発展が押さえられ、輸入依存の経済構造になりました。一九五八年にB円高からドルに琉球で流通する通貨を変更し、資本取引や為替取引の自由化、外国投資の促進政策を実施しました。しかし、その後も琉球経済は自立化せず、基地への経済依存が深まっただけに終わりました。また経済発展において重要な役割を果たす、水・電力・石油などの供給や、金融が米国民政府の影響下にある公社や銀行に握られていました。これらも基地の安定的維持のために利用されます。

いまでは「集団就職」は「季節労働」と名前を変えています。若者がヤマトゥに行って、ある一定期間、単純肉体の仕事に従事しています。金を貯めて島に戻り、それを使ったらまたヤマトゥの工場で働くという生活を繰り返しています。期間限定、単純労働であるため、技能が労働者のなかで蓄積されず、琉球内の経済発展に結びつきにくい原因にもなっています。かたちを変えた集団就職がいまでも続いているのです。アベノミクスとして日本政府の経済政策がもてはやされていますが、琉球の植民地経済構造は一向に解消される方向に入っていません。

「復帰」して四五年になりますが、「格差是正」「経済自立」という日本政府の経済目標は達成されていません。琉球の歴史、現状、風土を理解していない、東京にいる日本政府の官僚が振興計画を作ってきたため、「開発の目玉」と呼ばれる経済政策がほとんど失敗した。自由貿易地域、金融特区、IT特区、大学院大学などの失敗、土地改良事業による海洋の赤土汚染問題など、さまざまな問題があります。成功しない政策で、琉球をわざと経済自立させないようにしていると思えるほどです。

沖縄県の失業率は高いのですが、なかでも若者の失業率は二ケタ台です。失業問題は、戦前から米

注84――川満信一が著書のなかで宮古差別の成立、特徴を論じている。琉球王府の支配と、宮古―沖縄島の関係を四、五百年さかのぼれば、奄美大島、八重山などと比較し、宮古がなぜ偏見と差別の〝負の虚構〟とされたのか、なぜ宮古の文化が今日まで持続されたのかを論及。琉球王府との関係が支配と被支配、勝者と敗者を出発点としていない点をあげる。宮古の海外貿易の歴史は沖縄本島と比べて歴史が古く、征服により統括した地域ではなかった。支配―被支配の関係へ発展していくが、人頭税等による貢税制度の施行までは長い時間を要した。川満は朝鮮支配との類似性をあげる。琉球弧のなかで、宮古島の文化が独自性を存続させてきたことをあげて「朝鮮の歴史的、文化的優位性（独自性）の部分に対して、〝負の虚構〟をつくりあげ、それが〝朝鮮人差別〟という社会感性に定着されていって、庶民の実感になってしまったように、武力征服によって統治し得ないものは〝負の虚構〟によって、歴史歳月をかけて、疎外し続けることにより、支配のマヌーバーを貫徹する」、「〝負の虚構〟を必要とした支配権力が崩壊して、一たん身につけた虚構の実感性を手放さず、頑固に持続させようとする」（前掲『沖縄・根からの問い―共生への渇望』泰流社、一九七八年、二〇〇頁）。宮古差別は、日本の朝鮮支配が崩壊したのと同じく「琉球王府は崩壊したが〝負の虚構〟としての宮古島の偏見は持続している」と分析し、差別の虚構性を糾して、「閉ざされた社会（島共同体）から開かれた社会（国際社会）へ転化しつつある。（中略）いびつな社会関係を持続するなど、全く愚かな話である」（同二〇一頁）と断じている。

軍統治、現在にかけて長期に続いてきた構造的な問題です。戦前は職を求めて多くの琉球人が日本、ハワイなどの太平洋諸島、ラテンアメリカなどに移住しました。戦後、職を求めてボリビアに移住した琉球人もいます。

現在も日本政府による経済政策の失敗のしわ寄せを受けているのが琉球の若者たちなのです。振興開発によるインフラの整備、投資を促す優遇措置が行われたことで、ヤマトゥ企業が琉球に怒濤のごとく進出し、中小零細の琉球企業が倒産し、または吸収合併され、失業者が生まれ続けています。低賃金・重労働・不安定な職種が琉球では多いため、労働コストを削減できるとして琉球に進出してくるヤマトゥ企業があとを絶たない。非正規雇用の増大が固定化しており、それが失業問題をさらに深刻にしています。このような構造的な失業問題は、日本の植民地支配によってもたらされた結果です。

パスポートを管理した経営者

金城　大阪の紡績会社に就職したあるウチナーンチュ女性ですが、経営者がパスポートを取り上げた。故郷に帰れない。「本土復帰」前のことですから、ウチナーンチュは沖縄からヤマトゥに渡るのに、パスポートが必要だった。

差別と偏見を受け、劣悪な労働条件でがんじがらめにされた若者が、自殺に追い込まれていったんです。彼女の場合は、支援してくれる教師とともに会社に抗議に行った。ところが、世話役の人物、この人はウチナーンチュですが、彼女の前に立ちはだかり、彼女の要求を握りつぶした。精神的にも追い込まれ彼女は自殺未遂をしてしまった。会社に雇われたウチナーンチュが本来なら彼女を助けるべきなのに、弾圧の手先になった。こういう立場の弱い者が強者を支えて、明らかな不正義を働くとも見てきました。これは言うまでもなく、ウチナーンチュだけに限ったことではないですが。

ただ、差別に立ち向かったのも沖縄の青年たちですよね。大阪では「がじゅまるの会」ができるし、沖縄解放同盟が誕生していく。青年たちの苦悩を受け止めて解決を懸命に模索してきた。

松島　米軍統治下の経済政策によって、琉球の植民地経済が形成されたのです。米軍基地の維持が米国民政府の最大の目標であり、琉球民衆の経済生活の発展は二次的、三次的な位置づけしか与えられていなかった。現在の日本政府による「アメとムチ」の経済政策と同じです。その結果、米軍統治時代では基地経済が大きな比重を占めるようになったのですが、現在では基地経済は県民総所得の約五％程度しかありません。むしろ米軍基地の跡地開発のほうが何十倍もの経済効果、雇用効果、税収効果を生んでいます。

金城　先に宮古の製糖工場がつぶれていったことをあげましたが、それに対する闘いですね。宮古の農民たちは黙っていなかった。サトウキビ栽培が地元の手から離れることに立ち上がって抗議したわけです。鎮圧に警察が導入されたが、これに対して農民たちは自宅の屋根に上り、瓦をはがして投げて抵抗しました。この大人たちの苦しい闘いを見て本土に就職に行くのですから、悲しい話ですよ。

5　脱軍事基地を希求する

米軍政府に闘いを挑んだ瀬長亀次郎

松島　米軍政府は基地を安定的に維持するために製造業の発展を抑えた。B円高の為替政策を実施したため、いま日本がとっている円安政策とは逆ですね。輸入依存の経済構造に移行したわけです。琉球の人たちが生活に困窮することなどおかまいなしです。

金城　あとで話が出ると思いますが、「コザ蜂起」を生んだ大きな要因でしょう。

松島　米軍政は米軍基地の安定が最優先でした。米軍は瀬長亀次郎さんが那覇市長に立候補すると、「瀬長市政になれば、電気、水道がとまる」と書いた誹謗《ひぼう》中傷のビラをヘリから撒《ま》きました。一九六五年に瀬長が那覇市長に選出されると米軍政府は琉球銀行を通じて、那覇市への補助金を打ち切り、銀行融資を停止して、那覇市の預金を凍結しました。

政治的な弾圧は、次から次に行われました。瀬長市長を追放するため、「市町村自治法」など法律を変えて、市長不信任に必要な市議会の三分の二以上の可決要件を二分の一に変更。さらに過去に罪を犯した者は公職に就けないように改悪し、瀬長さんを市長職から追放しました。

金城　ウチナーンチュにはよく知られた事実ですね。私は一〇〇メートルレリーフの制作を始めたころに瀬長亀次郎さんの彫刻作品の制作にかかりました。瀬長さんは屋良朝苗さん、安里清信先生、阿波根昌鴻先生とともに、米軍に対する抵抗のシンボルでした。これが「戦争と人間」のなかの「銃剣とブルドーザー」です。

松島 米軍政の政治弾圧は恒常化していました。いくつもの事実をあげることができます。一九五六年には、反米的な言動を行ったとして琉球大学生の六人を除籍するなどしました。米軍基地内での琉球人差別もひどく、トイレは別であり、コーヒースタンドへの立ち入りも禁止しました。植民地経済は一方で被支配民衆への差別と連動していました。

嘉手納基地で働く

金城 私は大学の学費が続かず沖縄に帰り、一年ほど在沖米軍の嘉手納基地で働きました。ただ、コーヒースタンドの立ち入り禁止などの経験はないですね。

松島 職場が違うからでしょう。

金城 職場は下士官クラブという施設です。下士官クラブは娯楽施設でレストランもあり、ショーも行う施設です。パスボーイという名前の仕事ですよ。米兵が食い散らかして残したものとか、割れたグラスなどを集めて掃除をするのです。そこでいっしょに働いていた二つ年下の新里君は頼もしかった。米兵が「ハンバーガーが小さい」と文句を言ったら、「ハンバーガーが小さいのは、俺のせいではない」と喧嘩をふっかけていました。体が倍ほど大きい米兵を相手にしてですよ。

松島 米軍に対して快く思っていなかったのでしょう。金城さんのケースとは反対に多くの若者は琉球で働く場が少なかったから、ヤマトゥに渡りお金が貯まれば島に戻る。仕事はあまりないが、なんとか生活費を稼ぎ、お金が底をつき出したら、またヤマトゥの工場で働くという生活を繰り返す。ヤマトゥでの仕事は期間限定の単純労働であるため、技能が労働者のなかで蓄積されない。琉球内の経済発展に結びつきにくい原因にもなっています。これも琉球の植民地の経済構造の一つの側面であるといえます。ヤマトゥに行かない若者は軍雇用を求めたのです。

現在、アベノミクスとして日本政府の経済政策がもてはやされていますが、琉球の植民地経済構造は一向に解消される方向に入っていません。

米軍基地と結びついた振興開発で地域は自立できたか

松島　地方からの変化が起きています。次のようなことがあげられるでしょう。名護市長の稲嶺進さんが当選する前は、基地賛成の人が市長を続けていたんです。しかし、名護市の人たちは、市に交付された政府のお金がいつの間にか出て行って、商店もシャッターを下ろしてしまって「シャッター街」になっているというようなことがあった。稲嶺さんが選ばれた要因の一つは、地道な内発的発展をしようという民意もあったと思います。稲嶺市長になって国からの基地関係の交付金がストップしましたが、市の税収は増えました。

名護には「逆格差論」という経済発展論があります。「やんばるの森[85]」という豊かな森があり、自然を活用して農林業、観光業を発展させる。名護市の外から入るお金に依存しないようにする。逆格差論の政策が成功したこともあり、稲嶺進さんは二〇一四年に再選されたのです。そうしたことが、ほかの市町村もわかってきた。「オール沖縄」が形成されてきた背景の一つと見ます。

そこで何が重要かというと、経済主権、内発的発展、地域、また琉球全体の経済発展を主体的に自分たちで実現していくことですね。それが可能だと思う人びとが増えてきています。経済活動をする人のみならず、地域おこしや社会運動でもいいんですけど、日本政府が予算を投下して振興開発がなされているなかで、徐々に大きくなってきている。

金城　それが「オール沖縄」の経済的な土台になっている、と。

注85――日本政府は二〇一七年一月に、世界自然遺産候補に「奄美大島、徳之島、沖縄島北部および西表島」を推薦することを閣議決定した。二〇一八年のユネスコ世界遺産委員会審査を通れば日本国内では五番目の世界自然遺産になる。しかし、極めて生物多様性が高い辺野古・大浦湾は保護対象から除外している。亀山統一は「陸域、マングローブ域、浅海域の生態系が一体となって良好に維持され、（中略）沖縄島を代表する自然というべきであり、それを保護しようとしない政府はまったく誤っている」（「沖縄島の自然環境保全の課題―その焦点としての辺野古・大浦湾の保全」『日本の科学者』Ｖｏｌ．52、二〇一七年四月、二三頁）と指摘している。論文で亀山は「政府は琉球列島南部の世界遺産化を目指すにも関わらず、沖縄全体、やんばる全体の保全計画をもっていない。（中略）沖縄に持続可能な社会を築くうえで決定的な阻害要因は明らかに軍事基地であり、基地の桎梏を解いてやんばる全体・沖縄島全体の自然環境と社会・文化を保全していく打開策を示すことこそ政府の責務である」（二三頁）としている。また、同号で宮城秋乃は「沖縄島北部の東村高江と国頭村安波で行われている米軍ヘリパッド建設や米軍機の飛行が、やんばるの希少生物たちの命を奪っている。（中略）ヘリパッドが完成したら終わりというわけではなく、存続する限り今後も被害をもたらす。一刻も早く建設を中止し、舗装を剥がして、森を生物たちに返さねばならない」（二四頁）と訴えている。

松島　そうです。米軍基地の継続を子孫まで押しつけることは言うまでもありませんが、二〇〇一年の「九・一一」で修学旅行の大量キャンセルが発生しました。「琉球が攻撃されるのでは」という懸念があったからです。こうした観光業への打撃は在琉米軍基地が集中しているからです。根本的な解決のためには、どうすればいいか。イラク、アフガン戦争でも在琉米軍基地から戦闘機が飛び立ったわけでしょう。朝鮮に対する軍事的圧力から実施される米韓合同訓練でも同様でしょう。他国への爆撃基地として琉球が位置づけられていることから早く脱しないといけない。

――今年九月一〇日に放映されたNHKスペシャル「沖縄と核」では、沖縄が米軍政下時代、世界最大の核爆弾基地（最大一三〇〇発の核爆弾を配置）だったことをアメリカが明らかにしました。七二年の「本土復帰」後に核爆弾は撤収されたとされますが、米軍基地の集中は変わっていません。米朝対決の根本は核問題です。朝鮮半島の危機は長期化しています。

松島　琉球が日本の軍事的植民地になっているから、琉球人のストレスも高まっています。辺野古新基地建設を阻止しなければなりませんが、基地は国有地になります。日本政府の土地になる。そうなると、琉球の抵抗運動、民族の土地も失われてしまうのです。さらにサンゴ礁の海に基地が造られる。琉球の基地では初めてです。辺野古での軍事基地建設は、琉球人の歴史的・文化的・精神的な土台を掘り崩す、とんでもない愚行です。

指摘された「沖縄と核」ですが、日本政府は自らが核の傘の恩恵を受けるために、琉球に核兵器を集中させてきたわけですね。いま、日本の核兵器配備を主張する声が出てきていますが、配備先は琉球と主張するのでしょう。琉球は日本から独立しないと、今度は本当に核戦争に巻き込まれるでしょう。

日本政府の琉球への基地押しつけ政策は露骨です。どの地方自治体にも交付税が普通交付されますが、算定項目に安全保障の貢献度を反映させる仕組みになっています。米軍基地所在地市町村活性化特別事業というものがありました。市町村に米軍基地があっても経済発展ができることを示すために補助率が高い事業が展開できるようになっていました。しかし、この米軍基地と結びついた振興開発で地域は自立できたか。できないのです。インフラ整備の建設は高率の補助で行われましたが、維持管理費があとを引き受けた自治体の財政を圧迫するのです。

6　植民地経済は沖縄の自立を奪う

構造化された植民地経済

――沖縄と日本政府の関係は経済政策でどういった軌跡を刻んできたのでしょうか。

松島　日本政府の琉球統治は、「日本復帰」後に誕生した沖縄開発庁から始まり、さらに日本政府の支配が強化されたのが、二〇〇一年に誕生した現在の内閣府沖縄担当部局ですね。沖縄開発庁[86]は沖縄県庁を管理する上部組織で、開発行政を専門に担当する部局でしたが、内閣府沖縄担当部局は総合的に琉球を管理する組織となった。琉球の自治を認めることなく、島のなかに拠点を設定して経済開発を行う拠点開発主義を続けたが成功しなかった。つまり拠点開発主義は、琉球人という主体なき開発であり、琉球人が本来もっている自治や内発的発展の可能性を発揮させなかったのです。

政府により策定された沖縄振興開発計画は、何を大きな目標として掲げたのか。「格差是正」ですね。しかし、失業率は全国平均を大きく上回っています。特に若者の失業率は全国平均の二倍近くあります。また数値が「一」に近づくほど地域内の経済的不平等が大きい「ジニ係数」という格差指数がありますが、収入、住宅・宅地資産額、貯蓄額などが全国平均より高くなっています。非正規雇用者の割合も全国平均よりはるかに高い。つまり日本全体との格差解消のみならず、琉球内の格差解消に日本政府の振興開発は失敗しています。子どもの貧困率も琉球は全国一高いことが最近、地元新聞でも大きく取り上げられています。

金城　失業率の高さはあんたらの自己責任というわけでしょう。能力がない、と。しかし、教育についてみると、戦前には、沖縄で大学は一つもなかった。琉球大学は米軍政下で創設されたのですよ。鉄道も敷かれなかった。戦闘機が飛び立つ嘉手納基地周辺の子どもたちは、爆音に脅かされて、勉強する集中力が育ちますか。一九五九年には宮森小学校に米空軍のジェット戦闘機が墜落し、子どもたち一二五人が亡くなりました。

政府は自己責任と必ず言いますね。今年四月四日、今村雅弘復興相が福島の原発事故で、自らの判断で避難区域外に住んでいる人は自己責任と言い放った。何だこの大臣。原発事故を起こしたのは自主避難者か。国は責任を個人に押しつける。沖縄の失業率の高さは、能力うんぬんではない。もって生まれた能力ではなく、差別により、支配者により教育格差、経済格差が生じた。松島さんが言われるように、沖縄の自立をさせない植民地経済が原因でしょう。

松島　内閣府沖縄担当部局は、琉球の経済自立を目標にしていると公言していますが、実際の目的は広大な米軍基地の押しつけです。基地を押しつけるために振興予算を流用しているに過ぎません。また振興予算はヤマトゥ企業の琉球への経済侵略をも後押ししており、ヤマトゥ企業による経済支配を強固にしてきたという問題もあります。

――一〇年ごとの沖縄振興計画をどう評価されますか。

松島　沖縄県庁を上から統治するという機能に加えて沖縄振興開発特別措置法という琉球に限定した法律を施行して、沖縄開発庁が開発計画を作成、実施していったわけですね。「経済自立」と「格差是正」を掲げ、実務は琉球の沖縄総合事務局が担うのですが、決定権をもつのは日本政府です。

注86――著者（松島泰勝）は、沖縄開発庁を主軸とした開発は、目標とした経済自立が実現せず島の環境が大きく損なわれたことをあげて、以下のように提言している。「補助金に依存し、開発をエサにして基地が強制されるという状況に陥っている。同組織を廃止して、（中略）他者の戦略、規格、開発方法を機械的に琉球に当てはめてきた『復帰体制』からの脱却が求められている。平恒次が提示した『日本依存謝絶計画』を作成し、日本とは異なる独自の生態系、生活のリズム、人間関係、地場産業を守り、育て、再生させるべきではないか」（『琉球独立への道』（法律文化社、二〇一二年、二〇九頁）。

沖縄振興計画を一〇年ごとに策定したのは、沖縄開発庁や内閣府沖縄担当部局ですが、政府は予算配分権を行使して経済的に琉球を支配してきました。琉球の歴史、現状、風土を理解していない日本政府の官僚が振興計画を作ってきたことは、一貫しています。琉球を振興開発に依存させて、基地を押しつけようとしており、内閣府沖縄担当部局がある限り、琉球は経済自立できません。

二〇一六年八月、菅官房長官は「基地と振興開発がリンクする」ことを正式に認めて、辺野古新基地建設を推進するためのプレッシャーを翁長知事、沖縄県民にかけました。振興開発によって琉球は経済自立しないのですから、その受け取りを拒否して、同時に辺野古、高江を含む米軍基地を日本政府に引き取らせるべきです。

――一〇年ごとの沖縄振興計画はいまも行われていますね。沖縄の人たちこそ経済の振興を国に求めてきたのではないでしょうか。

松島　これは「アメとムチ」の関係があるのです。琉球人が望んだのではなく、日本政府が振興予算を使って米軍基地を押しつけてきたのです。ただし琉球の人が求めてきたという側面はあります。それはヤマトゥの企業などとリンクしている場合なんです。

翁長知事は、辺野古新基地建設を強行するなら振興予算はいらないと主張して当選しました。琉球人が翁長さんを選んだのは、振興予算よりも米軍基地をなくしてほしいということです。指摘された見方は間違っています。特別に多額の振興予算が投下されていません。琉球を振興開発に依存させて、基地を押しつけようとしており、内閣府沖縄担当部局がある限り、琉球は経済自立できません。ですから、現在の経済は植民地経済であることを、まず考える必要があると思うんです。琉球人が求めたのは振興予算ではなく経済自立です。

——一〇年ごとの進行計画として「琉球の歴史、現状、風土を理解していない振興計画」と指摘された。これはどういうことでしょうか。当然、沖縄の現状を知悉するから政策を遂行できるわけですから、「理解していない」とは考えられないのですが。

松島　島嶼の世界観と島嶼経済との密接な関係は、かつての農耕時代や大貿易時代だけにあてはまるのではなく、いまも生きています。多くの祭りが琉球で行われています。琉球独自の世界と経済が密接に結びついている。ニライカナイ信仰は、海上他界から太陽、生命、穀物（稲）がもたらされるというものです。海上他界信仰ですね。ニライカナイという海上のかなたから豊穣なるものがもたらされるという信仰です。これが、危険と隣り合わせの海上に出て船を進めることができた精神的な柱になったともいえます。

一方で島嶼外部の経済的豊かさを希求することが、企業誘致や他律的になる経済構造を生んだ面もありますが、しかし、島嶼社会は外部の文化、制度を受け入れ、吸収することで発展したわけですね。中国の華夷《かい》秩序、日本型華夷秩序を活用して、東アジアの中継貿易センターの役割を担ってきた。琉球独自のコスモロジーにより経済が発展してきたことをまず押さえるべきです。

琉球王国時代の島津藩の支配は、貿易利権を担い、米、布、黒糖などを定期的に取り上げる経済搾取ですね。詳しくは論及しませんが、支配に抗して一六六六年に羽地朝秀が摂政となって王国の再建に乗り出し、清から農耕技術、物産などを取り入れます。

一八七九年に「琉球合併」後はどうなったか。日本への同化、皇国臣民化政策を進め、琉球のコスモロジーはどんどん無視されてきました。中央政府がどれだけ琉球のコスモロジーを理解していたか。ＣＴＳなどのように、環境汚染で漁民、周辺住民の生活を破壊してきたのです。琉球王国時代以来の歴史や文化を踏まえた上で現在の経済自立策を日本政府官僚は策定できなかったのです。琉球の内発的発展を無視して植民地支配を固定化しようとしています。

金城　「本土復帰」後から環境汚染が始まりますよ。ＣＴＳ闘争に私も合流したことを覚えています。平安座島から浜比嘉島まで筏《いかだ》に「漁夫マカリ」などの彫刻作品を積んで運んだことを思い出します。近大付属高校の教え子荒木幹夫君、「差別とたたかう文化会議」事務局の太田恭治さん、書道家の生田大厳さん、ルポライターの高杉晋吾さんらも筏に乗って手伝ってくれました。最初にコザ市で彫刻展を開いてＣＴＳ闘争のアピールをしました。浜比嘉島の人たちの反ＣＴＳ闘争を支援するという意味もありました。

――話が戻りますが、内閣府沖縄担当部局についてもう少し説明していただくと。

松島　日本政府の支配が強化されたのが、この内閣府沖縄担当部局です。沖縄開発庁は開発行政専門に担当する政府機関でしたが、内閣府沖縄担当部局は「アメとムチ」の政策を駆使するなどして総合的に琉球を管理し、米軍基地を押しつける組織となった。内閣府沖縄担当部局の取り組みは、沖縄開発庁と同じく、琉球の自治を認めることなく、開発の拠点を設定して経済開発を行う拠点開発主義を続けたわけですが、すでに述べたように、成功しなかった。

私は、あるところで、「拠点開発主義は、琉球人という主体なき開発であり、琉球人が本来もっている自治や内発的発展の可能性を発揮させなかった」(「『人間のための経済』に基づく琉球独立」)と書いたことがあります。日米の安全保障と結びついた開発主義なんです。政府は沖縄の経済の自立を強調しますが、私は「自立」が権力の側から語られることに気持ち悪さを感じるのです。「自立」を支配者の側から言われるのは、琉球人は努力してほしいということになる。先進・日本と後進・琉球という一方的な価値基準から「自立」を喧伝して振興計画を進めてきました。

金城 沖縄に巨額のお金が落とされるが、ヤマトゥの企業が吸い上げていく。沖縄海洋博でのほとんどの建設工事は、「本土」のゼネコンが受け持ったでしょう。また、仲井眞弘多知事が三〇〇〇億の補助を得たということで、「いい正月を迎えられる」と満面の笑みで話したことは有名な話です。しかし、三〇〇〇億の中身は、学校の整備、空港整備とかが含まれており、国がやるべきものまで含まれている。

松島 この三〇〇〇億の件ですが、米軍基地と振興開発との関係を歴史的に解き明かすとよくわかります。大田知事時代ですが、辺野古新基地に反対すると補助金は四〇〇〇億増えました。しかし反対の態度が明らかになると、ガクッと減るんですね。各知事が辺野古に対してどのような態度をとるかで、振興開発予算が増えたり減ったりする。沖縄県の経済自立を考えて提供しているものではないのです。ですから、「経済自立」しないで独立することができるのかという心配があります。しかし、それはある種、洗脳されていると思うんです。国が経済的自立を否定しています。

金城　非常に根強い。「あんたたち、独立して飯食えるか」という心配が。

松島　日本政府からの補助金、振興開発資金が役立っていると思うからです。誤った認識がある。ダム、道路などの建設で近代化が進みましたが、こうしたインフラ整備の目的は日本の大企業を琉球に誘致するためでした。辺野古新基地をはじめとする米軍基地の建設でも大手ゼネコンが工事受注の主力ではないですか。

現在の琉球の経済は植民地経済であるということです。この実態を乗り越えていくには、どうしたらいいのか。日本政府ははっきりと言いませんが、私が思うには、琉球を自立させないために中途半端な政策を行ってきたと思います。

「日本復帰」後はヤマトゥと同じ経済体制になったので、ヤマトゥの大企業がどんどんやってきた。すると琉球の中小零細企業が市場競争で倒産し、失業率が増えていく。沖縄振興開発は、「本土」の日本企業の誘致を目的にしたインフラ整備事業であり、地元の琉球企業はなおざりにされています。沖縄海洋博ではそれが顕著でした。そこで沖縄県はそれではまずいということで、ヤマトゥから「本土」の企業を誘致する。ＩＴ関係、観光会社、建設企業などの企業です。植民地経済の悪循環です。

私はコールセンターについて聞き取り調査をしたことがあります。事業形態はヤマトゥの幹部が支店長になり琉球にやってきて、現地の人びとを従業員として採用するというかたちが一般的です。ヤマトゥから送られる人は正規職ですが、コールセンターで働く若者（大半は女性）はアルバイトなどの不安定な雇用形態です。さらに、コールセンターではさまざまな商品の苦情処理、観光業では、客室清掃や各種のメンテナンスなど、ストレスが多いうえに、重労働が増えているのです。ヤマトゥンチュに命令されて働く職場が拡大するという植民地経済の現実が顕著になっています。

コールセンターで働いていた女性にインタビューしたことがあります。ある女性は次のように私に語ってくれました。「会社では従業員の勤務内容を査定して賃金、昇進を決めている。成績の悪い従業員をブラックリストに載せていた」「マネージャークラスの社員は本社から来たヤマトゥンチュであり、半年から二年交代で内地に戻った」「毎日、電話で客から苦情、愚痴を言われ、強いストレスにさらされた。三カ月間働くケースは長いほうだ。一週間で辞める人もいる」。さらに、「会社の上司たちは自分らを監視し、電話の会話内容を隣で聞き、問題があると注意し、怒鳴った」とも証言しています。

「電話で怒鳴られ、叱られ、嫌われる」と証言した元労働者が働くコールセンターは、ストレスによる偏頭痛などがあっても、業務と病気との関係を立証することが困難なため、治療費を会社に求めたことはない、と言います。証言はこうです。

「二〇〇三年九月に会社が設立されたが、現地採用の従業員のなかで正社員になった例は現在までない。待遇において正社員と、契約・派遣社員との間には天と地の差がある。派遣社員にはボーナスや育児給与がなく、正社員になると給料が三倍以上になる。他のコールセンターでは、トイレに行くにも上司の許可が必要であり、五分以内に自分の持ち場に戻らなければならない場合もあるという。沖縄特有の名前を言って自己紹介すると、客のなかには沖縄を見下して、沖縄に対する不信感を露にする人もいる(87)」

情報関連産業は二一世紀型の新しい産業として注目を集めていますが、その労働現場の実態はこのように過酷であり、民族差別があることもあります。集団就職をせざるをえない悲劇は、島の外でも内でも続いています。

注87――西川潤・松島泰勝・本浜秀彦編『島嶼沖縄の内発的発展―経済・社会・文化』（藤原書店、二〇一〇年）のなかで著者（松島泰勝）は「コールセンターで働く琉球人女性の労働実態」と題して分析。労働実態の厳しさを個々のインタビューで明らかにしている。そのまとめには「強度な心的ストレスを与えるコールセンターは、人を病気にさせる『危険な職場』の一つであるといえる。雇用者は労働者の健康を守る義務がある。しかし、コールセンターでは契約社員、派遣社員、パート等が中心であり、琉球では失業率も高いため、労働者は泣き寝入りを強いられ、自らの権利を主張することが容易ではない」（八一―八二頁）とある。

第六章　琉球民族独立総合研究学会について

1 琉球民族独立学会はなぜ誕生したのか

琉球民族独立学会の設立には国際連帯がある

松島 琉球民族独立総合研究学会（以下、琉球民族独立学会）設立の直接のきっかけはグァムからチャモロ人が琉球にやって来て、グァムにおける脱植民地化運動、独立運動を説明されたことにあります。そういう国際連帯が機縁になっています。

二〇一一年に私はグァム政府の代表団に加えてもらい、国連本部の脱植民地化特別委員会に参加、報告し、それ以来、チャモロ人と琉球人はそれぞれの島を訪問しあう関係を築くようになりました。グァム政府脱植民地化委員会のエドワード・アルバレス事務局長、グァム大教員マイケル・ベバクアさんが琉球に何度も来てくださり、琉球が脱植民地化できることを、グァムの活動を通して具体的に話し、琉球人を励ましてくれました。

グァムと琉球との関係が強化される前は、グァムを在琉米軍基地の移設先と考える琉球人が多かっ

中トビラ写真…安倍政権は4・28を「主権回復の日」としたが、沖縄は「屈辱の日」であり、1879年の「琉球処分」から「主権」を奪われてきた。写真は2013年4月27日、沖縄国際大学で開かれた琉球民族独立学会設立準備委員会主催の「4・28を前に琉球の主権回復を考える」集会の模様（写真提供・著者＝松島泰勝）

たのですが、グァムを「琉球と同じような歴史を歩んできた」兄弟姉妹の関係の島だと考えるようになったと思います。

金城　若い人たちが当たり前のように、海外から沖縄を見てみることができるようになってきた。高校、大学どころか、海外に留学して外から沖縄を見つめることができるようになった。グローバルな視点を打ち出せることにもなる。隔世の感がします。浜比嘉島では、私と比べて明らかに頭のいい女子生徒が多くいました。しかし、彼女らは生活のために中学校も満足に卒業できずに働きに島から出ました。彼女らの困窮を極めた生活に対して、私は男だから、高校、大学に進めたのか、とも思う。そういう意味ではいま、平等社会をたぐり寄せられているといえますが、高校、大学に進学してきたことへの胸の痛みを私はもっています。

松島　琉球民族独立学会は、「独立について具体的、国際的、歴史的に研究して独立を目指そう」という仲間が五人集まったんですね。五人は大学人が三人、言語復興運動をしている大学院生、あと一人は地域メディアの関係者です。金城実さんが指摘された海外に出て留学などで琉球を外から見ることができた三〇代、四〇代の若い世代です。一九七二年の「日本復帰」以降に生まれたメンバーが多く参加しています。

彼ら、彼女らは日本への過大な期待をもっていなかったことに加えて、海外に出て学ぶ機会も増え、そこから琉球と日本の関係を考えることができるようになった。例えばハワイ大学でハワイの先住民族カナカマオリの歴史と出合う。白人に差別されて自分たちのことばを奪われ、その後、ことばを回復していったことなどを知る。琉球に帰ってからは、琉球の言語復興運動をしていくモチーフになった。新たな琉球の運動が若い世代のなかで生まれてきているわけです。

彼ら、彼女らの新たな視点が琉球民族独立学会を活性化していますし、若い世代の視点は大事にしたいと思います。「米軍基地はいらない」という思いは、琉球のウチナーンチュの従来の視点に加えて海外生活を送ってきた若者からの主張も加わり、幅の広い米軍基地反対の運動も可能になってきたといえます。

職業もさまざまです。年齢層は二〇歳代から最高齢は八〇歳代。多様な年齢層が参加されています。海外のウチナーンチュもメンバーになっています。亡くなられた大田昌秀知事や、照屋寛徳衆議院議員、糸数慶子参議院議員が琉球独立、自己決定権について講演をされたほか、琉球内の市町村議員も会員として学会活動に参加しています。

――二〇一二年一一月三〇日に開かれた日本平和学会で学会設立を発表していますが、それまで相当準備をされてきた。

松島　そうです。二〇一一年からグァムのチャモロ人を琉球に招いて、脱植民地化、脱軍事化についてシンポジウムを次々と開いてきました。日本平和学会から半年後の二〇一三年に設立したのですが、設立の前月になる四月二八日に安倍首相が「主権回復の日」として祝賀式を催したわけですが、琉球にとっては「屈辱の日」[88]なんです。琉球人は自らの主権を取り戻す必要があるのです。ですから、「主権回復の日」に反対する、抵抗する機運が独立学会の設立を促したといえます。

——沖縄ではこれまでこうした学会はなかった。初めてですね。

松島 そうです。設立は五月一五日です。この日を選んだのはこれ以上「本土復帰の日」を祝ってはならないという思いで敢えて選んだわけです。「日本復帰」の日に対する琉球人の思いのなかには、日本政府に期待して在琉米軍基地の縮小を求めるという考えがあって、毎年毎年祝ってきたわけです。しかし、これ以上は日本政府に期待しない、自分たちで未来を切り開くという決意から五月一五日を選びました。

独立学会の活動を語る

松島 琉球独立で目指すのは、琉球の主権回復です。琉球がいまだに日米の植民地であるからです。

注88——「主権回復の日」に反対するシンポジウムが琉球新報とラジオ沖縄の共催で行われ、松島泰勝、翁長那覇市長、佐藤優、西里喜行、勝方恵子がパネラーとして登壇した。松島はこのことについて「日本との歴史認識の断絶が明らかになった日だった。もし安倍政権が『主権回復の日』をしないなら、琉球人は怒らなかったと思う。しかし、あろうことか強行した。自分たちの意見を一切聞かないことがはっきりした。石破茂さんが琉球の政治家を並べてさらしものにしたように、封建的な屈辱的な関係が二〇一三年四月二八日に甦った。『主権回復の日』こそが、歴史認識の断絶がはっきりし独立へと進んだとも言える」（二〇一七年五月二〇日のインタビューより）と語った。

日米両軍の基地が新たに建設され、戦争の島になり「二一世紀の沖縄戦」が現実化しています。琉球の主権を回復して独立しなければ、基地はなくなりません。

琉球国の構成は、琉球独立をめぐる思想的課題でも説明しましたが、奄美、沖縄、宮古、八重山の各諸島が州となり、対等な関係で参画する。安全保障では非武装中立であり、自由、平等、平和の理念に基づく「琉球連邦共和国憲法[89]」を掲げています。会員は多くが一般の市民であり、辺野古、高江の新基地建設反対運動に関わっている方、「しまくとぅば」という琉球人の言語復興運動を進めている人など実践家が多い。現場の闘いと独立論の理想をいかに結び付けるかが議論の大きなテーマです。

これまでの活動を振り返りますと、沖縄島以外に石垣島、宮古島でシンポジウムをすることで、琉球の島々でも琉球の独立について議論をしてきたことの意味は大きい。東日本、西日本にも研究部会があります。テーマ別では琉球独立をどう実現させるのか、経済、法制度などの諸方面から研究しており、その数は二〇を数えます。独立が机上の空論ではなく、理論的、国際法的、政治・経済的、そして世界的なさまざまな観点から見ても具体的で有効な選択肢であることを研究し、さまざまな場所、メディアを通じて発言しています。

戦後、琉球に琉球独立を掲げる政党が樹立されてきました。現在も「かりゆしクラブ」、「命《ぬち》どぅ宝！　琉球の自己決定権の会」という独立派政党があります。スコットランドでは、イギリスのＥＵ離脱の決定後、再びイギリスからの独立運動が盛んになっていますが、その原動力はスコットランド民族党という政党です。ですから独立を目指す政党の影響は大きい。
ただ、琉球にある独立を掲げる政党だけで独立実現に進めるかというと、そうではないでしょう。既存政党の議員のなかに琉球独立を支持する人を増加させることも、独立支持派が沖縄県議会で過半数を占めることにつながると考えます。琉球独立を支持する有権者としての県民を増やす必要があります。そのために私は研究者として、独立が机上の空論ではなく、さまざまな観点から見ても具体的で有効な選択肢であることを研究し、さまざまな場所、メディアを通じて発言しています。さらに沖縄県議会以外の、市町村議会においても独立支持の意見書を採択することによっても、県議会での独立支持の議論を後押しすることができます。つまり、県議会議員だけが独立是非の決定権をもっているのではなく、全琉球で独立の機運が盛り上がらなければならないのです。

注89――「琉球連邦共和国」について著者（松島泰勝）は、人民主権の原則を掲げたものであることをあげ、以下のように説明している。「独立すれば琉球の憲法や法制度によって島の環境、歴史文化、琉球人の基本的人権を、日本政府の介入を受けることなく、自らの手で守ることができます。米軍基地を押し付けるために振興開発を利用するという、『日本政府の罠』からも解放されるでしょう。（中略）琉球連邦共和国憲法の各条文は、世界人権宣言、国際人権規約、先住民族の権利に関する国連宣言等の国連人権法を琉球において実施させることを目的にして制定します。（中略）琉球は独立後、日本において形骸化している『日本国憲法九条』を引き受け、琉球において平和国家を実現させます」（前掲『琉球独立―御真人の疑問にお答えします』（四三－四五頁）。

2　排外主義批判をめぐって

「琉球民族に限定する」規定は排外主義を助長するのか

松島　学会の設立趣意書は「琉球の島々に民族的ルーツをもつ琉球民族は独自の民族である」から始まります。学会は「琉球民族の琉球民族による琉球民族のための学会」とうたい、会則第二条には「琉球の島々に民族的ルーツをもつ」（会則第二条）、「琉球の島々に民族的ルーツをもつ琉球民族に限定する」（同第四条）と規定しています。

なぜ、会員資格で「琉球にルーツ」をもつ者に限定したかといいますと、琉球民族独立学会が、国連憲章、国際人権規約などの国際法で保障されている「民族の自己決定権」に基づく独立の実現を目指しているからです。これが基本中の基本にあります。

ただ、琉球民族独立学会での研究が「琉球民族にルーツ」をもつ人に限るとしたことと、実際の独立運動は違います。在琉外国人、日本からやってきて琉球に住んでいる人など、スコットランド独立運動のようにあらゆる人たちと運動を進めます。琉球民族だけに限った運動なら、それは民族排外主義であり、極右団体の運動になってしまいます。ありえないことです。

——それでは琉球民族をどう規定すればいいのでしょうか。

松島 DNAなどの遺伝子や血で決まるというものではありません。その本人が琉球民族と認識することが重要なのです。日本に住み母は琉球人で父はそうでない方が、自分が琉球人という認識をもたれれば、琉球民族ということになるでしょう。植民地下の先住民族の定義を示したILO一六九号条約第一条(90)の二に「原住又は種族であるという自己認識は、この条約を適用する集団を決定する基本的な基準とみなされる」という規定にあてはまります。

琉球人が日本人と遺伝学、言語学の上で同一民族であるという言説は神話です。そもそも「血」によって特定の集団を決めるという方法自体に問題があります。それはナチス国家がユダヤ人を虐殺したときに利用した優生学に行き着く危険性を帯びています。琉球の人びとの強い意志に基づく独立運動は、「民族の自己決定権」という国際法を法的根拠とし、脱植民地化の過程で平和的に進められるのであり、民族の遺伝的属性に従って行われるのではありません。

金城 研究の深まりは運動の場にも投影されるわけでしょう。説明を聞いていて思うのは、私らの運

注90——ILO(国際労働機関)一六九号条約第一条の一は、以下のように規定している。「一 この条約は、次のものについて適用する。(a)独立国における種族民で、その社会的、文化的及び経済的状態によりその国の共同社会の他の部類の者と区別され、かつ、その地位が、自己の慣習若しくは伝統により又は特別の法令によって全部又は一部規制されているもの。(b)独立国における人民で、征服、植民又は現在の国境の確立の時に当該国又は当該国が地理的に属する地域に居住していた住民の子孫であるため原住民とみなされ、かつ、法律上の地位を問わず、自己の社会的、経済的、文化的及び政治的制度の一部又は全部を保持しているもの」。

動の場に危惧するものが出てくることなんです。このことをまず指摘したい。

沖縄の民意は辺野古新基地、高江のヘリパッド新基地建設に対して「ノー」でしたが、日本政府は委細構わず無理強いをしています。国家の暴力極まれりです。そこでどうするか。もうヤマトゥから縁を切ろうという動きが出る。琉球独立論です。一九九五年の少女暴行事件では、集会で若者が「琉球独立宣言文」を配ったり、「琉球独立」の旗が立った。それから二〇年たった。どれだけ沖縄は変わったのか。

翁長雄志知事にしても、亡くなられた大田昌秀知事も「ヤマトゥも応分に米軍基地の負担を」と主張してきました。当然の主張でしょう。私も県外移設に賛成ですよ。

ところが辺野古で闘っているヤマトゥの人に対して、「そんなに運動が好きなら基地ごとヤマトにもって帰ればいいさー！」という発言が報じられたりする。ヤマトゥから応援に訪れる市民の力を借りたいし、現に共闘してきました。そういう発言が独立論のなかに入っていたのなら、それは排外主義ではないか。

私がヤマトゥの人に必ず話すのは、沖縄でやられたことは、「本土」に移っていくということです。沖縄は実験台ですよ。山城博治君が五カ月間も勾留された。「共謀罪」がヤマトゥにあがって行くために沖縄で実験したんです。沖縄で「成功」したと見たら、今度はヤマトゥに飛んでいきますよ。オスプレイ配備がそうでしょう。沖縄では反対したが、政府は強行した。いまはどうですか。山口県の岩国基地に二〇二一年から二六年にオスプレイが予定配置されるでしょう。米軍岩国基地は戦闘機が集結[91]してきているし、嘉手納基地と並ぶ在日米軍基地になるでしょう。沖縄の米軍基地でテストしたことがヤマトゥにも移される[92]。

「ヤマトゥに米軍基地を持っていけ」と言わなくても、ヤマトゥに持っていきますよ。沖縄は実験台なんだから。「本土復帰」運動で心配したのは、そこですよ。沖縄で実験されたものが全国に飛んでいくんですよ。

松島　琉球民族独立学会が「ヤマトゥンチュはヤマトゥで運動を」という態度表明をしたことはありません。ただ排外主義ということばは注意深く使うべきだと思います。排外主義とは、実際に、在日朝鮮人、中国人、外国人、そして琉球人も含めてですが、「日本から出ていけ」と追い出す言論を展開するヘイトスピーチ、ヘイトクライムをいいますが、琉球民族独立学会が運動の場でこのようなことばで排外主義を表明したことはありません。

一般化していいますと、日本のネオナチが「日本から出ていけ、中国に帰れ！」と言うように、琉球人は主張すべきではありません。辺野古の基地反対運動は琉球人の問題であるだけでなく、日本人の問題でもあり、アメリカ人や世界の人びとの問題でもあります。辺野古の問題を他人事ではなく、

注91――二〇一七年一月には、最新鋭ステルス戦闘機F35Bが岩国基地に配備されたほか、原子力空母ロナルド・レーガンの艦載機が神奈川県厚木基地から移る。艦載機移駐では約七五機から約一三〇機に増える（『朝日新聞』二〇一七年六月二三日）。

注92――佐賀空港への自衛隊オスプレイ配備や、自衛隊木更津駐屯地でのオスプレイ定期整備の拠点化、横田基地への米空軍オスプレイ配備（最悪三年延長）がある。また全国の米軍基地や自衛隊駐屯地に飛来している。

自分の問題として考えて世界中からやってきて運動に参加してくれる人びとが多くおられます。むしろ運動の広がりとして歓迎すべきではないでしょうか。

スコットランドやカタルーニャのマイノリティ・ナショナリズムを見てもわかるように、EU諸国を中心とした国際的な連帯やネットワークを強調しています。昨年行われたイギリスのEU離脱の国民投票の結果に反対し、スコットランド政府がEUとの統合を目指した独立運動を再活性化させていることも、「ナショナリズム＝排外主義」とは言えない証拠だと考えます。

金城　であるならば、対立を深めるのではなく、ヤマトゥンチュと連帯を強めるべきではないですか。学会は「排外主義」を表明していないといっても、現実に現場で現れてきている。

――松島さんは言いにくいのかもしれませんが、金城さんが批判された言説、行為は、日本国こそが「排外主義」だという視点があるから、そこで日本人自身が焦点化される。「排外主義」だから米軍基地を押しつけたし、在日沖縄人差別を生んだのだ、と。

金城　日本人を一般化できない。暴圧をふるう政治勢力と、反基地で連帯する日本人を同一にはできないでしょう。そういう意味で「排外主義」というか、沖縄ナショナリズムを感じるのです。

松島　日本の人口は約一億三〇〇〇万を数えるのですから、いまよりもさらに多くの人びとが琉球の米軍基地の現場に来て、基地押しつけが人権問題であり、「日本は独立していない」という現実を直視してほしい。抗議の声をあげる義務があるとさえ言えます。数万、数十万、数百万の日本人が琉球にある基地に来る、基地の強行を進める自民党、公明党などの与党には投票しない。そんな大衆運動がいまほど求められているときはありません。

なぜ来ないのですか。日本人が琉球人を差別しているからです。「差別する人間」を止めたいならば、基地反対の現場に来て、琉球人の解放を琉球人とともに叫ぶべきです。

琉球民族独立学会を批判するために排外主義だということばだけが一人歩きしているのではないでしょうか。

金城さんが指摘された「沖縄ナショナリズム」についてですが、私は「琉球ナショナリズム」と呼んでいます。琉球諸島は沖縄島だけではなく、奄美諸島、沖縄諸島、宮古諸島、八重山諸島という島々から構成されています。例えば石垣島の人が沖縄島に行くときに「沖縄に行く」と言います。沖縄島は琉球諸島の一つであり、その中心でも、琉球全体を代表するものでもありません。

「沖縄のことは沖縄がやる」「辺野古のことはウチナーンチュがやる」ことを主張することは、琉球ナショナリズムとは関係ありません。琉球ナショナリズム＝琉球独立運動は琉球内外の人びと、組織、国際機関などと連帯しながら進められるべきものです。「偏狭な、閉じた運動」ではその成功は難しいでしょう。現在の琉球独立運動は、国連の支援を得て、国際法に基づいた主張を行い、スコットランド、カタルーニャ、グァムなどの独立運動と連携しながら進められています。「偏狭なナショナリズム」を克服していると言えるのではないでしょうか。

辺野古、高江の反基地運動の現場には、世界中から支援の団体や人びとが訪問し、応援しています。私も、独立学会の仲間だけでなく、韓国や台湾の人びととともに辺野古の「テント村」を訪問し、反対運動に参加したことがあります。基地反対運動は実際にインターナショナルに行われており、国連も琉球における基地の集中を「人種差別」であるとして日本政府にその改善を勧告しています。日本からの連帯をさらに進めることは当然です。

金城　私はナショナリズムとは、ずばり島国根性であると捉えています。琉球民族独立学会に関わる会員資格が「琉球の島々に民族的ルーツをもつ」と、ウチナーンチュに絞り込まれていることをどう考えればいいのか。日本と沖縄、韓国、台湾との連帯行動を求めることによって沖縄の独立をたぐり寄せられるのではないか。

沖縄県教組元委員長石川元平さんが「復帰四〇年、対米従属で沖縄県民に差別と犠牲を強いる日本に未来を託せるか。責任世代の私たちは、日本への決別と独立と住民の意志を突きつける必要がある」という趣旨の主張を五年前にされた（『琉球新報』二〇一二年一〇月二八日）。未来の子どもに、「お爺ちゃんは何をしていたか」と言われてはならないと思っていますよ。石川さんが言う「責任世代」の覚悟です。しかし、排外主義に流れてはならない。当然のことでしょう。

松島　「日本復帰」は日本的な法制度のなかに琉球を包摂することを意味しています。「復帰」の七二年を前にして、「反復帰」論(93)が起こりましたが、実際に四五年間は日本の包摂化が進みました。日本的法制度がどんどんと入ってきて、企業らが入ってきた。市民運動もヤマトゥの大きな市民運動、平和運動の団体であったりして、琉球の運動を牛耳る。琉球人だけで集まろうとしても、実際そうなら

龍谷大学松島研究室で

ない状況がいっぱいある。運動として指導権がヤマトゥンチュに握られているなかで、ウチナーンチュだけで会を作り運営して議論していこうではないかということもあります。

運動はヤマトゥ的なものが入ると地域社会も変質していく。社会的コミュニティである琉球民族独立学会という自分の居場所では、自分のことばで自分の意見を言って誰も攻撃されない。例えば以前のことですが、オープンシンポジウムを開いたときに、琉球人のパネラーが琉球のことばで話すと、「わからない。日本語で話せ」という意見が会場であったわけです。当然、琉球人は反論するわけですが、本来の議論がそこでストップしてしまう。基本的にウチナーンチュだけだと安心して話す。ヤマトゥで体験した差別体験を語る。そういう場が琉球民族独立学会で可能になっている。

ですから、排外主義という「日本人お断り」ではなく、自分たちウチナーンチュが新たなコミュニティを創りそこで独立について語り合うという空間が琉球民族独立学会です。政治結社ではなく、学術研究の場です。

――繰り返しますが、琉球独立学会の最大の特徴は会員資格が琉球人であるということですね。そこで金城さんは疑問を呈された。なお疑問が解消できませんか。

金城　独立に向けて求心力が求められる。そこにナショナリズム、排外主義が伴う。いま発言に「ヤマトゥンチュに握られている」とありますが、戦闘的な沖教組が日教組に入ることで弱体化していったことなど、たしかにある。しかし「ヤマトゥンチュ」と一般化してしまうと、どうしても排外主義的に流れてしまわないか。そう感じます。それらを乗り越えるにはどうするか。インターナショナリズムで進むべきだということです。

――次章でこの問題をさらに論じていただくとして、琉球独立学会の活動について、さらに話していただくとどうなるのでしょうか。

松島　金城さんがインターナショナリズムと言われましたが、独立学会はまさしく国境を越えて、世界の独立運動、自己決定権行使運動、島嶼国などと連携しながら活動を進めてきました。独立を目指す、グァム、ハワイ、ニューカレドニア、仏領ポリネシアなどの太平洋諸島、スコットランド、カタルーニャ、バスクなどの欧州地域の事例から学んでいます。グァム独立を訴えるチャモロ人研究者や脱植民地化運動のリーダー、先住民族の台湾原住民族を学会の公開シンポに招いたり、スコットランドで独立を問う住民投票が行われたときには現地調査もしました。また台湾には本学会と連帯する中

注93――「反復帰」論は日本国民化という負の精神史を否定する営みでもある。決して安易なものではない。新川明は『沖縄・統合と反逆』（筑摩書房、二〇〇〇年）で「復帰」思想と比較して以下のように記述している。「『復帰』思想とは、沖縄に対する米国の施政権を日本国に『返還』させるという政治的な思潮を意味する単純な概念ではなく、沖縄人が自らすすんで国家に身を投じていくという日本国民化志向の精神史的な病理を指す言葉」（七一頁）であり、遠く明治時期の謝花昇らの運動にまで遡って糾明されねばならぬ概念とし、琉球処分にまで遡る。「近現代史において顕在化する日本同化志向＝日本国民化志向という精神史の〝負〟の部分を否定し、超克する意味作用をもつ『記号』でもあったわけだが、そのような理解を得るのは今日なお容易ではないように思われる」（七一－七二頁）。

華琉球研究学会が設立され、同学会とともに「再皇民化」とも形容される台湾の右傾化、日本植民地化について調査をしたこともあります。日本植民地時代の神社が公的に文化財として保護され、新たな神社が続々と建立されているのです。その背景には日本の右派勢力の進出があります。琉球の摩文仁にも、台湾原住民族の戦中の「戦い」を讃える「台湾之塔」（一〇四頁参照）が建立されました。これらの状況について、中華琉球研究学会の研究者を琉球に招き、昨年八月に琉球民族独立学会主催のシンポジウムをもったりしています。

琉球人に会員を限定して、独立の主体が独立について研究し、行動するという意味で本学会はマイノリティ・ナショナリズムの側面をもっています。しかし同時に世界に開かれ、世界から学び、その連帯を目指しており、インターナショナルな性格の強い団体なのです。

独立学会が主催した学術大会では、創立の二〇一三年に「琉球独立とアイデンティティ」など五つのセッションを開いたほか、会員でなくとも参加できるオープンシンポジウム「グァム・台湾・パラオから考える琉球独立」を開きました。沖縄島だけでなく、宮古島、石垣島でもオープンシンポを開催してきました。こうした学術研究を土台にすることで、独立への道筋も明らかになり、琉球独立を自分の問題として考える人びとが増えることで、独立を実現することが可能になるでしょう。

第七章

琉球独立は可能か

1　経済的独立を考える

「独立したら飯食えますか」

金城　あと先が逆になったかもしれませんが、琉球独立で差し迫る大事な問題が経済的なことですね。

松島　ええ。

金城　沖縄の人間が独立について一番不安をもつのは、「独立したら飯食えますか」ということですよ。「経済的に大丈夫ですか」という疑問が多い。沖縄の小さな漁村、農村であっても、食っていけるかどうか。この点で説得力がないと、琉球独立運動に弾みがつかないし、逆に独立運動の足を引っ張ることになるのではないですか。自民党の政治家には独立を快く思わない人が多いわけですから、「独立すれば、やっていけるはずない」という宣伝文句に不安にかられ、まんまと騙された民衆が出てくるのではないでしょうか。

中トビラ写真…球沖縄の経済自立は基地の経済依存度は５％に。独立の基礎となる経済自立はたしかなものになっている。ビル群と渋滞車両の列。那覇空港までのモノレールから撮影金城実が芸術論を語るよりも、経済学が説得力をもって説明することが重要です。独立して豊かに生きることができるのか。根拠をもつ経済学が必要なんです。いつも言うでしょう。「あんたたち、独立して飯食えるか」と。

松島 そうですね。

金城 こういう話をしましょう。昨年、アルゼンチンに一カ月間おりました。シーサーを制作して、アルゼンチン沖縄県人会に寄贈するため滞在したんですよ。そこで私が独立論をぶったんです。沖縄で「飯を食えるか」という不安があることもあげました。するとアルゼンチン沖縄県人会顧問が、「金城さん、心配するな」と言うんですね。

松島 どういうことを言われたのでしょうか。

金城 「あんたたちは、ヤマトゥだけに目が向いている。ウチナーとヤマトゥだけ考えているんじゃないか」と言うんです。移民していった俺たち琉球人百余年のことを忘れてはいないのか、と。そこで県人会顧問は私を豚二万五〇〇〇頭が飼育されている養豚場に連れていってくれました。そこはコンピュータで管理されていました。さらに巨大な製糖工場、広大な麦畑など、すべてウチナーンチュが経営者でした。もし、独立して兵糧攻めに遭うなら、豚と麦をアルゼンチンからもってくるというわけです。「見てみなさい。この畑は北海道より広いんだ」とも言いました。

世界には、沖縄から散っていった移民の子々孫々が住んでいるんですよ。日本だけに目を向けてはいけないと。弾圧されてみなさい。彼ら黙っていますか。ウチナー語も移民した人たちのほうが残っていますよ。琉球独立を攻撃する側は、沖縄の人間に恐怖心を煽り、アメリカを追い出して飯食えるのか、とたたみかけるのです。

松島　私の『琉球独立への経済学』でも詳しく論じましたが、米軍統治下の米国民政府主導で実施された経済政策は、琉球の植民地経済を形成し、それを強化するものでしかありませんでした。米軍政時代の経済は米軍基地の維持が米国民政府の最大の目標であり、琉球民衆の経済生活の発展は二次的、三次的な位置づけしか与えられていませんでした。

その結果、米軍統治時代では基地経済が大きな比重を占めるようになった。しかし、これはすでに述べましたが、現在では基地経済が県民総所得の約五％程度しかありません。むしろ米軍基地跡地のほうが何十倍もの経済効果、雇用効果、税収効果を生んでいます。琉球人の基地に対する反発は、それが人権問題を生み出しているからですが、それとともに、琉球の経済自立において基地が最大の阻害要因になっているからです。そこで総合建築業やスーパーマーケットを経営する金秀《かねひで》グループ、沖縄の大手観光業かりゆしグループ、沖縄ハムなどの琉球の有力な民族資本が、辺野古新基地反対運動に全面的に参加するようになったのです。それらの企業では辺野古の新基地反対の現場において新人研修を行ったり、反対派の市民に飲み物などの差し入れをしています。

――金秀グループ、かりゆしグループのことで補足していただけますか。

松島　「日本復帰」以降、ヤマトゥの企業が経済活動をしやすいように環境整備をしてきたわけです。

沖縄の中小零細企業を内発的に発展させる方向とは逆でした。その結果、琉球の中小零細企業はヤマトゥの企業との競争で倒産したり、吸収合併されてきたのが、「日本復帰」後四五年の歩みなんですね。そうした経緯のなかで金秀グループ、かりゆしグループなどの琉球の有力な民族資本が発展してきたのはすばらしいことです。

金城 私は読谷村に住んでいますが、数々の産物、観光施設を生んできたと思います。読谷村のビーチも公共施設として管理しています。シャワーも作り、海で泳ぐ権限をホテルに譲らない。復帰前は全部ホテルのものでした。山内徳信村長の業績はすばらしいものがあります。

松島 「日本復帰」直後は村全体の七〇％以上が米軍基地だったのが、基地返還運動をして、現在は約四〇％まで減っています。跡地利用ですばらしいと思うのは、壺屋焼の登り窯とか、読谷山の花織、金城さんの彫刻もそうですが、文化によって村興しをしている。それが経済に結びついています。

金城 今年（二〇一七年）六月には私のアトリエを訪れたあと、そのホテルにも寄られたね。

松島 ええ。読谷村のホテルでは、ヤマトゥ資本ですが、読谷村民にも開放されていますし、村民を従業員として雇うように村役場とホテルの間で協定を結んで、タクシーも食料も契約している。内発的発展(94)で成功している例だと思います。

――話に水を差すようですが、経済学者の屋嘉宗彦さんが沖縄経済の現状を分析して問題点を提起しています。県際支出の赤字と財政依存度が高く、沖縄県は借金で食べているという主張です。屋嘉さ

んはその克服策を論じていますが、県際支出の赤字などはそんなに簡単ではない。「独立はしたが、財政的に貧する」のではどうしようもないのでは。

松島　屋嘉さんが指摘している沖縄県の日本政府への財政依存度の高さ、その結果としての県際収支が赤字であるのは事実です。「復帰」後、日本政府は「格差是正」「経済自立」という目標をかかげて振興開発を計画し、資金を投じてきました。つまり県際支出の赤字は日本政府による経済政策が失敗した結果であると言えます。

なぜ失敗したのか。振興開発計画を策定し、実施してきた日本政府が琉球の経済自立を本気で考えず、米軍基地を押し付けるために公的資金を流用し、効果のない特別措置を乱発してきたからです。琉球が日本の植民地である限り県際支出の赤字は続くでしょう。なぜなら日本政府は琉球の経済自立を削ぎ、補助金や特別措置という「アメ」によって米軍基地という「ムチ」を押し付けるという植民地政策の実施が可能になるからです。独立後、琉球の経済が貧しくなるのではなく、現在の植民地経済が琉球を従属的な構造にし、「貧困」の状況を生み出しているのです。独立すれば、日本政府の「アメとムチ」との植民地政策は無くなり、琉球国政府が米軍と自衛隊が占拠していた広大な土地を活用して、自らの力で経済計画を策定し、実施することができ、経済自立への道を歩むことが可能になるのです。

金城　経済学のことはよくわかりませんが、読谷村のような試みは、独立精神が根底にないとできないし、戦略はたてられない。無論、観光とかの収入が増えている沖縄の現状は知っていますが、米軍基地撤去を求めることと結びついていることが読谷村の試みの際立つ特徴です。それも日本政府との交渉でなしえたのではなく、地元にある米軍基地と交渉していった。そして紅芋畑を作り、「お菓子のポルシェ」（現「御菓子御殿」）の紅芋タルトは、琉球の人気土産のナンバーワンになっています。

2　現実の取り組みを語る

「琉球人の怒りは限界を越えている」

――琉球独立をめぐっては現実と理念のとらえ方の違いから論争が起きてきました。論争自体は問題点を出し克服していく意味でも意義深いのですが、まずは現実をどう見て、どうした取り組みをしているのかが基本になります。経済の問題はいま少しふれられたが、再説になるかもしれませんが、沖縄の現状についてふれていただくとどうなるでしょうか。

松島　そうですね、まず基本的に琉球の情勢を押さえておくことが必要です。日本政府が、琉球の民

注94――内発的発展で著者（松島泰勝）が振興開発との比較で端的に指摘しているのは、前掲『島嶼沖縄の内発的発展―経済・社会・文化』（藤原書店、二〇一〇年）のなかの「辺境島嶼・琉球の経済学」の一説だ。「振興開発により社会インフラを整備することで外部から企業を誘致し、その結果、地域企業が淘汰されるという、手法において安易な、琉球人にとって過酷な政策を再検討すべきである。島外企業の要望に応えるための政策ではなく、地域企業の発展を最優先し、琉球人が労働を通して自己実現し、心身への障害を受けないで働ける職場をつくっていく、内発的発展が今こそ必要とされている」（八四頁）。

の声を無視して辺野古新基地建設、高江のヘリポート基地建設を強行し続けてきた。このままの状態が続けば、「コザ蜂起」のような状況が発生するのではないでしょうか。それほど、琉球人の怒りは限界を越えています。二〇一六年四月には、元米海兵隊員によって琉球人女性が暴行・殺害・遺棄されるという残忍な事件が発生しました。にもかかわらず、日米両政府は日米地位協定を改正するなど抜本的な対策をしようとしません。事件後、在琉米軍の四軍調整官が「綱紀粛正」を強調しても、米軍による酒酔い運転などの不祥事が何度も発生しています。

金城　ウチナーンチュの怒りはこれまでの県民総決起大会（一九九五年）などでわかりますよ。これに国側は恐れて対策を講じたわけ。しかし、九五年、九六年は私にとっても分岐点になりますよ。九六年二月に沖縄で米兵が運転する乗用車と単車を運転した海老原鉄平君が衝突して亡くなったことはすでに申し上げた。この鉄平君の死が私の創作意欲を駆り立てたのです。ちまちました作品を創り続けることに、鉄平君の死が鉄槌《てっつい》を下したんです。積年のテーマに挑めと。沖縄戦から米軍施政下で沖縄の民衆が呻吟《しんぎん》し闘う歴史の一コマを表す一〇〇メートルに及ぶレリーフの制作に入ったんです。

沖縄政策協議会について

松島　一九九五年の少女暴行事件以降、反米軍、反基地闘争が激しくなりましたが、これに対して日本政府はどうしたか。翌年に沖縄政策協議会（以下、協議会）を設置したのです。

金城　九五年の県民大会はヤマトゥの支配からすれば危機なんだ。それからどうなったか。強圧、強権政治です。協議会もその役割を担わせられているわけ。

松島　協議会は琉球の産業振興や雇用の確保などの基本的な政策を協議する組織として、閣議に準じる組織と位置づけました。強い決定権を有する組織になったのですが、「日本復帰」後の振興開発策が変節するのです。大田昌秀知事が米軍の辺野古移設案（辺野古新基地建設案）を拒否すると、協議会を開催せず、補助金の一部を提供しなかったんです。

金城　それでどうなったのか。在沖米軍基地問題では同様で、「アメとムチ」政策は一貫している。

松島　協議会は沖縄担当大臣が主宰し首相を除く全閣僚と沖縄県知事からなる組織ですが、大田昌秀知事が辺野古の新基地建設に反対したことで政治的に動いた。本来なら協議を重ねなければなりませんが、協議会の開催を止めたのです。振興開発は「経済自立」「格差是正」を目的にしているにもかかわらず、日米の安全保障と密接に結びついた組織だったのです。米軍基地存続のために振興開発が利用されたのです。つまり米軍基地の押し付けと振興開発がリンクして進められてきたことを如実に示したといえます。ですから補助金、振興開発資金は米軍基地を押し付けるための「アメ玉」「見せ金」、琉球を「飼い殺し」にするためのものです。琉球独立では新たな政治体制を展望しながらこういった経済体制を変える必要があると思います。

「日本復帰」して沖縄県になったといいますが、ほかの都道府県とは構造的にまったく違っている。沖縄県庁の上で日本政府がしっかり支配、管理する体制が続いているのです。

――松島さん、金城さんとも共通する沖縄のとらえ方は何か。私は植民地としての沖縄をどれだけ歴史事実的に裏付けられるかが琉球独立を主張できる原点にあると思います。強圧を受けることになった端緒をどこに見出せるか。一八七九年の「琉球処分」にたどりつく。

金城 直感的にヤマトゥにいるときから感じていくなかで、日本人とは違うし、支配を受けていると。だからこそ心の片隅に琉球独立の願いがあった。恥の意識を深めていって、朝鮮民族の「恨」がわかってきましたよ、泥をかぶっていくことですよ。泥のなかにおるということです。「泥のなかにおる」とは、逃げ出さないということです。しかし、泥につかり満足するなどとんでもない。泥のなかで内部の弱さを叩くことこそが、最高の外圧に耐えられる力を蓄えられる。植民地支配という外圧ですよ。踏み込んでいくことで視界が開ける。「泣くな沖縄」ということですよ。民衆として植民地の沖縄に踏み込みなさい。叩かれても、叩かれても抵抗していく。そうじゃないですか。

――凝縮した表現ですが、歴史学者冨山一郎さんが現在の状況を想起しながら「コザ暴動」を予感した関広延(95)さんの一文を引いて「誰かの正しい筆が、希望を準備することはない」として、「希望に絡む言葉は、混乱と葛藤に満ちた討議の媒介としてある」(96)と書かれた文章と符合すると思いました。

金城 民衆として踏み込むことが、そういう意味では希望のなかに飛び込むことですが、すでに用意されているのです。決してあせぬウチナーの場が。そのことはこの対談の最初（第一章）に歌サンシンや沖縄空手の位置づけで述べたとおりです。

――琉球独立は県外移設を求めることに現れてきた。それは必然的ですね。県外移設の具体的なあり方として「米軍基地を本土が引き取る」運動となってきた。日本人の側の課題なのですが、松島さんは「基地引き取り」と琉球独立の関係をどう考えておられるのか。

松島　琉球独立運動は、国際法に基づいた民族（人民）の自己決定権を行使する運動ですから、琉球人が主体となります。「基地引き取り」運動は、琉球の基地を引き取りたいという日本「本土」に住む人びとが主体[97]となります。つまり、独立運動と「基地引き取り」運動は主体が異なる別の運動であると言えます。そもそも「基地引き取り」運動は、琉球人が主張する米軍基地の県外移設要求の声に対して、「本土」に住む人びとがその声を無視するのではなく、「引き取り」の意志を見せることで応答するという過程をたどる。日本で米軍基地移動の決定を下せる米政府、日本政府との交渉はまだ行われていません。また日本「本土」の人びとから広く支持を得られているわけでもありません。

「基地引き取り」運動が成功し、基地移設が実現するまで何年、何十年必要とするのかわかりません。ですから「基地引き取り」という日本人の自覚と行動に期待をかけることはできません。琉球人

注95――せき・ひろのぶ。一九二八－一九九三。大阪教職員組合執行委員など歴任。著書に『誰も書かなかった沖縄』『現代の沖縄差別』など。

注96――富山一郎・森宣雄編著『日本学叢書3　現代沖縄の歴史経験　希望、あるいは未決性について』（青弓社、二〇一〇年）の、序章で書かれた一文。最後の「暴動の予感と媒介する言葉たち―討議へ」（四八頁）の最後のことばだ。

自らの手で米軍基地を撤去することができるのは独立しかないと思います。

金城　なぜ沖縄に米軍基地が集中しているのか。沖縄に対する差別が米軍基地集中に現れた。根幹に沖縄差別があるということから、差別に対する向き合い方、取り組みが県外移設の主張になる。私は県外移設について賛成です。「米軍基地を本土へ」という主張は独立の気風が高まるから出てくる。これまでの歴史が示すように沖縄は「実験台」であり続けています。ヤマトゥは沖縄と同じように米軍基地機能が強化されていくからです。そのことはすでに述べました。

「本土」への米軍基地機能強化はなぜ進むのか。日本がアメリカの植民地ですから論理的にもそうなる。先に沖縄で実験をして、「本土」に行く。ではどうするのか。沖縄も岩国も、京都府丹後市に設置された米軍Xバンドレーダー基地（米軍経ヶ岬通信所）も反対運動をしていくことです。ともに闘うことです。ただ、私は彫刻家です。「芸術が人間の解放たりうるか」がテーマであり、反基地運動、沖縄人への差別の抗議、闘いの現場に身をさらし続けます。勝ち負けは考えたことはありません。

3　植民地支配を考える

日米安保容認が植民地支配を是認している

――琉球独立、沖縄問題で日本人の立場から陥ってはならないのは、日本対沖縄という対立図式で迫ることですね。反権力の代弁として琉球独立があってはならない。そこで、もっと基礎的な営みにして共通の営みで植民地認識を深めることです。編者個人の意見を出すのもおかしいかもしれませんが、討論の幅を広げる意味でお許しください。

金城　ヤマトゥンチュの川瀬さんが入るのは、沖縄問題は日本人の問題でもあるからでしょう。別にかまわない。

松島　琉球独立は総合的に達成するものです。文化、経済、政治、民衆運動などの総合力で達成していく。その精神的土台が文化なんですね。新川明さんの「反復帰」論はそのへんを一貫して問題にしてこられた。日本人と相互に影響し合うことは言うまでもありません。琉球独立を目指すことは、日本人にとっては日本の独立を目指すことです。日本人の課題を追求し、米軍基地問題を自分たちの問

注97——日本人の「基地引き取り」をめぐる著者（松島泰勝、金城実）の見解は二〇六－二〇七頁、二二五－二二六頁の発言のとおり。運動を進める哲学者高橋哲哉は、「日本の反戦平和運動は、『安保廃棄』を目ざすなら、県外移設を受け入れた上で、『本土』で自分たちの責任でそれを追求するのが筋である」（「なぜ『県外移設』＝『基地引き取り』を主張するのか」〈ＩＭＡＤＲブックレット一六『日本と沖縄　常識をこえて公正な社会を創るために』所収、六四頁〉と指摘しているが、社会学者小屋敷琢巳は論考「戦後日本の〈沖縄経験〉」で、日本人の沖縄経験を「民衆どうしの次元ではなく、むしろ国家の次元を自分の問題として引き受けるところに生じている」（『哲学から未来をひらく』2、青木書店、二〇〇九年所収、九八頁）と普遍化した。鳩山由紀夫連立政権時代に政権内部で「本土」移設をめぐり防衛省、候補地とも交渉した議員によれば、防衛省が沖縄ありきであり、「本土」への移設を検討すらしてこなかったことで激しいやりとりがあったという。「自己の問題」を「検討」することすら拒絶した国家（具体的には日米安保）の判断があり、それに追従した「沖縄経験」は、沖縄に基地が集中することに疑問すら呈しない事態を生んだ。そこには「沖縄ありき」を生んだ日米の沖縄の植民地支配の実像がある。「基地引き取り」は、こうした国家の次元の問題を「自分の問題」として引き受ける重要な提起のスタートになる。

題として解決していく営みという意味です。植民地認識は日本の現状認識を深めないと生まれない。

四年前ですが、韓国の方々といっしょに首里城に行きました。沖縄戦のとき、首里城は日本軍司令部としても使われ、いまでもその地下には司令部の跡があります。旧司令部の出入り口の前にある説明板を見た韓国の方が、「ここに女性たちの部屋と書いてある。これは日本軍『慰安婦』がいたことを示すのではないか」と述べました。実際、沖縄戦のとき朝鮮半島から多くの日本軍「慰安婦」を強いられた女性が琉球に連れてこられました。朝鮮半島の人びとと琉球人はともに戦争被害者として日本政府を戦争加害者として批判し、謝罪や賠償を求めることができます。朝鮮半島は韓国、朝鮮の分断国家になり、統一の課題をともに抱えていますが、南北政府は国連に加盟した独立国です。しかし、琉球はいまだに日本の植民地のままです。この日本の植民地であることが、琉球独立への道の現状認識の原点なのです。琉球の歴史・文化、現行の基地問題に共感し、琉球を応援してくれる国々を世界中に増やすことで、日本政府が国連加盟国を無視できない状況を作ることができます。

――先に指摘しましたが、植民地問題は琉球独立を論じるベースになるわけで、対談ではどう脱植民地化を成し遂げるかで議論を深めてきたといえます。

金城　松島さんも指摘されたように、植民地化が見えにくい。最初に議論した同化の問題もそうですよ。「反復帰」ということが言われること自体が、沖縄の独自性を示している。同化は経済、政治、教育で集中的に進む。しかし、沖縄独自の文化がそれに抗している。武術でもそうでしょう。対談の最初で話したことですが、詳しく説明しますと、従来、沖縄の空手界には「全沖縄空手道連合会」「全沖縄空手道協会」「沖縄空手道連盟」「全沖縄空手古式武道連盟」の四つがあり、統合した組織が「全沖縄空手道振興会」で、知事が会長です。そこへ「全日本空手連盟」が乗り込んできた。沖縄の空手が「全日本」に加盟せよというわけだ。調停は不発に終わった。一九八七年の沖縄国体前の話ですよ。しかし、この空手の「琉球処分」に抗して沖縄空手の伝統を守っていますよ。二〇一六年に世界ウチナーンチュ大会（五年に一回開催）があり、そこで世界空手大会が開かれました。脱植民地化の議論は大事ですが、芸能、武術は琉球本来の伝統を守り、文化はすでに独立しています。私は空手の心得はありませんが、ある流派（沖縄空手道小林流妙武館、本部長松田芳正十段）の顧問です。

――沖縄空手の例は知りませんでしたが、植民地問題の取り組みで私個人の体験を言いますと、これまで取り組んできた朝鮮問題、過去清算の取り組みを生かすべきだと思います。過去にどういう問題があったのかを具体的に解明して、現状の課題を浮上させる。具体的には過去の不正義を是正する取り組みです。この方法を地道に沖縄の歴史でもやるべきですが、ただ沖縄問題は朝鮮民族に対する過去清算と異なる。過去清算は朝鮮とは未解決ですし、韓国もまだ終えていないのですが、沖縄は様相が異なる。過去形ではなく現在進行形です。問題なのは、日本がアメリカの世界戦略に無条件に追従していること。巨大な支配ゆえに、簡単に変化は望めない。

金城　その発想がインテリ的発想というか、あなたの弱いところですよ。過去から現代を映しだすことはたしかですが、風呂敷を広げずとも現に地元で息づいている。空手の「琉球処分」にもめげず沖縄の伝統を死守している沖縄空手を見なさい。アイデンティティということばは嫌いだが、あえて使うと、沖縄のアイデンティティを壊されることがない武術を、さらに芸能を見なさいといいたい。ただ、そのことで琉球独立に突き進むかというと、そうではない。たしかに芸能、空手はありますが、独立という闘いを民衆が沖縄で望んでいるかです。とても簡単なことではない。

松島　私は提起された「朝鮮問題の経験を生かす」ことは賛成です。朝鮮・韓国と琉球はかつて独立国であり、同じく日本の植民地になったという同じ経験をしています。朝鮮・韓国の場合は継続的で、力強い独立運動が実を結び日本から独立することができましたが、琉球はいまだに日本の植民地のままです。日本政府が米政府に付き従い、広大な米軍基地が押し付けられていることから、米国の植民地でもあるという植民地として二重の犠牲を強いられています。

　過去に周辺諸国からどう見られていたのか。韓国の李承晩《イスンマン》初代大統領は、一貫して琉球の日本「復帰」に反対し、中華民国の蔣介石総統とともに琉球独立を支持していたという歴史的事実もあります。数年前に私が意見交換した韓国の研究者、平和活動家は韓国と琉球との歴史的な共通性を確認しただけでなく、米軍基地問題の解決という現在、そして将来を見据えた連帯の関係をどのように構築できるのかという課題についても話し合うことができました。琉球人としては韓国・朝鮮人がどのように世界的に独立運動を展開して独立したのかを真摯《しんし》に学ぶことができると考えます。

4　中国脅威論をどうみるか

かつての友好関係を取り戻す

――ただ、保守系のメディアでは、中国が沖縄を支配するのではないかと危機感を煽っています。

松島　日本政府は朝鮮と中国、これを仮想敵国と位置づけて、防衛力を増強しています。特に尖閣諸島、魚釣島に関しては、中国がいつ攻めてくるかもわからないので島嶼防衛を強化している、というのがありますよね。そこで、いわゆる中国脅威論、大国に対する防衛の強化ということで言われているのですが、琉球と中国との関係と、日本と中国との関係は違うわけです。日本は豊臣秀吉軍による朝鮮半島侵略、一九三二年の「満州事変」から一五年戦争で中国侵略を重ねてきました。満州国という傀儡《かいらい》政権を作って植民地支配もしました。加害者の立場です。

しかし、琉球と中国との伝統的関係は朝貢冊封の関係でした。これは支配と被支配の関係ではなくて、基本的に外交・貿易、経済的、儀礼的な関係です。それが六〇〇年ぐらい続いた。そこで中国人も、特に福建省の人びとも琉球に明・清時代に移住してきました。現在、中国系琉球人という人びとも琉球で生活しているわけです。中国が琉球を攻めてくるという可能性は非常に低く、琉球側は中国と友好関係を持っていくことができる歴史的蓄積があります。

朝鮮王朝時代に書かれた歴史書『朝鮮王朝実録』では、一五世紀の頃に朝鮮人が漂流して、与那国島から島々を伝って帰国するという過程が細かく書かれている。朝鮮人と琉球人の貿易関係も盛んであり、歴史的には友好関係にあった。これからも東アジアの国々と友好関係、経済関係を築いていくことができる歴史的な土台を琉球人はもっています。それは活用するべきじゃないかと思うわけです。

金城 講演すると、よく出る質問ですよ。琉球が独立すれば、中国が侵略すると。そういう質問が出たときは、「俺は洞穴で寝ています」と答えていますよ。第二次世界大戦で、「がんばれ」「挙国一致」とかはっぱをかけられた経験がありますから。同じ轍《てつ》は踏みませんよ。中国が攻めてくるに違いないと、幻想と恐怖感で怯えさせているわけだ。これはいまの権力と極右派勢力が言っていることでしょう。だから、沖縄戦の経験を二度と味わいたくない。「俺は寝ておく」と答えています。

松島 私も同じ体験をしてきましたね。講演でこういう質問がよく出ました。「琉球独立運動の背後に中国がいるのでは(98)」という内容です。金城さんと違う視点から指摘しますと、これは別の意味で琉球人差別だと思います。琉球人は自分の頭で独立を考えたり行動できないという琉球人の主体性を否定しているからです。中国に動かされている操り人形だという差別認識がそこにはあります。琉球民族独立学会にしても私の研究に関しても後ろで知恵を授けているということなどまったくありえません。実態がない幻想を振りまいて琉球独立運動や研究を否定するのは、ヘイトスピーチそのものではないかと思います。

日本政府が盛んに強調する中国脅威論、「北朝鮮」脅威論に乗って防衛力を強化してしまうと、ある意味では対立を煽って、かえって琉球が攻撃を受ける対象になりかねない。これは意図せずとも、戦場になってしまう。戦場にならないためにどうするかでしょう。長い六〇〇年のアジアとの友好・

平和関係を評価して、特に経済面でつながっていくことを一歩一歩続ける必要があるんじゃないでしょうか。この考え方は私の琉球独立論を支える大きな裏付けになっています。

琉球は国際法に基づいて、平和的に独立します。米軍、自衛隊の軍事介入が発生しないように、独立前から世界に向けて琉球独立の正当性を主張し、国際的な支援体制を構築します。仮に武力介入が生じた場合、日米は国連憲章などの国際法違反の野蛮な行為をしたとして世界中から批判を受け、かえって琉球独立の正当性が明らかになるでしょう。

注98——中国は沖縄をどう見ているのか。著者（松島泰勝）は二〇一四年五月に北京で開かれた琉球領域研究に関わるシンポでの発言を報告している。「琉球が中国の一部であったことはない。よって中国は琉球に対して主権はもっていない。琉球が中国の一部であると主張することは、琉球王国の主体性を無視することになる」（高士華・社会科学院近代史研究所）、「中国の学会において、琉球が中国の一部であるという説が主張されたことはない。琉球はベトナムや朝鮮と同じく外藩であり、独立国であり、近代期において大国の植民地になった地域である」（李国強・社会科学院）、「琉球が中国の一部になることはあり得ない。琉球併合は中国の朝貢冊封関係と西欧体制との衝突の過程で発生した。日本の軍国主義も琉球併合から始まった。李鴻章は万国公法（国際法——引用者補足）に基づいて日本に反論を行った。それは琉球を一つの国家と考えていたからである」（蘇浩・外交学院）など（『うるまネシア』第一八号、二〇一四年、四七－四八頁）。

5　非武装中立の琉球連邦共和国を目指す

独立したときの像を明確にもつ

松島　以下はこれまで話してきたことも含まれますが、この機会にまとめることにします。

まず国のかたちをどうするのか。連邦共和制にするのか、かつてのような王制にするのか。連邦共和制でしょう。これが一番目になります。二番目は、琉球の憲法をどうするのか。日本国憲法九条を琉球国が引き受けるとともに、平和主義、基本的人権の尊重、人民主権などの理念を明記した琉球らしい憲法を作ることです。三番目は、外交政策はどうなるのか。世界中の国と友好平和条約を結び、国連に加盟する。現在、国連本部はニューヨークとジュネーブにあり、アジアにはありません。琉球に国連のアジア本部を誘致するとともに、世界から人権関連の国際機関や国際ＮＧＯの拠点を琉球に設置させることで、琉球が平和を自らつくる国になるのです。

安全保障政策はどうするのか。琉球は非武装中立の国になります。これまで琉球人ほど軍隊、軍事基地、戦争などによって苦しめられてきた民族はいません。コスタリカ、太平洋島嶼国の大部分には軍隊がいませんが、国として存在し、国連の加盟国でもあります。琉球が東アジアにおいて非武装中立の国になることで、東アジア、アジアにおける緊張関係を緩和することが可能になる。教育政策はこれまで日本政府の文部科学省による指導、検定などで琉球の教育政策、歴史観、言語教育政策が決められてきました。独立後は日本政府の介入が無くなりますので、琉球諸語、独自な歴史や文化などを子どもたちに教育することが可能になる。日本政府による歴史修正主義（日本軍による住民虐殺や強制的集団死の否定）を排除し、琉球人は自らの歴史や文化に誇りをもって生きることができるのです。

非武装中立の琉球国について
――琉球独立で目指すもので指摘されたなかで、非常に重要なのが非武装中立です。

松島　ええ。独立する琉球は武装軍事国家ではありません。これは押さえておかなければならない歴史的事実ですが、かつての「琉球国」は非武装中立でした。一五〇〇年頃から、尚真王（一四六五－一五二六）の頃に刀狩りをしましたが、これは非武装宣言に等しいようなことをしたともいえます。[99]そして、「琉球併合」と呼んでいますが、一八七九年までの約四〇〇年近く、非武装中立の国造りでやってきたわけです。

その後、どうなったのか。特に沖縄戦、米軍統治下から「復帰後」、現在まで、武力によって、琉球人は悲惨な状況におかれてきたわけです。現在も米軍基地が占領しており、沖縄戦はある意味では終わってないと思うんです。そういった状況が続いているなかで、在琉米軍、さらに自衛隊との共同軍事訓練が進められています。今後、琉球人は直接的な戦争の被害を受ける可能性が高い。なぜならば、軍隊があることで、紛争の場所になりうる可能性が高まる。軍隊がない空白地帯には、他国の軍隊が攻め入るという考えがありますが、本当はそうではない。

――しかし軍隊がないところは侵略されるのではないでしょうか。

松島　別のところで書いたんですけども、バルト海にオーランド諸島という島々があって、ここの島々は第一次世界大戦前までは軍隊があったわけです。軍隊があることで、まわりの大国が島を狙って戦争をしかけてきた。第一次世界大戦後、非武装中立の島になって、バルト海は平和な海になったと言われています。ですから、東シナ海に浮かぶ琉球が非武装中立の島になって、東アジア、また東南アジア、太平洋諸島を含むアジア太平洋全体の平和創出、平和を作る拠点になれば、現在のような緊張関係は、解消していくという可能性もあります。こういった小さな島に軍隊をおく必要はない。

それから、太平洋にフィジー諸島という島国がありますね。そこは人口九〇万人ぐらいであり、自国の軍隊がおかれているのですが、軍人が特権をもち、何か政治的な問題が発生するとクーデターを起こしてきました。非常に治安が悪い状況にもなってきた。島国のなかで軍隊をもつことは、財政的にも問題があり、また軍人が起こすクーデターなどで治安が悪化するという問題も生まれています。

地域全体のアジアにおける平和を考えても、軍隊がないほうが、危険ではなく安全でしょう。琉球に国連アジア本部がおかれたり、人間の安全保障を進める国際的なＮＧＯ団体とかが集まることによって、武力の衝突を防ぐ平和のための抑止力を生むことができるんじゃないかと思います。憲法改悪を目指す安倍政権は集団的自衛権を容認し、安保法制施行や「共謀罪」など真逆の方向に進んでいる。また戦場になってはたまりません。

安全保障の新時代を

――ただ、安全保障の問題は、一国だけの関係でないわけですから、理想どおりに非武装国家になるのは困難ではないでしょうか。

松島　『琉球独立論』（バジリコ、二〇一四年）にも書きましたが、世界から快挙とされるのは、日本の積極的支援による独立が実現したときです。国際法で民族自決を権利として定めており、独立の道筋が合法的手続きで進んだとき、日本は真の国益について考えるべきです。国益は目先と本質的国益では異なるのですが、日本が琉球を喪失した場合の損失と利益を冷静に考えるべきでしょう。

大国の覇権主義が世界を覆うなかで、琉球が国際的な手続きを踏み独立に向かうときどうなるのか。日本の積極的支援が背景にあれば、日本の侵略を受けた東南アジア、太平洋島嶼国、台湾からは

注99――戦争を忌み嫌い、平和を大事にする琉球王国は、南大西洋セントヘレナ島に流刑されていたナポレオンにも伝わっている。中国派遣団の一員として琉球に四〇日ほど滞在したイギリス海軍のバジル・ホールがナポレオンに会ったときに「非武の島」琉球について話した。二人の会話を明田川融『沖縄基地問題の歴史―非武の島、戦の島』（みすず書房、二〇〇八年）が翻訳、紹介している。「**ホール**　琉球の人々は、武器というものを一切もっておりません。**ナポレオン**　武器をもたないだと！　大砲も小銃もないのか。**ホール**　いえ、マスケット銃さえもっていません。**ナポレオン**　では、槍は。せめて、弓矢といったようなものは。**ホール**　いえ、それもありません。**ナポレオン**　しかし、武器なくして一体どうやって戦争をするのだ。**ホール**　琉球の人々は戦争というものをしたことがなく、内憂外患のない平和な状態を保っています。**ナポレオン**　戦争がないだって！」（一一―一二頁）。

歓迎されることになるでしょう。アメリカが武力介入することを国際社会は許さないでしょう。中国との軍事バランスを大きく崩すことになります。逆に中国も軍事介入すれば、アメリカが座視するはずはありません。覇権国家の軍事バランスは非武装国家の存立基盤になりますし、さらに、平和国家を国是とする日本は積極的な平和外交を展開して、琉球は無論のこと、ASEAN諸国、太平洋島嶼国との新たな平和条約を締結していくことで、さらにアジアの信頼を高めることになるでしょう。

このような段階になる前段があります。アメリカと日本の関係です．日本はアメリカの「核の傘」の下、日米同盟で安全保障が万全とする考え方をもち続けています。これは日本の「敗戦国の感性」というべきもので、アメリカに対して日本はなお敗戦国意識から脱去できていない。世界第二位の経済大国になった時点で、アメリカから独立すべきだったのです 。独立が軍事強化につながると考えるのは旧態依然とした考え方です。

――質問をより具体的にしましょう。日本を取り巻く安全保障環境は厳しくなり、集団的自衛権容認以後は、アメリカとの防衛協力を進展させています。ハリー・ハリス米太平洋軍司令官は太平洋軍司令部と自衛隊の統合幕僚監部との関係強化がなされていると発言(『朝日新聞』二〇一七年七月二八日「耕論」)、中国包囲網から日本、韓国、インド、タイ、フィリピンとの同盟関係強化を強調しています。覇権国家アメリカ、追従する日本が、沖縄の「非武装中立」をめざす琉球独立をどうして歓迎するでしょうか。朝鮮の「核保有国」化により東アジア秩序が変わるとも指摘されています。

松島　植民地下朝鮮の独立運動の本を読んでいますが、明治以降の日本の朝鮮観は、朝鮮を低く見るものでした。当時の論説は、「独立する能力はない」「軍事力もない」「日本が保護化する」と、当時のロシア、清国と対立して、一九一〇年の「韓国併合」で植民地にしたわけです。ほかの国が侵略するから日本が肩代わりするということで、日清、日露戦争で朝鮮の権益を抑えた。両戦争のとき、日本政府は「朝鮮独立」を約束しましたが、結局は保護国、そして併合をしました。つまり嘘をついたのです。同じように、琉球の独立に対しては「中国が侵略するから日米同盟で守るのだ」とかいう主張が出てくる。対朝鮮観と類似したものがあります。本当は独立できるのだが、それを否定して自らの植民地支配、領土拡張を正当化するという日本政府の論理は、朝鮮も琉球でも一貫しています。

アジアにおいて軍事増強が深刻化するから琉球独立ができないという論理になるとどうなるか。いつまでも日米の基地増強を受けざるをえないわけですよ。そこで犠牲を強いられるのは、琉球に住む人びとです。こうした歴史の犠牲、安全保障の犠牲から脱することが琉球独立です。軍事増強があるから独立できないとか、中国包囲網や米朝核対決が進むなか独立運動は現在の安全保障関係をより不安化させる、日米が歓迎するはずはないというのではなく、非武装中立で独立することで対立した東アジアの状況を変えていくのです。日米のパワーバランスの論理の犠牲になったのが琉球なのです。日米にとっての安全保障は、琉球の植民地化を前提とするものであり、不正義なのです。このような不正義で違法な状況を、国際世論、国連に対して国際法に基づいて訴えていく必要があります。大国がどんなに反対しても、植民地が独立する権利は国際法で保障されています。

◎著者から――――――――松島泰勝

琉球と朝鮮

私は、この本の編者の川瀬さんも関わられた李泰鎮《イテジン》著、李泰鎮・安重根《アンジュングン》ハルピン学会編著、勝村誠・安重根東洋平和論研究会監訳『安重根と東洋平和論』（日本評論社、二〇一六年）を読みました。また朴殷植《パクインシク》『朝鮮独立運動の血史』（平凡社、一九七二年）をはじめとして、日本の植民地、また半植民地であった朝鮮、台湾、中国における独立運動、日本の植民地支配の実態に関する書籍を読んでいます。これらを読んで気づかされることは琉球もこれらのアジア諸国・地域と同じように日本の植民地になり、現在も植民地のままであるということです。ですから私たちはアジアの日本植民地被害者と同じ歴史を共有し、その脱植民地化運動から学ぶことができるのです。安重根さんをはじめとする朝鮮人革命家が日本から独立することで東洋平和が実現すると信じたように、琉球が独立することで本当の「アジアの平和」を私たちは手にすることが可能になるのです。「琉球処分」ということばから「琉球併合」という琉球から見た歴史用語が近年使われるようになったのも、琉球人が「韓国併合」を自分の問題として考え、アジアの人びととの連帯を目指すようになったからだと言えます。「日韓併合」の内実は条約の強制であり、国際法違反です。日本政府は日清戦争、日露戦争などにおいて韓国の独立を認めていたのですが、公約を反古《ほご》にして韓国を植民地にしたのです。琉球の場合は、軍隊を使って強制的に王府を廃止させ、沖縄県という植民地にしたのです。国が潰され日本の植民地になり、その後、独立・復国運動が展開されたのですから韓国も琉球も同じ歴史的位置に立っています。

今年三月、東京にある在日本韓国ＹＭＣＡ内の「二・八独立宣言記念資料室」を訪問しました。それは一九一九年二月八日、東京在住の朝鮮人留学生たちが、ウィルソン・アメリカ大統領が提唱した「民族自決権」に基づき、独立宣言を行い、それが朝鮮半島における「三・一独立運動」を引き起こすことにつながりました。在日留学生たちは、朝鮮で独立運動が始まると母国に帰り、独立運動に参加しました。朝鮮半島における独立運動は、中国の五・四運動にも大きな影響を与えました。同資料室で映像、文書資料、宣言を行った朝鮮人のリーダーたちの肖像写真を見ながら、朝鮮と琉球における独立運動の類似性を認識しました。同宣言文は次のような文章で締めくくられています。

「わが民族は高度の文化をもってからすでに久しい。そしてまた半万年にわたる国家生活の経験をもっている。たとえ多年の専制政治の害毒と境遇の不幸がわが民族の今日を招いたものであるにせよ、今日より正義と自由に基づく民主主義的先進国の範に従い、新国家を建設するならば、わが建国以来の文化と正義と平和を愛好するわが民族は必ずや世界の平和と人類の文化にたいし貢献するであろう。ここにわが民族は日本および世界各国にたいして自決の機会を与えることを要求する。もしその要求が入れられなければ、わが民族はその生存のために自由な行動をとり、わが民族の独立を期成せんことをここに宣言する」

朝鮮は琉球と同じく長い歴史をもった独立国であったが、日本政府により強制的に国が滅ぼされ、

安重根の手形（龍谷大学図書館所蔵）

植民地になったのです。それに抗して、民族の自己決定権という集団的権利に基づいて日本からの独立、復国（光復）を求め、実現したのです。

龍谷大学図書館には、安重根さんが国際法違反で刑死をされる前に遺した書が所蔵されています。安さんは独立を誓った「断指同盟」で薬指を切り落としましたが、その手形、署名が記された「獨立」という文字を見ると、日本の植民地支配に屈することなく独立、復国を成し遂げた朝鮮半島の人びとの決意と覚悟が伝わってきます。私は独立を目指す当事者として大変励まされました。

第八章

琉球連邦共和国を目指す

1 「自治権強化」か「独立」か

満たすべき条件とは

――琉球独立は急に誕生するものではない。なんらかの条件を整える必要があるのでしょうか。

松島 最初に述べないといけなかったことですが、琉球独立のための条件をここで述べる必要がありますね。何よりも琉球の自治を確立しなければなりません。自治確立のためには、自治社会政策の振興、自治的組織の設立と機能強化、新しい自治・財政体制の形成、調査機関の設置、地域企業の起業化推進、観光植民地からの脱却、自動車中心社会から脱するために鉄道の敷設、振興開発と米軍基地とのリンケージを切断する。そして、世界のウチナーンチュと連携するなど、国内外で独立運動を展開する。つまり、琉球は以上のようなことを着実に実現することによって独立を行うことができるのです。ある日、一気に琉球が独立するのではなく、独立への道を歩むのだという琉球人の決意と実践

中トビラ写真…高江ヘリパッド基地建設のメインゲート前で。
上空は米軍ヘリコプター、右下は警察車両（2016年12月、撮影・川口真由美）

が必要なのです。琉球独立の将来像としていまから議論しなければならない。

金城　自分たちが住む地は自分たちで決める。そういう意味では、のべ一七〇〇万人もの参加者を数えた韓国の「キャンドル革命」と言われる運動は、極めて刺激的ですよね。

――自治の確立を琉球独立の基礎とされたが、自治権の強化と独立では質的に違うのでしょうか。

松島　琉球では自治権の強化、提案が四〇年以上行われてきました。「復帰」の前に今後どうするかという議論もあって、日本の都道府県の一つである沖縄県ではなく、特別県制とか自治州とかの議論がありました。これはいずれも自治権を強化しようとする考えで、ずっと継続してきました。具体化したのが道州制ですね。「沖縄単独道州制」を進めたいという意見です。日本全国で道州制の議論があった。経済界、労働界、大学関係者が集まり、現在の沖縄大学の学長である仲地博先生を座長とした検討委員会を作り、これを仲井眞知事に提出したのです。自治権の強化は日本全国で動かないとダメなんです。沖縄県だけでは動かない。ただ道州制が実現したとしても、軍事権、経済・金融政策は日本政府がもつことが大前提です。たとえ沖縄州ができても、米軍基地はそのまま押しつけられることは十分予想される。

たしかに自治権強化から独立するのは望ましいのですが、日本は中央集権的統治体制が強化されています。重要なのは先に述べました自己決定権です。自己決定権には二つある。内的自己決定権と外的自己決定権です。内的は自治権、外的は独立です。内的が難しいなら、外的、つまり独立の権利が国際法上確立されていますので、それを行使することができる。かといって自治権強化を否定するつもりはない。自治権とは琉球の人びとが創るものです。これが運動としての自治権です。しかし、日本政府は自治的権利のうち、安全保障の権利と経済的な権利を認めない。分権化にも制限を加えている。琉球人、沖縄県知事がどんなに反対しても辺野古に米軍基地を作ろうとする日本政府は、琉球に自治権を認めようとはこれっぽっちも思っていません。だから残された道は独立しかないのです。

金城　私も琉球独立論者の一人ですが、何年か前までは道州制の論議が盛んでした。道州制には自治権がちらついていました。沖縄で自決権が叫ばれていたころです。道州制と自決権の立場から会を結成し、私も共同代表となりました。教育、文化、基地と平和問題の分野にわたる一冊の本も出しました。しかし、自決権、自立権が認められ道州制が実現すると、沖縄が九州に合併され、沖縄県知事が消える恐れもあり、また外交、軍事は国の権限だから何も動かない。バカにするなという思いでした。道州制は泡のごとく消え去り、自治権ということばだけが置き去りにされていまに至っている。

運動を進めていくと、政府の地方制度調査会は、四七都道府県を八〜一二団体に統合する案を考えていることがわかり、沖縄県民が黙っていると九州に吸収されるようになる。沖縄県が消えるということまでは書いてないが、沖縄から県知事が消えるという恐怖感が出てきたわけです。

自治権をちらつかせた道州制には、毒が入っている。その毒とは沖縄から知事を取り上げ、外交権、軍事は国の権限のままにしておくわけですから。

松島　そうです。

金城　道州制に賛成したわけではなくて、黙っておくわけにいかないので、抵抗手段として、沖縄の道州制に関して、みんなでたたき台を作って考えなければならないという意味で始めたわけです。案の定、道州制に対して危機感を表明したとき、日本政府は、北海道と沖縄だけは特別だ、特区を設けると言いだした。信用できますか。政府の道州制にまんまと乗るんじゃなくて、たたき台を作って、真剣に受け止めて、手段としてどう闘うかを考えた。「琉球侵略四〇〇年・琉球処分一三〇年」と名づける会ができて私が代表を務めたんですよ。抵抗の姿として、道州制から自立独立へ向かう。抵抗するわれわれ沖縄人の運動体を作っていく一つの節目となったと位置づけられるわけです。

たしかに沖縄の人たちが最も望んでいるのは自治権、つまり自己決定権ですが、その出口が見えてこないのが現状でしょう。この苛立《いらだ》ちが独立論へと移行してきたのですが、これもなかなか出口が見えない現実に直面している。現実を直視しないといけない。

2　琉球独立論争の中心は何か

食うか食われるか――辺野古の闘いから独立をたぐり寄せる

――琉球独立に対して厳しい批判をされている新崎盛暉[100]さんは、一九九〇年代後半に「居酒屋独立論」ではダメだと指摘された方ですね。新川明さんとの論争は前掲『激論・沖縄「独立」の可能性』にも収録されていますが、新川―新崎の主張の相違点は、ほかでも読むことができます。[101]

金城　「居酒屋独立論」というのは、昔からあったね。大阪に集団就職した青年たちが、「沖縄が独立していたら」と訴えていたものですよ。そこには明確な展望はありません。新崎さんは経済的支援を一方で受けていて独立とはどういうことかというわけです。情緒的に独立を論じる流れではダメだというわけです。これは彼の本（『沖縄を越える―民衆連帯と平和創造の核心現場から』凱風社、二〇一四年）で主張されていることですが、集団就職した青年のことばを思い出しましょう。青年たちがどこから経済的支援を受けていますか。経済的に搾取されているのですよ。時代の開きは半世紀近くあります。しかし、社会的構造は変わっていません。独立とは最も底辺にいるものが火をつけるのです。松島さんは学問的に分析されてきたが、学者が分析されるのは、実際の民衆の動きと遠いところにあることを感じますよ。

新崎さんが情緒的に流れる独立論を批判される。百家争鳴ではダメなのだ、ということでしょう。しかし、辺野古の闘いの現実を見れば、権力の弾圧は食うか食われるか、です。結果がどうあろうと踏み込んでいかないといけない。辺野古新基地反対で座り込んでいるオジィ、オバァを見たりすれば、そういうことが言えるでしょうか。

――松島さんは二〇〇六年に出した『琉球の「自治」』（藤原書店）では「琉球が日本から独立することに究極的な目標を置いていない」（二〇六頁）と書かれています。二〇一二年刊行の『琉球独立への道』では「『本土並み自治論』からの脱却」として独立論を進化させられた。どうしてこの違いが生ま

れたのか。研究を進められたということでしょうか。

松島　『琉球の「自治」』は琉球の島々におけるフィールドワークと文献資料の分析を踏まえ、琉球における開発問題、米軍基地問題の本質を検討するとともに、内発的発展の実践を具体的に論じ、アジアと琉球との緊密な関係について明らかにしました。本の題名にある「自治」は制度的な自治というよりも、一人ひとりの琉球人が自ら地域共同体、島、そして琉球を政治的、経済的、文化的に動

注100――新崎は「『独立』論についての覚え書」（『時の眼―沖縄批評誌N27』第二号、二〇一三年一二月）で、「独立」に関する疑問、反対論を三つに分類して述べ、反論することで、現時点で国際環境を論じるのではなく五〇年、一〇〇年のスパンで独立をみることや、アイデンティティは多様であることを独立論の中核においている。新崎は独立を否定する論者ととられがちだが、編者（川瀬）は一九九五年一二月に発足した「沖縄自立を求める市民フォーラム」に参加した友人から、フォーラムは「市民運動家、経済人、学者が独立の可能性を論じた」という証言を聞いたし、また韓国の歴史学者白永瑞は、新崎の主張について「沖縄の自治権強化を通して日本国家を変えていき、背後の日米同盟に影響を及ぼすものと期待する」（『共生への道と核心現場　実践課題としての東アジア』（法政大学出版局、二〇一六年、第一章要約）とする。以下、新崎の発言を引用する。「どこかの段階で独立があるかもしれない。その時、今の国家形態を前提にしたものではなくなっているだろう。時代の推移と運動の進み方の中で、独立概念、国境概念は変わってくるし、変えていかないといけない」（前掲『けーし風《かじ》』第一七号、「特集一　検証・独立論」一二六頁）、「新しい国家を作ることではなく、国境を引くし、国境を開いて周辺諸国の人たちと平和的な関係を作っていく」（小田原紀雄著　対談『〈脱国〉の民』エイエム出版、二〇一〇年、対談発言要約）「軍事基地を認めないところから出発し、自治拡大や独立という結論に仮に至ればそれでいいが、そうはならないだろう。重要なのは沖縄に住む人がのびのびと生きる社会にならなければならない」、（大田昌秀ほか共著『沖縄の自立と日本―「復帰」四〇年の問いかけ』（岩波書店、二〇一三年、一九五頁）。

注101――前掲『けーし風』第一七号、前掲『沖縄の自立と日本―「復帰」四〇年の問いかけ』など。

かしていく、自らで決め実践することを意味しています。二〇〇六年に同書を出版した後、先に述べたように、私は「ゆいまーる」（NPO法人「ゆいまーる琉球の自治」）という組織の代表となり、二〇〇七年から毎年二つの琉球の島々で車座の集会を開いてきました。この集いを通じて、私は自らの目で島々が抱えている問題と、問題解決のための草の根の自治的実践を学んできました。

島嶼の独立運動については、大学院生の一九九〇年代半ばから関心をもっており、ニューカレドニアというフランスの植民地における独立運動について論文も書きました。グァムとパラオで三年間生活をして、人口が少なくても独立すると島の政治経済、社会がこうも違うのかと、二つの島を比較しながら学んできました。ですから私のなかで「自治から独立へ」という関心が移行したのではなく、むしろ「自治と独立」は切り離せないという認識が学生時代から現在まで続いていると言えます。

――ということは、松島さんは「自治」論者から「独立」論に変貌したと友人から聞きましたが、そうではない。「自治と独立」は切り離せないという視点をもち続けているのですが、一方、日本国内の政治状況も影響しているのではないでしょうか。

松島　そうです。独立を訴える大きな契機は、二〇〇九年に鳩山由紀夫政権が公約に掲げた米軍基地の「県外移設」が日本人の大部分によって拒否されたことです。琉球への基地押しつけに対しては反対するが、それがいざ自分の住んでいる場所に来るとなると激しく抗議する。日米安保体制の「安全」は享受するが、その負担の七〇％を小さな琉球に七〇年以上押しつけても平気という日本人の大部分の認識が明らかになり、一般の琉球人も「沖縄差別」と叫ばずにはいられなかった。ヤマトゥに住んでいる私は、日本人による琉球差別、琉球無視の現状を知っていますが、このとき、日本人の本音が痛いほどわかった。琉球差別をこれからも続けていこうとする人びとが住む国から琉球が出ることによってしか、琉球人の生命、人権、人間としての誇りを守ることができないと強く考えるようになりました。「独立」、琉球の場合は「復国」ですが、それを具体的、客観的、国際法的に徹底的に研究しようと決意しました。研究も私自身の自己決定権の行使であり、抵抗運動であると思います。

「学問の独立」ということばがあります。権力、政権にとって都合の悪い分野の研究、学問が戦前、日本では抑圧されてきました。幸いなことに戦後、民衆の闘いにより「学問の独立」が勝ち取られ、私はその恩恵を受けながら琉球独立を研究し、議論することができ、それを運動につなげることができています。しかし、「共謀罪」関連法が成立し、日本政府（公安調査庁）が琉球民族独立学会に対して公的文書[102]におけるヘイトスピーチを行い、琉球ナショナリズムに圧力をかけるような時代になってきました。しかしそれでも自由と平等を求める国内外の人びとと連帯しながら私はこれからも、抵抗の学問としての琉球独立論を研究していきたいと考えています。

3　戦後の国連、国際法の動向と琉球独立

まず国連の「非自治地域リスト」に入る取り組みを

――では、具体的に独立に動き出すというのは、どういう経路をたどるのでしょうか。

松島　戦後の国際法は、それ以前の植民地支配を認め宗主国支配を正当化した非人権的なものから変化しました。第二次世界大戦の悲劇を反省して力の支配を認めないかたちになった。一九六〇年に「植民地付与独立宣言」（以下、「宣言」）が国連で採択される。そこが原点でもありますね。では「宣言」は何をどううたっていたのか、です。

「五条　信託統治地域及び非自治地域はまだ独立を達成していないほかのすべての地域において、これらの地域の住民が独立及び自由を享受しうるようにするため、なんらの条件又は留保もつけず、その自由に表明する意識及び希望に従い、人種、信条又は皮膚の色による差別がなく、すべての権利を彼らに委譲するため、速やかな措置を講じる」

一八七九年の「琉球併合」までは独立国であり、歴史的事実として琉球国が欧米三国と国交を結ぶ条約を締結したことでも明白なのです。再説（注47参照）しますと、サンフランシスコ講和条約第三条では「合衆国を唯一の施政権者とする信託統治制度の下におくこととする国際連合に対する合衆国のいかなる提案にも同意する」とあるわけです。琉球を信託統治領とすることが明記されているにも

かかわらず軍事統治をした。「宣言」ではどううたっていたか。「これらの地域の住民が独立及び自由を享受しうるようにする」とある。「宣言」に明らかに違反しています。

——たしかに違反していますね。

松島　さらに、日本が国連に加盟したのは一九五六年一二月一八日です。ところが国連憲章第七八条では「国際連合加盟国の間の関係は、主権平等の原則の尊重を基礎とするから、信託統治制度は、加盟国となった地域には適用しない」とうたうことで、日本の国連加盟で琉球の信託統治化の前提が揺らぐわけです。しかし本来、琉球は日本ではないので、信託統治領にまずはなるべきでした。一九六〇年代に琉球政府立法院は、国連を舞台にして脱植民地化の取り組みを行いました。一九六二年二月一日に琉球政府立法院が「二・一決議」[103]を出しました。国連で「宣言」が採択されたことで、以降、植民地支配をされた地域は国連監視のもと住民投票などの手段で独立を遂げていった。しか

注102——公安調査庁が「内外情勢の回顧と展望」で、琉球民族独立総合研究学会に関して事実にもとづかない偏見を助長していることを示す。『琉球独立勢力』が中国と協力して、日本国内を分断しようとしている」という中国脅威論を日本政府自らが煽っている。著者（松島泰勝）は「日本国内を分断というが、もともと琉球は日本ではなく、独自な国であったこと、現在の琉球が日本の植民地であることを日本政府自身が認識せず、自らの植民地支配を正当化している。日本政府は本来、ヘイトスピーチを規制する立場ですが、自らが特定の団体に対してヘイトスピーチをするようになった。これも日本の戦前回帰の一つの現象と言える」（二〇一七年八月一八日インタビュー）。

し、琉球は違った。国連憲章、「宣言」に基づいて米軍統治を批判したのです。

国連での「宣言」成立からの歩みをもう少し話します。翌年の一九六一年に世界の植民地問題の解決を目指す国連組織・脱植民地化特別委員会が誕生しました。委員会は「非自治的地域」、つまり植民地下におかれている地域が新たな政治的地位を得られるよう支援することになります。

琉球人が国連を活用し、国際社会が琉球の抱える植民地問題を認識することで「非自治的地域リスト」に登録される可能性が高まります。国連の脱植民地化特別委員会のなかに「非自治的地域リスト」が設けられていて、このリストに入ることが最初の取り組みです。

金城　松島さんの本を読み、国連の動きも少しは知りましたが、戦前、戦後と「本土復帰」後では米軍制植民地の位置がまったく違う。沖縄は日本と米国に翻弄されてきました。しかし、先輩たちは「二・一決議」のように抵抗してきた。「日本の主権を守れ」という願いでしたから、琉球独立とは違っていたのですが、それは間違いだというのではなく、反対に先輩たちの労苦がわかります。

4　「琉球独立宣言」について

人間の顔が見えるものに

金城　国連の動きは松島さんの指摘を聞くだけなんですが、平和的に独立にどう進めるか、民衆がどう支持するかという重要な課題がありますね。その手がかりというかアピールするものに松島さんが二〇一〇年に石垣金星さんと出された「琉球自治共和国連邦独立宣言」（二八六－二八七頁参照）、さらに『琉球独立宣言』（講談社文庫、二〇一五年）がありますね。

松島　後者はアメリカの独立宣言を踏まえて起草したものです。琉球の歴史、現在の取り巻く状況を書いています。琉球独立が人類の独立の流れを受けていることを示すために、あえてアメリカ独立宣言を踏まえた独立宣言を出したわけです。琉球民族独立学会の設立趣旨の柱は「琉球人の琉球人による琉球人ための独立」です。これはアブラハム・リンカーンがゲティスバーグで行った有名な演説「人民の人民による人民のための政治」を念頭においていますが、琉球独立の原点です。

金城　宣言の趣旨はよくわかります。しかし、どうでしょう。民衆に迫りうるものなのか。思い起こすのは、一九二二年三月三日創立の水平社宣言です。その一文にこうあります。

「ケモノの皮を剥ぐ報酬として、生々しき人間の皮を剥取られ、ケモノの心臓を裂く代償として、暖い人間の心臓を引裂かれ、そこへ下らない嘲笑の唾まで吐きかけられた呪われの夜の悪夢のうちに

注103——正式名は「施設権返還に関する要請決議」。「対日平和条約第三条により沖縄を日本から分離することは、正義と平和の精神にもとり、将来に禍根を残し、日本の独立を侵し、国連憲章の規定に反する不当なものである」から始まり、軍事占領は一六年に及ぶことをあげ、米国は無期限保持の政策を変えていないことを指摘、「アメリカ合衆国による沖縄統治は、領土の不拡大及び民族自決の方向に反し、国際憲章の信託統治の条件に該当せず、国連加盟国に足る日本の主権平等を無視し、統治の実態もまた国連憲章の統治に関する原則に反するものである」として、「沖縄に対する日本の主権が速やかに完全に回復されんことを強く要望する」と求めている（沖縄県公文書館所蔵資料『第一九回定例議会立法院会議録』第一号より）。

も、なお誇り得る人間の血は、涸れずにあった」
水平社宣言の文言には被差別部落の人びとが受けている差別の残酷さが伝わってきます。そこには差別の残酷さと、差別と闘う人間の顔が見えてきます。インテリだけがわかるものでない。総ルビで書かれていますから、文字を知らない人でもわかる。

松島 さまざまな宣言文があっていいと思います。金城さんの宣言文も読みたいです。

金城 独立を訴える宣言文も顔の見える簡潔な文で表すことができるのではないか。指摘されたサンフランシスコ講和条約第三条(104)にも関わらず、沖縄の自決権が無視された。そしてどうなったか。ヤマトゥと違うかたちで統治が進んでいったわけですね。米軍は米軍基地にするため家々を焼き払い、住民を追い出し米軍の軍用地にしていった。そこに核兵器を配置した。軍用地としてスタートさせられた沖縄住民の苦闘がどれほどヤマトゥンチュに伝わっているのか。われわれの先輩は抵抗していった。阿波根昌鴻さんの「島ぐるみ闘争」と呼ばれた闘いは、「乞食行脚」とも呼ばれました。最も蔑まれた「乞食」と自称して闘争を進めた。阿波根さんは一人息子を沖縄戦で失い、その悲しみを背負い、暴政を浴びせかける米軍政に向かっていったわけでしょう。

普天間基地は世界で最も危険な米軍飛行場だといわれ、戦闘機の爆音に悩まされ、子どもたちが学ぶ学校のすぐ上をオスプレイも含めて飛んでいるわけでしょう。今年一二月一三日には米軍のヘリの窓が普天間飛行場に隣接する宜野湾市立普天間第二小学校校庭に落下しました。子どもたちの恐怖ははかり知れない。

こうした沖縄の苦闘は水平社宣言のあの文言を生んだ差別とは違いますが、沖縄人の苦悩を凝縮した宣言文を書けるはずです。それが誕生したときには、多くのウチナーンチュの心を捉えて放さないものになる。どれだけ沖縄の闘いが民衆の懐、琴線に触れていくかにかかるでしょう。これからです。

注104――新崎盛暉は前掲「沖縄戦後史における基地問題」で以下にように指摘している。最大の問題は「日本と沖縄の基地は、日米安保条約（以下、安保）とサンフランシスコ講和条約第三条（以下、サ条約第三条）の適用の質的な違い」（以下、「両条約の質的な違い」と略）により、沖縄で強制的な米軍用地が拡大していったことだ。サ条約第三条で日本と沖縄を切り離し、半永久的に占領する政策をとったのに対して、沖縄は安保適用地域としなかった。憲法違反でもある安保（付随した刑事特別法）は、立川基地拡張反対闘争の無罪確定となったが、米軍制下の沖縄は刑事特別法が憲法違反の司法判断もなく、「銃剣とブルドーザー」で米軍用地の接収が進んだ。戦後日本の民衆運動は「両条約の質的な違い」を認識せず、現状打破の問題も考えられていなかった、と新崎は指摘する（一四頁）。米軍の戦闘作戦行動に関する日米間の事前協議がうたわれたのが六〇年安保改定文書の一つだが、安保の適用外である沖縄はベトナム戦争での戦闘作戦行動に関して、事前協議を必要としなかった。新崎論文は一九九六年の著作だが、大田県政が打ち出した二〇一五年までに基地撤去のためのアクションプログラムについてふれ、①基地労働者と失業問題の解決のためのワーク・シェアリングなどの新たな発想が必要、②基地撤去はコンセンサスをみたが、跡地利用では国の高率補助と賠償引き取り要求の考え方を区別する必要がある、③基地を撤去しようと一致したら可能か。安全保障の問題としてあり、「本土移転反対」というスローガンでは沖縄と本土の連帯は絶対に実現しない――とまとめている（二〇頁）。③は憲法九条の実現の共闘を進めることから、構造的差別を克服するために、まずは応分の負担を主張することをどう実現するのかとする提起とも読み取れる。

5　沖縄の取り組みを語る

脱植民地化のために国連をいかに活用するか
——地元・沖縄での取り組みはどうなりますか。

松島　沖縄県議会での決議がいります。「非自治的地域リスト」への登録の決議が最初の取り組みです。決議すれば、この決議案を国連の脱植民地化特別委員会に送ることになります。最近では仏領ポリネシア[105]がリストに登録されています。沖縄県は太平洋諸島フォーラムという国際機関や、非同盟諸国の首脳会議などにもリスト化されるように支援を求め、最終的には脱植民地化特別委員会で琉球がリストに加われば、平和的に独立することが可能になります。

次の段階では、国連監視下での独立を問う住民投票です。日本政府の法律でも住民投票はできますが、独立賛成が過半数を占めても日本政府がその結果を認めなくては法的拘束力をもちません。国連のもとでの住民投票は違います。独立賛成が過半数を占めれば独立が可能になります。またリストに登録されれば、独立前から外交活動を行うことが可能になります。

住民投票で過半数の賛成を得たなら独立宣言を発し、国連に加盟申請します。いま琉球の脱植民地化のために国連をいかに活用するのかが、琉球人に問われています。

国際法で保障された政治的地位の変更を求める住民投票での選択肢には、完全独立、自由連合国、対等な立場での統合という三択があります。自由連合国や自治州などでは米軍基地を撤去できないため、米軍基地や自衛隊基地を撤去するには琉球では完全独立という選択肢しかありません。

完全独立が選択されれば、自らの政府・議会・裁判所を設置し、世界の国々に向けて国家承認を求めます。琉球は、国際法に基づいて世界の平和と独立を実現する機関・国連から支援を受ける権利があり、国連は琉球の脱植民地化を推し進める義務があります。それまでとる手法は言うまでもなく、非暴力であり、平和裏に独立の道を進むのです。

一九九六年以降、琉球人は国連の先住民作業部会や人種差別撤廃委員会などで脱植民地化の運動を進めてきたのです。これらの運動によって国連の委員会として、琉球人を先住民族と認め、在琉米軍基地の強制が人種差別にあたるとして日本政府に改善勧告と、琉球の歴史や文化に関する公教育（義務教育）を求めたのです。二〇〇八年以降のことです。さらに二〇〇九年にはユネスコが琉球の島々のことばを独自の言語と認めています。(106)

注105――二〇一三年に太平洋にある島嶼地域・仏領ポリネシアが同リストに登録された。まず、仏領ポリネシアの議会が同リスト登録を求める決議を採択し、それを国連本部に送付し、その過程で、非同盟諸国首脳会議という植民地から独立した世界の一〇〇以上の国々によって構成される国際組織が仏領ポリネシアの同リスト登録を支援した。これまでにリスト化されたのは、以下の地域だ。西サハラ、アングィラ、バミューダ、英領バージン諸島、ケイマン諸島、フォークランド（マルヴィナス）諸島、モントセラト、セントヘレナ、タークス・カイコス、米領バージン諸島、ジブラルタル、米領サモア、グァム、ニューカレドニア、ピトケアン、トケラウ、仏領ポリネシア。

金城　国連を活用した独立の歩みは間違ってはいません。しかし、地に足を踏みつけて、地元の人間が本当に独立を望んでいるのか、どうした闘いをしているのか。これがカギですよ。靖国裁判ではウチナーンチュは知らん顔でした。こんな状態で進めますか。

――金城さんの発言は現実のリアルな問題を焦点化、凝視せよということですが、国際的に開かれている琉球独立について、「宗主国」日本のリアルな動きを予想すると、独立の動きにストップをかけるのではないでしょうか。

松島　日本政府が琉球独立を拒否できる権限は国際法上ないのです。パレスチナの場合は、「非自治的地域リスト」ではありませんが、国連での活動は注目すべきことです。イスラエルやアメリカは、パレスチナの独立に反対しましたが、世界の一九三の国から構成される国連は二〇一二年一一月、パレスチナを「オブザーバー組織」から「オブザーバー国家」に格上げしました。スコットランド、スペインのカタルーニャ地方では住民投票での独立を目指しています。[107]

琉球は独立する過程で、国連、非同盟諸国首脳会議、太平洋諸島フォーラム、EU、ASEAN、国際的NGOなどを通じた琉球独立をサポートする国際的なネットワークを形成することになります。国連、非同盟諸国首脳会議、太平洋諸島フォーラム、ASEANなどに琉球はオブザーバーとして参加し、続いて正式加盟を目指すとともに多国間による安全保障条約を締結します。それとともにさまざまな国と二国間の平和条約を締結することになります。

――しかし、日本政府は領土を失うわけですから、そんな簡単ではない。あらゆる手段を講じて独立を阻止するはずです。国連でのロビー活動もそうですし、沖縄県議会、市町村議会での反対決議が当然出てきます。そうしたことも予想されているのでしょうか。

松島 日本政府が領土を失うと考えるかもしれませんが、もともと琉球は日本の領土ではないわけです。一八七九年の「琉球併合」までは独立した国であったものを日本が奪ったわけでしょう。琉球独

注106――国際人権規約（B規約）委員会最終意見では、「（自由権規約）委員会は、締約国がアイヌの人びと及び琉球・沖縄の人びとを特別な権利と保護を付与される民族と公式に認めていないことに懸念をもって留意する。締約国は、国内法によってアイヌの人びと及び琉球・沖縄の人びとを先住民族として明確に認め、彼らの文化遺産及び伝統的生活様式を保護し、促進し、彼らの土地の権利を認めるべきである（以下、略）」（二〇〇八年）とあり、国連人種差別撤廃委員会の総括所見では、「ユネスコが数多くの琉球の言語、そして沖縄の人びとの独自の民族性、歴史、文化、伝統を認知したことを強調しつつ、委員会は、沖縄の独自性について、当然払うべき認識に関する締約国の態度を遺憾に思うとともに、沖縄の人びとが被っている根強い差別に懸念を表明する。（中略）委員会は締約国に対し、沖縄の人びとが被っている差別を監視し、彼らの権利を促進し、適切な保護措置・保護政策を確立することを目的に、沖縄の人びとの代表と幅広い協議を行うよう奨励する」（二〇一〇年）。

注107――スコットランドは、二〇一四年九月一八日にイギリスからの独立を問う住民投票を実施。結果は僅差で独立には至らず。昨年、イギリスがEUからの離脱を国民投票で決めたが、スコットランドはEU離脱への反対票が多く、国の方針とは異なることから、第二の住民投票を準備中。現在、スコットランド民族党が同地域政治の政権を担っており、独立運動を展開している。二〇一二年九月には、スペインのカタルーニャ自治州で一五〇万人規模の独立を求めるデモがあり、二〇一七年一〇月一日には独立を問う住民投票で投票率四二・三%のうち約九〇%が独立を支持したが、中央政府は容認せず対立している。

立は「復国」を意味するのです。もとの国に返る。ただ琉球王国に戻るのではなく、非武装を国の柱として連邦共和の国として独立する。日本政府が領土を失うという主張は国際法上認められるものではありません。いざ独立に動き出したとき、沖縄県議会、市町村議会での反対決議案が出るでしょうか。独立反対の決議が可決される可能性は少ないでしょう。琉球人にとって自らの人権や誇りを守るために琉球独立しか残されていない段段で、反対決議案が出ても可決することはないからです。

――反対決議案が通らない段階まで説明されると、これはかなり飛躍があると思います。独立に動き出すというのは、どういう状態なのでしょうか。どういう経路をたどるのでしょうか。

松島　琉球人が日本人ではなく、独自な民族（人民）であり、日本による植民地支配を受け、独立を求めていることを国際社会が認める必要があります。その一番の舞台が国連です。一九九六年に私が市民外交センターという日本の国連ＮＧＯのメンバーとしてアイヌ民族と国連欧州本部で開催されていた人権委員会先住民作業部会で報告したことはすでに述べたとおりです。琉球人が国連を活用し、国際社会が琉球の抱える植民地問題を認識することで「非自治的地域リスト」に登録される可能性が高まります。国連に脱植民地化特別委員会があります。そのなかに「非自治的地域リスト」が設けられていて、このリストに入ることが最初の取り組みです。

米軍基地問題を根本的に変えるものに

――「地元の人間が本当に独立を望んでいるのか」というのは、民衆の共感を得るということになりますね。

金城　独立の見取り図というか、独立に至る方法、手続きを説明していただいた。そううまくことが運ぶのか。「コザ蜂起」では、自然発生的に五〇〇〇人もの人たちが立ち上がり、それも整然として抗議をした。名もない庶民です。それも、黒人兵には手をかけなかった。差別されているもの同士は反目することもある一方、相手の傷の深さがわかるのです。ウチナーンチュには少なからず恥や惨めな思いをもっている人がいますよ。それはインテリよりももっと強いはずです。教科書的に書かれた独立論ではどれだけ民衆の共感を得られるか。民衆の運動と共振しないといけない。

ただ、「コザ蜂起」は単発で終わった。そのことをどれだけ反省してきたのか、という課題があります。松島さんが「非暴力で平和裏」と言われたコザ蜂起の遺産を受け継ぐ創造的手法だと思います。

松島　以前の独立運動は「居酒屋独立論」と言われて思想的な部分が大きかった。そのことは否定しませんが、いまは米軍基地問題を具体的、根本的に変えるものとして独立論が注目されていると思います。

金城　沖縄のなかには、「独立してどうするのか」という否定的な人間が少なからずいます。琉球民族は日本民族に連なるという伊波普猷の説が底流にあるのでしょう。宮古、八重山と本島とことばが違うのは、それぞれ独自の文化をもっているのであって、それが民族を持ち出すことで、いっしょくたにすれば、日本民族という枠組みで攻めてくることにもなるのではないか。琉球独立のためには、多民族であってもいいわけですよ。松島さんが奄美諸島、沖縄諸島、宮古諸島、八重山諸島、私もその諸島を含めてウルマネシアと言われることに異論はありません。

辺野古のことはウチナーンチュがやる。これは主体的沖縄人として当然ですね。しかし、民族自決での違和感は何か。「沖縄ナショナリズム」を助長しないかということです。

琉球独立運動が国連の支援を得て、国際法に基づき、スコットランド、カタルーニャ、グァムなどの独立運動と連携することを進め、偏狭なナショナリズムを克服しようとしているのは評価します。しかし、以下が問題です。沖縄ナショナリズムから植民地支配してきた日本との連帯を無視し、いきなり国際法や他国との独立運動に進むことです。やはり違和感があります。

沖縄ナショナリズムなのか

――金城さんはこの間開かれた県民大会でいろいろ取り組まれてきました。

金城　そうです。沖縄ナショナリズム、排外主義に関して私が直面したことを紹介しましょう。昨年六月一九日の元米兵暴行殺人事件に抗議する県民集会のことです。キャサリン・ジェーンさんのアピールを主催者に求めました。神奈川県横須賀市の米兵にレイプされた被害女性です。同じ米軍の性犯罪被害者であり、米軍犯罪根絶のためにも被害のことを話すことは反基地運動で連帯が広がることにもなる。県民集会前に申し込んで手続きを踏むということですが。だが、主催者は取り合わなかった。私が主催者に「なぜだ」と問うと、こう答えたのです。「もう決まったことだ」「オール沖縄会議で決まった」「この大会はウチナーンチュだけでやる」。

私が納得しなかったのは「ウチナーンチュだけでやる」とのことばだった。「おまえら、バカか。日米地位協定の改定をアピールする最も大切な人物がジェーンだ」。

日米地位協定の改定を求めることが集会の大きな目標でしょう。米軍被害はヤマトゥであろうと沖縄であろうと、どこで起きていても指弾してともに解決を求めて闘わないといけない。ジェーンさんは県民集会でアピールできると思いやってきたが、会場で私を見るなり、「金城さん、ダメ」と叫んだのです。ジェーンさんが私に「金城さん口悪い、暴言ダメよ」。そう言われて、ハタとわれに帰りました。会場を離れて木の下でタバコをふかしながら、うなだれていました。

――ジェーンさんは二〇〇八年の辺野古新基地反対県民大会で初めてアピールしましたね。

金城　そうです。その集会のときは、服部良一衆議院議員（当時）が照屋寛徳衆議院議員に相談した。アポなしでしたが、壇上にあがって、米兵によるレイプ事件について初めて六万人の参加者にアピールすることができました。豪雨のなかで彼女はサングラスをかけて登壇しましたが、自らの身を晒《さら》した勇気と人権の尊重をかけた誇りある行動ですよ。彼女の二人の子どもの父は沖縄出身で、その身内は沖縄にいる。自分が大衆の前でアピールすることはすごいストレスがあったと思います。だから前夜から服部良一議員、知花昌一さん、比嘉啓治さんとで読谷村のアトリエで激励会を開き、会場まで三人でジェーンさんを連れて行ったんです。ところが今回の「オール沖縄」の県民大会では、まったく無視された。「オール沖縄」も琉球独立運動もウチナーンチュだけでという考えがあるなら、明らかに排外主義があるとみるのです。沖縄問題での対立軸をウチナー対ヤマトゥに持ち込んでいいのか。チェ・ゲバラの解放理論と実践を学ぶときではないのか。

――そのチェ・ゲバラの解放理論という例は、意味がわかりませんが。

金城　チェ・ゲバラはアルゼンチンの人ですよ。アルゼンチンの革命家なら、キューバ革命などに参加せず、アルゼンチンに帰れということになる。革命家としてアルゼンチン・ナショナリズムでなかった。キューバ革命に参加したチェ・ゲバラに学べということです。「ウチナー対ヤマトゥ」の対立軸を乗り越えることです。人権問題に排外主義などない。

松島　金城さんが主張されるように、ジェーンさんは県民大会で発言すべきであったと思います。もしも私が県民大会の主催者側であったらジェーンさんの発言を強く求めたでしょう。

ナショナリズムの定義にはいろいろありますが、私は「独立運動」としてそれを認識しています。ナショナリズムは、マイノリティ・ナショナリズムと、マジョリティ・ナショナリズムに分けることができます。前者は、スペインのカタルーニャ、バスク、イギリスのスコットランド、カナダのケベック、アメリカのグァムやハワイ、フランスの仏領ポリネシアやニューカレドニア、パレスチナなどのように、ある国による植民地支配から脱するために展開される、少数者による独立運動です。ある国のなかに住む少数者が集団的に弾圧され、犠牲にされ、そして差別の対象にされる場合に、そのような植民地体制から脱するための独立運動をマイノリティ・ナショナリズムと名づけることができます。戦前の帝国日本はマジョリティ・ナショナリズムで植民地、占領地を拡大していきました。マイノリティは暴力的な支配、統合を受けました。

朝鮮民族、中国の諸民族が日本の帝国主義と闘ったのは、マイノリティ・ナショナリズムです。ウィルソン米大統領が提唱した民族自決権が、抗日運動をしていた朝鮮人や中国人を励まし、独立運動を展開したのです。東京の朝鮮人留学生による二・八独立宣言や三・一独立宣言に基づく朝鮮独立運動、中国の五四運動はアジアの人びとが日本の国家主義に抗うために起こした「抵抗のナショナリズム」なのです。

金城　「抵抗のナショナリズム」が向かった先は、支配者でしょう。ただ、一九一九年の三・一独立運動を支援した日本人がいたかどうかわかりませんが、連帯する要素はあったわけですよ。

松島　マイノリティ・ナショナリズムは国際法でも、民族（人民）の自己決定権として認められています。琉球人は日本人ではなく、独自の民族です。琉球人にも自己決定権が国際法によって認められており、独立運動つまりナショナリズム運動を進めることができるのです。

しかし、日本ナショナリズムのように自民族中心主義に陥ってはなりません。他の民族と平等なポジションを保持し、平和・友好な関係を築き上げる必要があります。琉球国はアジアの国々と交流してきたという経験があり、自民族中心主義に陥らないナショナリズムを育むことができるのです。

琉球全域で琉球諸語の復興運動が活発に展開されてきました。琉球人のウチナーンチュ意識が現在でも強固に生き続けていることを考えると、琉球ナショナリズムはいまでも健在であり、かえって強化されていることがわかります。日本政府による琉球への弾圧、差別、植民地支配が強化されればされるほど、琉球ナショナリズムは強まる傾向があります。

——金城さんが何度も言われた連帯ということではどうなるのでしょうか。

松島　琉球独立から一足飛びに世界主義になるのではなく、その間に東アジア共同体の形成が必要になるでしょう。EUのように脱国境の政策、制度をつくり、人、モノ、企業、情報の自由な交流を促し、アジア地域の平和や発展を形成する。それは琉球の平和や発展を保障するでしょう。世界の政治・経済の重要なセンターになりつつある東アジアで、脱国境の広域共同体ができれば、それは世界全体の平和や発展にも直結します。私が考える琉球ナショナリズムは閉鎖的なものではなく、インターナショナリズムと不即不離の関係にあります。その意味で金城さんのお考えと近いと言えます。

金城　繰り返しになりますが、ナショナリズムではなくインターナショナリズムで進むべきです。

——「ナショナリズムではなくインターナショナリズム」は、実現困難ではないですか。というのは、近代国民国家は差別や侵略を生んだわけです。国家樹立は求心力を求めるから排除もおきます。そういう危険性があるのではないか。社会主義での平等やコミンテルン（世界共産主義）は成功しなかっ

た。独裁や民衆の圧迫を重ねてきた。

松島　国家を志向しない独立議論はありえません。なぜ国家を志向するのか。日本という国民国家からの暴力を回避し、自らの力で平和と発展を実現するためです。欧米諸国、日本のような近代国民国家は帝国主義的で、他国を侵略し、領土を拡大し、国民を戦争に駆り立てました。琉球がそのような国になるわけがありません。主権在民、立憲主義、平和主義、基本的人権を尊重した憲法を制定した国になるのです。地球上には近代国民国家だけがあるわけではなく、その犠牲になった植民地は近代国民国家の暴力性を超克するために独立の道を選んだのです。独立後、すべての旧植民地が平和な発展をしなかったわけですが、その事例をも検討して、琉球らしい国作りをわれわれの手ですればいいのです。

コミンテルンがインターナショナリズムというのは過去の話です。琉球独立運動は、特定のイデオロギーに基づいて展開されているのではなく、抵抗する民族運動が原動力になっています。カタルーニャ、バスク、スコットランド、クルドなど、マイノリティ・ナショナリズムは、世界的な連帯と協力で進められています。琉球独立でも、国連、国際機関、世界のウチナーンチュ、非同盟諸国首脳会議、太平洋諸島フォーラムなど、国境や民族を越えた国際機関や人びとの支援を受けなければ、その実現は不可能でしょう。琉球独立は、国際法に基づき国連の場で平和的に進められるので、インターナショナリズムにならないといけないのです。

金城　国家があるから国境問題とか出てくるわけでしょう。私は国家がなくてもいいと思っています。では、なぜ「琉球独立は可能か」か。相手は日本国でしょう。琉球国を対置するから最正面から組んで日本国と闘えるわけでしょう。琉球国という設定の仕方に私は文句はないです。漠然と世界に向かって闘うわけではないでしょう。同じ土俵に上がる。国家という概念をもちながら闘うことです。松島さんが言われた国家像が目標でしょう。

インターナショナルですが、芸術に国境がないとよく言われますでしょう。彫刻にしろ、絵画にしろ、音楽にしろそうでしょう。その点は絵に描いた餅ではない。韓国で「恨之碑」を創ったのは、ナショナリズム的な関係に縛られていないからです。芸術活動をしているとインターナショナルがよく見えるんですよ。ところが政治と経済が絡むとややこしくなる。戦前の翼賛体制に飲みこまれていった日本の芸術観は真逆でした。インターナショナルと。

理念は現実とは遊離していない

――話は現実、直近の取り組みに移りますが、どうでしょうか。

松島　二〇一四年二月の琉球民族独立学会の総会では四つの抗議声明[108]を全会一致で採択しました。『琉球独立―御真人の疑問にお答えします』(Ryukyu 企画、二〇一四年)でも紹介しました。日本政府の南西諸島防衛政策の強化に抗議する活動を強めています。

金城　南西諸島の軍事強化がどう進んでいるか、ヤマトゥの人にはほとんど伝わっていない。

松島　琉球民族独立学会の共同代表が二〇一五年に外務省沖縄事務所に行き、日本政府に対して琉球国を国として認めること、基地の押しつけに対する謝罪などを求めました。しかし日本政府は「琉球国は存在しない」と述べ、琉球併合に対する謝罪もしませんでした。また米軍基地問題は人権問題ではないとして、謝罪を拒否しました。日本政府の認識を明らかにしていくのも独立運動の実践の一つです。

さらに、豊見城市議会が採択した、国連勧告撤回を日本政府に求める意見書に対する琉球民族独立学会の取り組みがあります。二〇一六年、豊見城市議会が採択した、国連勧告撤回を日本政府に求める意見書に対して琉球民族独立学会と私が連名で抗議したことをあげましょう。国会での発言[109]もありますが、ここでは豊見城市議会の意見書について述べます。

国連はこれまで何度か琉球人は先住民族であると認め、独自な歴史や文化を踏まえた教育制度の実施を日本政府に勧告し、米軍基地の押しつけを人種差別であると批判しました。それに対して豊見城市議会は二〇一五年一二月定例会において意見書を採択したのです。その意見書は、私の名前(誤字を含む)を公表しながら、これまで国連活動を実施してきた琉球人の団体を批判しました。私自身の

注108——抗議声明のうち下地島自衛隊配備問題は、安倍政権の「離島防衛」強化から、軍事利用を決して行わない(「屋良覚書」)と一九七一年に決めた下地島空港を含む宮古諸島に自衛隊を配備しようとしていることへの抗議だ。航空自衛隊宮古分屯基地を最新型に更新して島の軍事機能を強化するほか、石垣島への陸上自衛隊警備部隊配備、与那国島への陸上自衛隊沿岸監視部隊配備などを実施している。さらに、宮古・八重山諸島に自衛隊戦闘機配備に関する調査が二〇一三年度からスタートしている。尖閣諸島の「日本国有化」以降、琉球が再び戦場になる危機に直面することになった。

人権を侵す行為を、地方自治法九九条に基づいた意見書を通じて行ったので、同市議会に謝罪とオープンな場での議論を求めましたが、拒否されました。私の名前の誤字を訂正しただけです。

――公論化というのは重要ですが、話し合いは無理でしたか。

松島 ええ、拒否されました。意見書には次のような文言が記載されていました。

「私たち沖縄県民は米軍統治下の時代でも常に日本人としての自覚を維持しており、祖国復帰を強く願い続け、一九七二年（昭和四七年）五月一五日祖国復帰を果たした。そしてその後も他府県の国民とまったく同じく日本人としての平和と幸福を享受し続けている」

これは米軍基地に伴う被害を受けている琉球の現実そのものを否定しています。なぜ公的機関である市議会がこのようなウソをつくのでしょうか。

二番目はこうです。

「先住民の権利を主張すると、全国から沖縄県民は日本人ではないマイノリティと見なされることになり、逆に差別を呼びこむことになります」

金城 そういう発想は、かつての人類館事件と同じ論理だね。

松島 琉球人が内国勧業博覧会の「人類館」で見せ物にされたとき、琉球の新聞社が「自分たちは日本国臣民である、他の民族と一緒にするな」という内容の意見を述べました。差別する側を批判するのではなく、差別される側が他者を差別し、同化をさらに進めることで差別から脱却しようとする、間違った行為です。この同化が「天皇のために死んでも構わない」という琉球人を生んだのです。金城さんが一貫して主張されている天皇制と琉球に関わることですね。

二〇一六年五月には石垣市議会でも同様な意見書が採択されました。米軍や自衛隊の軍備強化がはかられる琉球では、戦争の島になってもかまわない、喜んで日本のために闘うという同化の動きがこ

注109——二〇一六年四月二七日、沖縄県選出の宮崎政久衆議院議員（当時）は衆議院内閣委員会で次のような内容の質問を行った。①国連から沖縄県民は先住民族であり、さまざまな措置をすべきとの勧告を我が国は受けているが、事実と異なる。日本政府は国連に抗議すべきだ、②民族分断工作と言ってもいい。放置しないでほしい、③国連の勧告は国益に関わる大きなリスクだ。尖閣諸島を含む沖縄の土地や天然資源を日本が保持し沖縄は尖閣諸島を含めて日本の国土である④柳田国男の『方言周圏論』に明らかなように、日本語を使う日本人が古来から沖縄に住んでいる。沖縄県民はまぎれもなく日本人であり、先住民族ではない。日本政府は、承服できない国連の勧告を撤回させてほしい。これに対して著者（松島泰勝）は、日本の植民地主義、帝国主義的な側面が宮崎議員の発言を通じて明らかになったとして、次のように反論している。①琉球人の存在や国際法で保障された政治的地位を認めない、戦前の「皇民化」を彷彿とさせる発言だ。琉球国を滅ぼし、琉球人を皇民化政策を通じて日本人化し、琉球の土地を戦場にし、広大な米軍基地を押し付けているのが日本政府だ、②「先住民族としての琉球人」と「日本に同化した琉球人」のような「民族分断工作」を行ったのはむしろ日本政府の方だ、③日本政府の尖閣諸島（魚釣島）領有の根拠は、琉球併合で琉球国を滅ぼしたことにある。この併合は国際法違反だ。「尖閣諸島を含む沖縄の土地や天然資源」を日本が保持しているという歴史的、法的根拠は虚構でしかない、④琉球人が先住民族であることを拒否することで、尖閣諸島をはじめとする琉球の領有化を正当化しようとしている。国連機関のユネスコは、琉球諸語が日本語とは異なる独立した言語であると位置づけている。現在の言語学者も琉球諸語を「方言」ではなく「言語」として研究し、復興運動を琉球人は活発に行うようになった。宮崎議員の発言は科学的な根拠を欠く仮説でしかない（「琉球人の自己決定権を否定する『再皇民化運動』批判」『うるまネシア』（第二一号、二〇一七年）からまとめた）。

れまでになく進んでいます。

さらに三番目です。

「私たちは沖縄戦において祖国日本・郷土沖縄を命がけで日本人として守り抜いた先人の思いを決して忘れてはならない」

沖縄戦では「軍隊は住民を守らない」というのが大きな教訓となり、「命《ぬち》どぅ宝」ということばが生まれました。しかしこの意見書には戦争に対する反省のカケラもない。日本は戦争ができる国になってきていますが、日米両軍の基地機能が急速に強化されている琉球が戦場になる恐れが高くなっています。「オール沖縄」はそのような動きに対する抵抗運動ですが、琉球内部から抵抗運動を破壊しようとする反動的な動きが現職の市議会議員たちによって展開されています。

琉球人が先住民族であるとする国連勧告を否定する運動は、沖縄県内だけでなく、日本全国規模で行われています。その背景には日本最大の右翼組織である日本《にっぽん》会議があります。琉球人が先住民族であることにより、国際法で保障された自己決定権を有することが可能になります。国連勧告撤回を主張する市議は、琉球人の自己決定権を否定する、つまり琉球独立をも否定することを意味します。

金城　抗議していくことは当然でしょう。一つひとつ反論していくことですね。ただ国連の勧告は強制力がない限界がありますね。いくら勧告を出しても改善しないこともありうる。また国連は連合体ですから、各国の思惑ですんなりと進まない。

焦点4 遺骨問題に露呈した日本の植民地主義

松島　アイヌ民族との交流は続いています。アイヌ民族は遺骨問題で、大学が研究の名目で遺族に無断で墓から掘り出したことに抗議し、自分たちの村（コタン）への返還を求めています。明治時代から一九七〇年代まで大学（北海道大学など）が遺骨を集めてきました。実は琉球民族の遺骨も不法に奪われているんですね。京都大学、九州大学をはじめ、人類学の研究名目で主に旧帝国大学が保管しています。日本政府はアイヌ民族を先住民族として認めて、文部科学省は大学にある遺骨について調査に入り、返却を指導しています。琉球民族の場合も、例えば今帰仁《なきじん》村の百按司《モモジャナ》墓から二六体の遺骨が遺族に無断で掘り出され、いま京都大学の総合博物館に保管されています。ほかの百按司の遺骨は国立台湾大学にもあります。

私はその遺骨を見せてほしい、いくつかの質問に答えてほしいと京都大学に要求していますが、「個々の要求には一切答えられない」と、交渉すら応じようとはしていません。また、形質人類学などの専門的な知識をもった人でしか見せられないとして拒絶しています。学者の特権性を楯にしています。日本の大学や研究者の植民地主義、帝国主義の現れが克服されていないのです。京都大学はアイヌ民族の遺骨返還のためのワーキンググループを結成して調査をしていますが、琉球の場合は遺骨を見せることもしないのです。情報公開法などで公開を得たいし、遺骨が眠っていた百按司の墓に返したい。

ただ遺骨はほかにも、旧植民地だった朝鮮人、台湾原住民族、中国大陸の諸民族なども同様の方法で遺族に無断で大学に集められています。当然、植民地支配の清算という面からすれば返還しなければならないでしょう。琉球人の遺骨の返還は、琉球独立と関係するのです。

金城 『琉球新報』が報じる以前から、アイヌ民族の友人から遺骨問題の取り組みの件は聞いていました。沖縄でも同様の問題があることの指摘も受けていましたが、松島さんが遺骨返還の要求を京都大学と交渉しておられることは今回初めて知りました。私自身が取り組みもせずに発言するのは軽率かもしれませんが、重要な取り組みです。

松島 今後は京都大学との交渉を続け、今年一〇月と一二月には京都で、来年三月には琉球で開催される学術シンポジウムにおいて遺骨問題を提起し、国内外にこの問題を発信し、返還を実現したいです。

6　琉球連邦共和国を樹立する

人間の尊厳をかけた末に

――最後に琉球独立の展望ということではどうでしょうか。

金城　「芸術が解放たりうるか」「芸術は民衆と創る」が終生のテーマですが、そのことを最初に実感したのは、大阪市立文の里夜間中学で生徒たちと共同制作した「オモニの像」（一九七五年）に立ち返ります。三人のオモニ（母さん）が像のモデルになり制作が進んだわけです。除幕式の会場に生徒のオモニたちの姿が見えないのです。するとどうでしょうか、三〇人以上のオモニが体育館でチマ・チョゴリに着替えてから現れたのです。そして「オモニの像」の前で朝鮮民謡「アリラン」を歌い、彫刻のまわりで踊り出したんです。「オモニの像」がなんらかの影響を与えた。民衆とともに創る彫刻は、心を解き放つことができる。今年二つのテレビ作品で紹介されました（二〇一七年六月三日放映のNHK大阪放送局制作「沖縄を叫ぶ―彫刻家・金城実」と、二〇一七年八月六日放映のNHK本部制作「沖縄は我が念仏」）。

琉球独立は芸術行為に刺激を与えるものでなくてはならない。創作に対して刺激的でなくてはならない。少女暴行事件があった九五年以降、さてどうなのか。これは独立を占うもう一つの視点ですよ。全体主義社会で芸術は弾圧されるが、独立の気風は逆でしょう。いまはどうなのでしょうか。

虐げられた民衆の人間としての誇りを彫刻作品とし、沖縄戦を造形に背負い込んで「戦争と人間」のテーマで作品を創り続けました。さらに靖国神社違憲訴訟を三〇年間闘ってきたことも作品に影響を及ぼしています。志願兵として戦死した親父のこと、生まれた浜比嘉島に向き合ってきた。そのことが常に、最初に創った「漁夫マカリ」像と向き合うことにもなるんです。

さらに野仏《のぼとけ》と鬼を大木に刻み、親鸞像を彫った後、野仏と鬼をテーマにして大木に刻んできました。では、私が辺野古・高江の反基地の闘いに背を向けて内向的になっているのか。そうではない。親鸞と出会い、親鸞像を彫り、そして野仏、鬼の作品へと進んだのです。親鸞聖人とは玉光順正さんの兵庫県の寺での講演で出会ったんですが、親鸞聖人は現世こそ浄土と説いていますよ。現世を浄土にするため権力と闘うことです。琉球独立は闘うことでしか獲得できません。

「現世こそ浄土」は、靖国裁判を闘うことで芽生えてきたのです。一九八五年の裁判（注30参照）で、中曽根康弘首相が「靖国は日本の伝統文化」と豪語した。そのころに家永三郎さんの沖縄戦の教科書記述をめぐる裁判が闘われていました。「集団自決」が「強制集団死」と定義し直された。沖縄戦の認識が深まることで次第に親鸞の文言が迫ってきたのです。「主上臣下、法に背き義に違い、怒りを成し怨を結ぶ」という言葉です。長年考えてきた天皇制について親鸞に励まされました。念仏による浄土、それは現世でこそ実現するものです。闘いを厭わないことを教えている。天皇制と闘うことと琉球独立は結びつくのです。さらに「恨を解き浄土を生きる」という言葉にたどり着く。「恨」は個人ではなく民族に昇華した言葉です。その「恨」を解いて、つまり泣いたり、わめいたりするのではなく、悲劇を乗り越え二度と戦争のない世界を創っていくこと。ここで「現世こそ浄土」とは、「恨を解き浄土を生きる」ことで実現させていくのです。人間の誇りを拝もうではありませんか。

松島 平和的に独立を果たすのが最も基本です。国連の制度を活用していくことで、国内法では不可能な住民投票での独立への道を歩むことになります。例として登山をあげればわかりやすいでしょう。たしかに登り口は違うでしょう。しかし、目指す方向は同じなわけです。基地をなくす、差別をなくす、脱植民地化をはかる。大同団結して独立を目指すことは賛成です。琉球人だけで独立運動をやると考えるのではなく、多くの人びとで進めることは重要です。振り返ってみれば、植民地の多くは、分裂、対立させられてきたんです。力を弱めるのが権力側の常套手段でした。そうならないためにどうするか。団結して独立を掲げる、突きつける。日本政府に対する大きな力になると思います。しかし、もう我慢の限界に来ています。軍事的植民地の実態をどう変えるのか。そのまま甘んじることなどできません。琉球独立は日本との関係において最後の切り札でもあります。

——松島さんの多様な登り口という指摘を受けて紹介したいのですが、一九九五年の少女暴行事件後、琉球独立をめぐり活発な議論が起きました。事件後まもない同年一一月二四日に「沖縄自立を求める市民フォーラム」が生まれたほか(注97参照)、一九九七年五月一四、一五日には、「沖縄独立の可能性をめぐる激論会」が開かれました。以降、自立・独立への熱気が冷めることはありません。

金城 彫刻家ですから、松島さんのように経済学や国際法から話はできませんでした。最後ですから、彫刻家の人生を振り返り話しましょう。私が影響を最も受けた彫刻家はロダンです。彼の作品に「美しかりしオーミエール」があります。ロダンのモデルをしていた息子に会いに来た母親を描いた作品です．彫刻といえば、美しいフォルム、肉体、英雄を造形してきたものですが、ロダンは違った。年老いた老婆となったその母親の肉体は皺だらけになり、乳房は干した梅干しのように萎んでいる。それをロダンは「美しかりしオーミエール」と名づけた。ロダンはこれまで芸術家が関心を向けなかった人間を創造したのです。わかりますか。着飾った美の世界を見ていたのではわからない民衆の痛苦の半生を形象化したのです。

なぜ私は「美しかりしオーミエール」をあげたか。琉球独立の土壌は民衆にあるし、その民衆の姿から理念や論説が遠くにあってはならない。土壌が豊穣になれば自ずと独立できる。最底辺に生きざるをえない民衆が声をあげられるかどうかです。琉球独立は「はったりだ」と言うと、眉をひそめられるかもしれませんが、「一〇〇メートルレリーフ」制作を始めるときも、「やるぞ」と言ったときは、はっきりした見通しはなかった。しかし、カンパが全国から集まってきました。そして「一〇〇メートルレリーフ」は完成しました。よく問われるのは、独立運動をどう広げるか、です。独立に向けて、風、空気を創ることです。権力はいつも空気を作る。一〇月選挙では国難突破解散とかね。われわれは「独立するぞ」「独立するぞ」と風を吹かすんです。居酒屋でね。「戦争と人間」というテーマでは、どうしてもブルドーザーがほしかった。居酒屋で言っていたら、一四トンもあるブルドーザーを贈る人が出てきた。ずっと独立を叫ぶんです。

——松島さんの琉球独立論を評価される新川明さんが、いま住民投票したら独立賛成派は少ないし無理だ、と。将来ビジョンを立てて意識改革を促して、十分に住民投票に耐える段階で実行すればよいと語っています[110]。

松島　世界において「独立」は本当に到達できるリアリティのある解放の道なのです。スコットランドですら僅差で独立しそうですし、本国から離脱しようとする分離独立（琉球独立は「復国」）を求める地域、人びとは全世界に多様にあります。グァム、ハワイ、イリアンジャヤ（ニューギニア島の西半分・パプア州）など、あげればキリがありません。沖縄戦で琉球人の四人に一人が犠牲になった戦争体験、在琉米軍による軍事基地被害を受けてきたことから、私が先にあげた将来上のビジョンをはっきりもって取り組みむことです。そして、非武装を掲げた平和憲法をもつ琉球連邦共和国を目指します。

——長い間、琉球独立のテーマをより深めるため、理念論争になりがちなテーマを幅広く論じることで、現在沖縄が直面している問題点、克服しなくてはならない課題を、忌憚《きたん》なく出していただき議論していただきました。ありがとうございました。

注110——前掲『沖縄の自立と日本——「復帰」四〇年の問いかけ』一八九頁。新川明が指摘した住民投票は松島が指摘した国連監視下での住民投票を意味する。

◎著者から──────金城実

フランス革命と「コザ蜂起」──物言われぬ民衆が立ち上がることと琉球独立

フランスの画家ドラクロアの傑作に「民衆を導く自由の女神」という作品があります。フランス革命の民衆の蜂起を描いた作品です。

高く掲げた右手にフランス革命の象徴である三色旗を握りしめて人びとを先導する女性は上半身裸で胸もあらわです。女性の右側には銃をもった中年の男性が付き従っています。左側には少年が描かれています。右側の男性は、実は作者のドラクロアと言われています。少年は「浮浪児」だということです。女性は「自由の女神」ということですが、当時は女性の上半身裸の絵画を描くことは禁じられていた。なぜフランス革命を先導するのがタブー視されていた上半身裸の女性なのか。私は不思議でならないのです。彫刻家の自由奔放な想像ですが、娼婦のイメージがありますね。少年は「浮浪児」ではなく極道ではなかったのか。

ここでなぜ私が娼婦ということで意味づけるのか、です。フランス革命で先陣を切ったのは経済力をつけたブルジョアジーと歴史家は言いますが、私の見方は違う。最初に市民が蜂起したのは、一七八九年七月一日のバスティーユ牢獄襲撃事件です。そこで起きたことは群衆が牢獄になだれ込み七人の囚人を解放させた。この群衆の中に娼婦たちも加わっていた、というのが私の見方です。最も社会の底辺で呻吟していたのは、女性の中でも娼婦たちでしょう。社会的にもの言えるインテりや有力者ではない。しかし、革命では大きな役割をはたしてきたのではないか。

ここでドラクロアの作品に帰ります。ドラクロアはこの革命の深層を知っていた。だからこそ、ドラクロアは当時絵画作品で裸婦を描かれることはまれだったにもかかわらず、上半身裸の女性を作品の中央にすえた。彫刻家の勝手な解釈かもしれませんが、革命というのはそういう底辺の民衆の蜂起が社会を動かす、変えていくことだと思うのです。

その女性の横になぜ社会から疎外されていた少年がいるのか。作者ドラクロアは革命の主役がこの二人であることをよくわかっていたのではないでしょうか。ドラクロアとも言われる中年の男性は、銃で倒すべき王制に向いているとしても、女性と子どもを守るために銃を握りしめているとも読み取れるのです。

一九世紀のフランス革命から二世紀たって数多くの思想家、作家が輩出しました。サルトルやボーボワール、マルロー、カミュなどですね。当時のマルクス主義の影響もありますが、社会と自分を問う感性が鋭敏であったとも言えますし、社会の底から解放を求める人たちの突き上げが強かったこともあると思います。

「コザ蜂起」のことは対談で何度も論及しましたが、以下のようなことは正史では記されていませんが、米兵の相手をしていた女性が弾圧する米兵の車に石を投げて抵抗したというのです。その後徹底した警察の捜査が行われた。米兵が出入りするバーなどを一軒一軒訪ねて、「コザ事件に参加した仲間がいなかったか」と捜査していった。ところが、飲み屋の女性が食ってかかったというんですよ。

「沖縄の警察だろう。なぜそんなことを調べるのか」と。そして「わたしらは参加しました」と。「コザ蜂起」に参加した人たちへの弾圧はすさまじく、大半の人は沈黙を強いられて表に出なかった時代ですよ。しかし彼女たちはそうではなかった。ある市民活動家から聞いたことです。

私は大阪に住んでいて「コザ蜂起」の場にいませんが、常にそのシーンが浮かぶのです。一〇〇メートルレリーフで「コザ蜂起」を描いたタテ三メートル×ヨコ五メートルの作品があります。コザ市内の歓楽街で働く女性が米兵の車に火をつけ、石を投げるシーンを表しました。

琉球独立とは一つの革命でしょう。社会の底辺にいる民衆がどう動くかです。そこで、ヤクザものと言われた人のことも消されてはいけません。社会から排除されてきたからこそ住む世界の軸足を移さざるをえなかった。自分の居場所がなかったから、極道の場に居場所を見つけた。

市民運動は、いくら市民的権利から平等を求める運動といっても相手にするわけではない。排除する。彼らは常に加害者であり、市民社会の敵だからです。

一方、こういう話もあります。米兵が沖縄の歓楽街で暴れていたら、ヤクザものが殴り込みに行ったと聞きました。話してくれたのは友人の空手の猛者《もさ》です。バーなどで雇われたのではないとも。社会から徹底して排除されてきたから、何よりも抵抗精神が強い。だから米軍統治下で横暴な米兵を見過ごさなかった。

こうした話も紹介しましょう。右翼グループに入っていた島の後輩が、いまは「本土」で会社を経営して企業を軌道に乗せています。かつて知花昌一さんが「沖縄国体」で「日の丸」を焼いた事件に関して、知花さんを襲撃する事件にも関与したらしい。しかし、いまでは反省して沖縄のことを憂いている。「本土」から何度も辺野古の闘争の応援に来るんですね。

彼の例を出したのは、社会変革の営みで排除していては、社会から疎外されたままです。加害—被害を越える抜き差しならない共通のものがあれば越えていけるのです。ただ暴力を認めるということでは決してない。共通の社会的正義をもつ取り組みをするということです。個別の運動、取り組みでは実現しており、市民社会を変革する運動が生まれています。社会総体を問う革命という社会運動の窮境の場で実現できるかです。共和制や非武装という目標を掲げた琉球独立でしょう。たしかに、琉球独立の理論や学問的研究は最近の成果です。問題は底辺にどう目を向けるかです。

琉球自治共和国連邦独立宣言

二〇一〇年、われわれは「琉球自治共和国連邦」として独立を宣言する。現在、日本国土の〇・六%しかない沖縄県は米軍基地の七四%を押し付けられている。これは明らかな差別である。

二〇〇九年に民主党党首・鳩山由紀夫氏は「最低でも県外」に基地を移設すると琉球人の前で約束した。政権交代して日本国総理大臣になったが、その約束は本年五月の日米合意で、紙屑のように破り捨てられ、辺野古への新基地建設が決められた。

さらに琉球文化圏の徳之島に米軍訓練を移動しようとしている。日本政府は、琉球弧全体を米国に生贄の羊として差し出した。

日本政府は自国民である琉球人の生命や平和な生活を切り捨て、米国との同盟関係を選んだのだ。

琉球人は一九七二年の祖国復帰前から基地の撤去を叫び続けてきたが、今なお米軍基地は琉球人の眼前にある。基地があることによる事件・事故は止むことがない。

日本国民にとって米軍の基地問題とは何か？　琉球人を犠牲にして、すべての日本人は「日本国の平和と繁栄」を正当化できるのか？

われわれの意思や民族としての生きる権利を無視して米軍基地を押し付けることはできない。いまだに米国から自立することができない日本国の配下にあるわれわれ琉球人は、絶えず戦争の脅威におびえ続け、平和に暮らすことができない。

琉球人はいま、日本国から独立を宣言する。奄美諸島、沖縄諸島、宮古諸島、八重山諸島からなる琉球弧の島々は各々が対等な立場で自治共和国連邦を構成する。

琉球は三山時代（一四世紀半ば〜一五世紀初期）を経て、一四二九年に琉球王国として統一された。その後一六〇九年、薩摩藩は琉球王国に侵略し、奄美諸島を直轄領とし、琉球王国を間接支配下に置いた。

一八五〇年代半ばに琉球王国は米・蘭・仏と修交条約を結んだ。一八七二年に日本国は琉球王国を一方的に自国の「琉球藩」と位置づけ、自らの命令に従わなかったという理由で一八七九年、「琉球処分」を行い、「琉球王国」を日本国に併合した。

その後、琉球王国の支配者たちは清国に亡命して独立闘争を展開した。日本国に属した期間は一八七九年から一九四五年、一九七二年から二〇一〇年までのわずか一〇四年間にすぎない。琉球が独立国であった期間の方がはるかに長いのである。

太平洋の小さな島嶼国をみると、わずか数万の人口にすぎない島々が独立し国連に加盟している。これらの島嶼国は、民族の自立と自存を守るために、一人ひとりの島民が「自治的自覚」を持って独立の道を選んだのである。国際法でも「人民の自己決定権」が保障されている。琉球も日本国から独立できるのは言うまでもない。

これからも日本政府は、「振興開発」という名目で琉球人を金《かね》で支配し、辺野古をはじめとする基地建設を進めていくだろう。

長い歴史と文化、そして豊かな自然を有するわが琉球弧は、民族としての誇り、平和な生活、豊かで美しい自然をカネで売り渡すことは決してしない。平和運動の大先達・阿波根昌鴻は「土地は万年、金は一年」と叫び、米軍と闘った。

われわれ琉球人は自らの土地をこれ以上、米軍基地として使わせないために、日本国から独立することを宣言する。そして独立とともに米軍基地を日本国にお返しする。

二〇一〇年六月二三日　慰霊の日に

呼びかけ人　松島 泰勝

呼びかけ人　石垣 金星

あとがき

子どもたちの未来はどうなる――金城実

今年七月二六日の大田昌秀(11)元知事沖縄県民葬から読谷村のアトリエに帰って、待っていたのは、近くの四歳の男の子でした。

彼は画用紙にマーカーペンを走らせた。ぐちゃぐちゃにしか見えない線の造形に、私はポタリ、ポタリと水を落とした。すると画用紙マーカーペンのインクが溶けて画用紙いっぱいに広がりました。

大田知事の沖縄県民葬で、知事が沖縄の未来を心配していることを知りました。画用紙にたらした水が広がったように、やがて八〇歳を迎える私の行為が、あの子の未来を開く何らかの役目をはたせるのか。知事の言葉がいまも思い浮かぶのです。

琉球独立研究で次々と文章を発表してきた松島泰勝さんとの対談で、よくわかったことは、琉球人の遺骨返還運動など植民地責任を問う運動をどんどんやられていることです。研究の場で留まっていない。太平洋島嶼部での三年に及ぶ生活が、琉球独立に確信をもたせたことです。

私は琉球独立が簡単に達成できるとは思っていません。琉球独立は分離独立ではなく復国だと松島さんは言う。私は革命だと思っています。だからこそ社会の底辺で呻吟《しんぎん》しもの言わぬ民衆に目を向け、彼ら、彼女らが主役となる社会を創ることです。

琉球独立のためには求心力が必要です。日本政府の沖縄に対する弾圧はその求心力を日々強めています。今後課題となってくるのは、牽引する琉球ナショナリズムが排外主義を生まないのかという点です。このことを松島さんに何度も問い、松島さんは真摯《しんし》に応じてくれました。しつこく問うたのは、連帯を何よりも求めるからです。

私は「コザ蜂起」の歴史的意味を反芻します。弱さから単発で終わった歴史から学ばなければなりません。編者の川瀬俊治さんには、長い間ご苦労をかけました。

注111――おおた・まさひで。一九二五―二〇一七。沖縄県久米島生まれ。沖縄師範学校在学中に鉄血勤皇隊の一員として動員をされる。琉球大学退官後に一九九〇年から九八年まで沖縄県知事。著書に『沖縄の民衆意識』『鉄血勤皇隊』『総史沖縄戦』など多数。一九九〇年に琉球大学を定年退職に際して公開最終講座を行ったが、民俗学者柳田国男の言葉を引用して、沖縄が差別を受けたり偏見の対象になっていることに悲嘆したりすることに対して、「差別されている状況にあるということ、その状態に徹底して、どうしてそういうことが起こるか、どうすれば改善されるかということを、沖縄の人が研究すべきである。そうすれば、その恩恵は単に沖縄だけにではなく、全国に行き渡り、さらには世界各国、全ての人類に行き渡っていく大きな光になるだろうと、ということを言っておられる」と語り、その教えに忠実に生きたいと結んでいる（東江平之など三者編『沖縄を考える　大田昌秀教授退官記念集』一九九〇年、五一〇―五一一頁）。近年は琉球独立に関心をもっていたとされ、対談集の相手となった作家佐藤優は独立論をどう考えるかという宿題を出されていると書いている（『世界』二〇一七年八月号）。

琉球民衆への怒りを共有して――松島泰勝

今年八月、衆議院議員の照屋寛徳さんから琉球人遺骨返還に関するお電話を頂戴した。照屋さんは国政調査権を発動し、文科省を通じて京大に対して「百按司墓琉球人遺骨」に関する七つの照会を行ってくださった。同月、私は琉球民族遺骨返還研究会代表として京大総長の山極壽一氏に対して琉球人遺骨返還に関する要望・質問書を提出するとともに、遺骨関連の情報開示請求を行った。アイヌ民族と同じように、琉球人は自らの領土を日本政府によって奪われただけでなく、遺骨も日本人研究者によって盗掘され、いまだに返還されていない。琉球人差別はいまでも続いているが、遺骨の盗掘と大学での保管はその最たるものである。

照屋さんは、琉球民族独立総合研究学会の公開シンポで基調講演してくださり、琉球独立を主張するとともに、戦後間もなく作られた「幻の琉球独立旗」を見せてくださった。照屋さんはパラオ共和国の独立式典に、「金武湾を守る会」の安里清信さんとともに参加されたこともある。また照屋さんは電話口で「金城実さんは私の前原高校の先輩です。琉球独立に関するお二人の対談本の出版を楽しみにしています」と語られた。

今年六月、私は金城さんのアトリエを訪問した。金城さんの作品には島を守り、差別と闘った人びとの像が多い。アトリエには安里さんの彫刻もあったが、安里さんはパラオにおいて「沖縄も独立できる」と述べたという。また中国独立のために闘った魯迅の像もあり、壁には「琉球の独立を！」という言葉が大書してあった。金城さんは琉球独立を心底から求めていることが分かった。金城さんの琉球独立論の原点には、琉球民衆に対する差別への怒りがあると、本対談を通じて感じた。

朝鮮半島人権問題の専門家でもある本書編集の川瀬さんを通じて『安重根と東洋平和論』を知り、現在の韓国における人権闘争についてもご教示をいただいた。研究室にしばしば足を運んでくださり、丁寧に本書を完成まで導いてくださった。高校時代の将来の夢は彫刻家になるということもあり、対談を通じて金城さんへの尊敬の念も深まった。お二人に心よりお礼申し上げたい。

最後に住民投票を実施したスペイン・カタルーニャ自治州による独立運動にふれます。カタルーニャやバスクは、独自の歴史や言語を有し、自らの国を希求するナショナリズムが民衆の心を引きつけています。スペイン政府は自らの憲法を根拠にして弾圧を繰り返していますが、私は二〇一四年に同じく独立を問う住民投票が実施されたスコットランドに行ったのですが、独立集会のグラスゴーのジョージ広場には、スコットランド独立を応援する多くのカタルーニャ人が来ていました。カタルーニャ自治州による独立運動に対して、いち早く支援の声を上げたのはスコットランド人です。スペイン政府がどれほど独立運動を抑圧しても、マイノリティ同士の連帯によってカタルーニャ人は独立運動を止めないでしょう。琉球人としてもカタルーニャ独立を心から支援したい。

二〇一七年一二月一五日

解説　問題の核は、「主権は沖縄にあり」――川瀬俊治

「琉球独立は可能か」がテーマの本書の編集をほぼ終えた今年九月、韓国ソウル市で安全保障の専門家に会いました。知己の学者であり、最近の日本の政治状況などにも明るい方です。

そこで私は、この本がやっとヤマを越えたことに話題の一つとしてふれたのですが、彼は、「それは、それは」とねぎらいのことばをかけながら、「日本人のあなたには、『日本独立は可能か』というテーマが残っていますよ」とたたみかけました。

少々面食らった私は、時間がたちようやく彼の質問の趣旨がわかってきました。対談の中でも松島さんが同様のことを発言しているのですが、改めて指摘されると、外国人にもそう映るのだと再認識しました。

対談の中心テーマの一つは安全保障問題であり、一方的に沖縄に米軍基地を押しつける「沖縄差別」が動因となり、植民地認識が空気のように日本人に染み付いているから解決を困難にしている、という歴史的にして現在的課題です。著者の二人（金城実さん、松島泰勝さん）は、対談を通じて「琉球独立」を語ることで、「沖縄差別」の根幹である日本の安全保障の改変を求め、植民地支配認識を問うています。「琉球独立」は「日本独立」と無関係ではありません。

第二の沖縄戦の可能性

「日本独立」で求められていることについて語りますと、安全保障と植民地支配問題を解決するため歩を進めることでしょう。具体的には、沖縄に集中する米軍基地の解決であり、辺野古新基地建設にストップ

をかけることです。さらに沖縄で継続している植民地状態の克服でしょう。

本書のなかで私（ヤマトゥンチュ）は「琉球独立」に迫る方法として、最もベースにある植民地問題の取り組みをあげましたので、ここでは安全保障問題に絞りふれることにします。

沖縄を含む日本は、アメリカの「核の傘」に守られ防衛上の「恩恵」を受けています。アメリカの東アジア戦略（いや世界戦略）に乗っかり、集団的自衛権を容認して安保法制を二年前に施行、日米の軍事協力が当たり前になってきたことは確たる事実です。

朝鮮民主主義人民共和国（朝鮮）の軍事的脅威（核開発）は、アメリカの動向とパラレル（並行）です。米韓合同軍事演習やアメリカの「核の傘」があるから軍事的脅威が生じるのです。現在の「米朝核対決」は朝鮮だけが醸成したというのは明らかに間違いです。私は米朝の軍事対決はもういい加減にしてほしいと、二つの軍事優先国家に辟易《へきえき》していますが、今回の米朝対立は、戦後日本が朝鮮に対して政治的思惑から国交すら確立せず、朝鮮との対話を重ねることすらしなかったことが遠因にあります。これがヒートアップして極限にまで達し、今回の危機を生んでいる重要な構成要素となっているのではないでしょうか。戦争被爆国だからこそ打ち出すことが可能なコミットメント（政策）を出すことができなかったこと、いまもできないことに、多くの人びとは苛立ちというか、日米一体の政治の方向性に危うさを感じている。

対談のなかで、軍事的脅威となる「マグネット」効果を不安材料として出しました。磁石に吸い寄せられるように、軍事基地が集中するところが軍事的攻撃を受けやすいということですが、「米朝核対決」の事態のなかで、朝鮮が「在日米軍基地」をターゲットにすると声明を出したしたのは、沖縄に米軍基地が集中しているからです。九月二四日には米軍戦略爆撃機B1Bが朝鮮の防空識別圏限界まで飛行したことをCNNなどアメリカのメディアが伝え、嘉手納基地からはF15が飛び立ちました。本書の中で「第二の沖縄戦」の危険性を著者は主張しています。きわめて可能性は少なく、ゼロに近いと言えますが、万が一米朝が激突すれば、沖縄の米軍基地が攻撃を受けることは、非現実的なことではありません。

沖縄は消滅の危機にあった

アメリカが米軍支配下の沖縄で敷いた核戦略は驚愕の実態でした。世界最大の核軍事基地を築き、最大一三〇〇発の核爆弾が配置された事実が明らかになったからです（NHKスペシャル「沖縄と核」から）。ただ、沖縄国際大学大学院教授の前泊博盛さんが「安保をめぐる日本と沖縄の相克」（島袋純、阿部浩己編著『沖縄が問う日本の安全保障』岩波書店、二〇一五年）で「沖縄の施政権が日本に返還されるまで最大一二〇〇個が配備されていた」（三二頁）と書いており、核爆弾配備の個数はすでに知られていたことですが、その実態は身も震えるものでした。米軍政下の高官や核基地での兵士の証言から、六二年の米ソのキューバ危機では、アメリカは共産圏国家に対して核攻撃寸前まで進んでいたのです。もしキューバ危機で開戦になれば、ソ連（当時）は核基地沖縄に核攻撃することが予想されていたのです。衝撃的なことに「沖縄は消滅の危機にあった」と核爆弾輸送の任にあたった兵士が番組で証言しました。

米国は「銃剣とブルドーザー」で米軍基地を拡大して「核の傘」の布陣を整えていったのですが、沖縄の地政的条件と日本本土の基地引き取りの拒絶により沖縄に米軍基地が集中しました。前者は台湾海峡、朝鮮半島の紛争（南北対立）によって核兵器配置が急遽進んだのであり、後者は「沖縄差別」が日本社会で構造化していたことが理由です。これまで沖縄の構造的差別が指摘されてきましたが、右の米軍兵士の証言で明白なように、沖縄が核戦争の最前線にあり、消滅の危機を秘めていたことこそ、究極の構造的差別でしょう。沖縄戦で住民の四分の一が死亡し、住民を守るべき日本軍が沖縄語を話すものはスパイと見なして殺害した歴史を刻んだうえ、戦後はアメリカの「核の傘」体制が構造的差別をより強化したのです。

安全保障と植民地体制の二つの側面は、実は不即不離なのです。日本は沖縄を本土から切り離し、アメリカの「核の傘」の出撃地点の最前線として位置づけてきました。「核の傘」に守られるから安全だという核抑止論は「神話」でしかありません。沖縄が全滅するかもしれなかったからです。核攻撃基地の役目を押し付けられているアメリカの植民地グァムも同様です。核の危険性を一番知る日本が、「核の傘」の効力を安全保障の頼みとすることほど倒錯した事大主義はありません。

ヤマトゥへの諦め

安倍政権が国政、地方自治体の各選挙で示された沖縄の民意（というより総意）を一切無視して米軍基地建設を進める真意は何でしょうか。「核の傘」により守られることを日本存続の唯一の道と見るからです。しかし、安全どころか消滅の可能性すらある「核の傘」体制をこのまま続けていいのでしょうか。金城さんが体調を崩していても辺野古新基地反対の集会に駆けつけるのは、基地のない沖縄を望むからです。松島さんが共同代表をつとめた琉球民族独立総合研究学会設立を促したのは、独立国になってこそ「核の傘」の強固な布陣である米軍基地について、アメリカと対等の立場で交渉することができるからです。そこには、「もう日本に任せていては解決できない」という諦めがあります。

独立を求めることと、「基地引き取り」を日本（人）に求めることは、日本（人）をどう捉えるかで異なります。本土への基地引き取り運動は、日本（人）が基地を引き取る自覚と行動に変えていくことが原点にあるのですが、独立を求める人びとは日本（人）が基地を引き取ることへの希望をもたないのです。それほど日本に絶望しているともいえます。しかし、その絶望はいまに始まったことではありません。川満信一さんの、「本土復帰」一〇年目を前にした一九八一年に起草された「琉球共和社会憲法C私（試）案」はいまも読み継がれ、「琉球独立」に思想的な大きな影響をもっていますが、そのなかで日本への絶望が語られてもいます。

「九死に一生を得て廃墟に立ったとき、われわれは戦争が国内の民を殺りくするからくりであることを知らされた。だが、米軍はその廃墟にまたしても巨大な軍事基地をつくった。われわれは非武装の抵抗を続け、そして、ひとしく国民的反省に立って『戦争放棄』『非戦、非軍備』を冒頭に掲げた『日本国憲法』と、それを遵守する国民に連帯を求め、最後の期待をかけた。結果は無残な裏切りとなって返ってきた。日本国民の反省はあまりにも底浅く、淡雪となって消えた。われわれはもうホトホトに愛想がつきた」

日本への絶望が変わらないからこそ読み継がれてきたのです。川満さんが求めるのは国家の枠を越えた共生社会という共同体の実現を目指すことです。

独立志向を顕在化したのは、九五年の少女暴行事件であることは明らかです。それまで公に独立を論じられなかったのが、それ以降、堰《せき》を切ったように論議がなされ、独立論争誌『うるまネシア』が刊行されたりしました。

しかし独立志向から駆動しようとしている現在、日本人との連帯が背後に退くきらいがあります。独立の求心力は民族主義を鼓舞し、核となるナショナリズムが非ウチナーンチュを排除するのではないか、という疑義です。ここに金城さんが問題にした日本人との連帯が背後に退いていないかという指摘が生まれてくるのです。松島さんは独立学会がウチナーンチュに限定しているものの、独立運動の連帯は別だとして、活発な支援を強調しました。

ただ、理念と運動の現場は相似形でないのが常です。そこに齟齬《そご》や葛藤が生まれますが、対談の最終章で「独立を登り口は違っても目指す頂上は同じ」（松島さん）という発言に、運動が収斂《しゅうれん》していく着地点の確かさを読み取りました。それは長い闘いが続くという苦難の道を考えておられるのかもしれません。

ただ、独立とナショナリズムの関係は多面的に論じるべきでしたが、編者の力量不足から不十分であった点は否めません。「目指す頂上」ということ、「登り口の違い」について、さまざまな批判も含めて検討すべきでした。次項の「沖縄の主権のゆくえ」「ナショナリズムを超えて」で少し補足することにします。

沖縄の主権のゆくえ

新川明さんが「『独立』論についての覚え書」（『時の眼—沖縄　批評誌N27』第二号、二〇一三年一二月）で、独立論に関する疑問、賛成、反対の論者の三つに分類して述べています（ここでは詳細は略します）が、独立論でも、松島さんのように国際法を武器に迫ることで平和裏に独立を遂げていくものと、金城さんのように民衆の力に基点を見出していくもの、あるいは新川さんのように五〇年、一〇〇年という長いスパンで考える未来形の問題としてとらえる論考があります。新川さんは前出の論考で「今世紀中期以降に生きる遥か後の世代には、今日のような帝国主義の大国ナショナリズムによる植民地ではない社会空間を準備しておきたい。そのための作業の一つとして独立論はある」（前掲論文、一一八頁）と、未来を見据えた国際環境の変化を招来させたとすることに期待をかけています。

もう少し紹介しますと、新川さんは二〇一七年の論考で、沖縄の状況で求められているのが自己決定権であるという共通認識をベースとして主張を展開します。たしかにそうでしょう。金城さんと松島さんの対談のなかで何度も出てきますが、辺野古新基地、高江のヘリパット基地建設に対する県民の反対という総意が、日本政府によりないがしろにされている。求められているのは、まぎれもなく無視されている自己決定権です。新川さんは、「自己決定権を確保する手段として、やっぱり独立論が力になる」（森宣雄、冨山一郎、戸邉秀明『あま世へ―沖縄の戦後史の自立にむけて』（法政大学出版局、二〇一七年所収）の座談会「沖縄の自立をめぐって」一九七頁）と述べています。

問題は独立論について「手段としての独立論」と規定していることです。少し長い引用になりますが、発言は以下のとおりです。

「独立を一応主張する運動体としてあるけれども、それが目的じゃないはずだという考え方がある。独立のあと、どういう共同体（国家でもいいけど）を作るのかが問題なんであって、独立論ゆえにこれはナショナリズムだから否定すべきものだという議論については、ちょっとおかしいんじゃないかと思っているんでね。国家を超えた共同体というイメージを構想することが目的であって、そこに至るまでのいろいろな方法なり手段なりがあるだろうと思う」（前掲書、一九九頁、傍点引用者）

松島さんの「登り口が違っても」という発言と呼応するのですが、「国家を超えた共同体というイメージ」は、本書の第六章「琉球民族独立総合研究学会について」の一項「独立学会の活動を語る」で松島さんが述べている、「琉球国の構成は、奄美、沖縄、宮古、八重山の各諸島が州となり、対等な関係で参画する。安全保障では非武装中立であり、自由、平等、平和の理念にもとづく『琉球連邦共和国』憲法を掲げ」(二〇二頁)るという独立のイメージと大きな違いを見出せません。

ただ、松島さんは国連、国際法を重視している点で違いがあるとはいえます。私は新川さんは国連、国際法について詳細に検討されていないと思いますが、松島さんはパラオ共和国体験から琉球独立研究の核になる国連、国際法研究に進まれた。非暴力にして合法的な独立への提言と結実していったと考えます。新川さんが指摘する「手段としての独立論」は、松島さんの主張に置き換えれば、国際法を活用し、国連が橋渡しをするものです。現在の国家(国民国家)を超えた国家を目指すとしており、「国家を超えた共同体というイメージ」が国家であること(松島)と、共同体であること(新川)の違いがあります。川満信一さんの論はどうでしょうか。次項の「ナショナリズムを超えて」で探ります。また、島袋純さんはスコットランドの独立運動に注目していますが、国際的世論も味方にして独立を遂げていくものです。さらに高良勉さんの独立論は詩人の感性が縦横に発揮されるからこそ、自然、文化、社会の全体の回復を目指したものになっています。沖縄・徳之島をはじめ全琉球弧の植民地支配、差別、分断から回復の反撃をあげます(注21参照)。そして、米軍基地問題に沖縄問題を収斂させてしまう日本のジャーナリズム、知識人を厳しく批判しています。琉球独立の課題は安全保障問題だけではないからです。

実は問題は沖縄の主権のあり方なのです。七二年の「本土復帰」までのアメリカの施政権時代は、沖縄の潜在主権を日本が持つとしていました。だからこそ沖縄返還が実現したのですが、しかし「本土復帰」以後もアメリカが沖縄に対し「潜在主権」を保持するからこそ、日米地位協定でアメリカ軍が優遇されてきました。沖縄国際大学に米軍ヘリコプターが墜落した時、沖縄県警の捜査権はありませんでした。たまたま通りがかった松島さんがその時の様子を対談で語っています。ここで注意しなければならないのは沖縄の主権が「埒外」におかれていることです。「本土復帰」前でも後でも、沖縄の主権が日本でまともに論じられたことがあるのでしょうか。沖縄の主権の回復こそ独立論の根幹にあります。ただ、沖縄の人びとが主権問題で論及し葛藤を重ねてきた歴史に、日本人が極めて無自覚なまま推移したのは残酷な事実です。

フランスの哲学者ジャック・デリダは「主権の partage」（分割／分有、以下、分有）が共有されることこそ未来の民主主義だと規定しています。本来「主権」は、例えば国民国家が形成されるとき分裂すべきものではなく（分裂すれば国家が分裂することになる）、統一されるべきものですが、デリダは分割された状態を招来するときこそ「来るべき民主主義」というのです。それは国家主権がナショナリズムを誘発することと、国家による暴力を招くことを超えることを意味します。注100にも引用した韓国の社会学者白永瑞《ペクヨンソ》さんもデリダの「分有」をとりあげて、大国の矛盾が押し寄せる地域（例えば、朝鮮半島、台湾、沖縄）こそ「時空間の矛盾が凝縮された場所」、「東アジア秩序の歴史的矛盾が凝縮され、植民地と冷戦が重なり合う」（白永瑞『共生への道と核心現場─実践課題としての東アジア』法政大学出版局、二〇一六年、二八頁）、つまり「核心現場」と白さんは呼ぶのですが、「分有」化でこそ危機を克服していけることを力説しています。沖縄の独立を「分有」化、つまり一国二制度化とみるなら限界は明らかです。外交、安全保障は日本側が握るからです。それらがもしフリーパスなら、独立といえるでしょう。しかし問題はそれほど単純なものではなく、大国の矛盾は「核心現場」に立ちはだかるのです。

デリダがいう「分有」化は、朝鮮半島、台湾、沖縄、いずれにしても「主権」を東アジア共同体へ志向し活路を見出すものです。「主権」の「分有」化は松島さんが述べた「登り口が違う」ものになるのでしょうか。次項で述べる川満さんの考えに近いともいえます（編者は白永瑞前出著を、「東アジア共同体のアポリアをどう乗り越えるか」在日本法律家協会報『エトランデュテ』創刊号、二〇一七年三月で紹介している）。

ナショナリズムを超えて

もう一つの要《かなめ》にあるのは、沖縄民衆史の重鎮である新崎盛暉さんが「軍事基地を認めないこと」を原点にしておられるように（注100）、軍事国家の否定がスタートにあることです。独立論者にしても、それに疑義をもたれる方にしても共通項としてあります。強調するまでもないでしょう。

川満さんの「琉球共和社会憲法C私（試）案」は国家（琉球共和国）ではなく社会（琉球共和社会）としているところに特徴があります。「琉球共和国憲法」制定を目指す松島さんとの相違点です。

川満さんは、『琉球共和社会憲法の潜在力』のなかで、松島さんの「琉球民族独立国」の主張を指してだと思いますが、以下のように述べています。「『琉球民族独立国』の主張は、戦略的プロセスとしては容認されるが、目的化されたら、結局、琉球民族を基本とする『近代国民国家』の後追いの思想の枠（ナショナリズム）から出られない。未来構想は後ろ向きのつまらないものになる」（三二頁発言要旨）。

川満さんの主張で松島さんの言説にないテーマが資本主義の命運です。意見は次のように展開します。「『琉球独立国』が実現しても、その国家制度を資本主義体制の外部で、桃源郷のように成り立たせることはまず不可能である」として、「世界の資本主義が持続するかぎり、琉球内部における階級的矛盾は同じ轍を踏むことにしかならない」(同頁)。

「独立学会が学会にとどまればいいが、状況との関係で主義化する可能性が大きい。復帰運動に火を付けたら、復帰運動こそが目的となり突進してしまう。大衆ナショナリステックなところに火を付けられたまま暴走し出した時どうするか。対処を考えることこそ思想の問題だ」(前掲『あま世へ―沖縄の戦後史の自立にむけて』二〇九―二一〇頁の発言要旨)。

「対処を考える」思想こそ課題とする。それは復帰運動が刻んだことへの強烈な反省です。EUのような国民国家を超えた方向性をみすえて東アジア共同体を資本主義の今後の方向性としてあげるのですが、なお国民国家を守る発想が出てくる。また「同じ轍」を踏んでしまう。乗り越えるにはどうするか。既存の考え方を「守る」ことから一端「降りて」、東アジアという場を代表するものとして突き出す。それを非武装地帯とか、国連のアジア関係組織を沖縄、台湾などにもってくるという構想で川満さんは表現されています(デリダがあげる核心現場での「分有」ということに符号します)。

沖縄問題の核心である「主権」の回復を、既存の通念を「解く」こと、川満さんはこれを「開く」と表現していますが、冨山一郎さんも『あま世へ―沖縄の戦後史の自立にむけて』で、「降りながら代表することが独立にも含まれる」と表現しておられます。他方、松島さんの独立論の要点は、非武装国家として、国家の枠組みから「降りない」ことです。ここが異なるのです。金城さんも「国家がなくてもいいと思っていない」（二六九頁）と述べ、松島さんと共通する考えです。ですから著者二人はデリダの「分有」化とは距離があります。ただ、川満さんからの提起「復帰運動の歴史的体験をどう生かすか」は共通課題です。

本書で紹介した崎浜盛喜さんの独立論は詳しく紹介していませんが（注81参照）、ナショナリズムを乗り越える答えを、川満さんの「共和社会」に求めてもいます。ただし琉球独立を目的化してはならない、という主張です。いずれにせよ、復帰運動の歴史的体験は共有財産になるのではないでしょうか。

近代国民国家は、差別、抑圧を随伴してきました。ボルシェヴィズムが国家主権を克服できなかったことに加え、社会主義に希望を見出した人類は、スターリン主義による個人崇拝を生み出し、日本の明治維新による国民国家形成は西洋型拡張主義をとり、植民地支配を課し、侵略戦争のはてに敗戦しました。

金城さんが言う「ナショナリズムではなくインターナショナリズムを」という独立の方法は、その克服の提言です。しかしイデオロギーとしての「コミンテルン」（世界共産主義）は、ナショナリズムを克服するにいたらず、米ソ冷戦の終結は民族紛争を激化しました。近代に入り人類が犯した過ちをたどることなくインターナショナルを具現できるのか、著者二人に尋ねました。琉球独立での論争点であり、最大の課題だからです。

金城さんは地に足を据えて独立を求めよと主張します。天皇制からの解放を独立のメルクマール（指標）と見る金城さんは、「靖国神社に祭られていることをありがたく思う民衆が大半だ」として、そうした状態でどうして独立をたぐり寄せられるのかと懸念します。そしてフランス革命は民衆が主役であったことをあげて、最底辺の民衆が解放の主役になるときこそ、独立の真の胎動だと指摘しています。七一年の「コザ蜂起」にふれて彫刻家を志した金城さんが、そこに独立の原点をみます。

また、松島さんが語るように、独立を求めるのは、日本への「最後通牒」なのです。戦後、日本の平和憲法改悪に向けた営みが続いてきましたが、その軌跡が沖縄での米軍の基地集中という実態を生んできたといえます。七二年の「本土復帰」では、日本国憲法が沖縄に及ぶことを期待したところに最大の願いがあったのですが、米軍基地は存続し、米軍の核持ち込みの「核密約」まで存在したのです。四七年九月の「天皇メッセージ」から続く、日本本土と沖縄は「別」ということで一貫しています。本書でもふれた映画批評家仲里効さんが〈取り込みつつ排除する〉、つまり〈包括的排除〉が沖縄の特徴だとして指摘していますが、独立することは、〈包括的排除〉を拒絶し「復国」することでしか解決しないというのが、松島さんが本書で一貫して主張してきたことです。それも国際的な手続きにより平和裏に進め、非武装の琉球共和国を目指すとしています。

「私（たち）」はどうするのか

「日本独立は可能か」というテーマで論及を、と宿題を与えた韓国の友人に答えるためにどうするのか。沖縄の新基地建設に反対でヤマトゥにいながらでも連帯の行動をすることでしょう。さらに、基地を引き取るという運動は「誰もが嫌がるものを沖縄に押しつけてきた」という植民地状態から脱すること（脱植民地化）を第一とするから出てきたのだと考えれば、正当性と論理性があります。しかし、「誰でも嫌がる基地」を引き受けることは、基地を引き取ったことで苦渋する人をつくり出すことになります。それでは、沖縄の基地問題は解決の道を見出せません。それでは現状のままでいいのか。いいはずはありません。

「国家次元を自分の問題として引き受ける」（注97参照）ところに戦後沖縄問題の特徴があるとすれば、片務的な日米地位協定、米軍基地など、国家が沖縄に集中的に〈被害〉をもたらしているものの解決に向けて連帯して訴え、改善を一つひとつ獲得していくことが具体的な道程といえますが、松島さんは何十年かかるかわからないとみる「基地引き取り」に対して「日本人の自覚と行動に期待をかけることはできない」として、だからこそ独立にかけると発言しています。しかしここでまた独立までの間、沖縄の現実は変わらないことも考えられるのです。

「沖縄差別」解決の道筋は安全保障と植民地支配の克服であることを最初に述べました。国の方針の受動体が個人である限り何も動かないという民主主義の鉄則があります。ところが「国家の次元」である安全保障環境を変えることは、アメリカの極東戦略が動かない限り、変化の兆しすら見えないわけです。主権者である個々人の意志はことごとく無視されています。

しかし、超大国アメリカの前でたじろぐことはない。具体的な例をあげましょう。「米朝核対決」以降、アメリカの軍事産業が厖大な収益をあげていることです。『毎日新聞』二〇一七年九月二七日にアメリカの軍事産業動向が報じられましたが、国家（日米）は企業からミサイルや爆撃機を購入するのですから軍事予算増額も顕著です。アメリカ企業の売り込みによる迎撃ミサイル・サードを導入した韓国も同様です。「米朝核対決」には軍事産業が手ぐすねを引いている裏面があるのです。今年一一月、トランプ大統領は日韓訪問で両国への兵器売り込みに執念を見せました。安全保障の岩盤を少しでも崩すには、軍事産業に多額の税金を投入する強大な軍事国家に抗する平和運動の強化を求める以外にはないのです。

究極の「沖縄差別」がアメリカの核爆弾の沖縄配置だったことが明らかになったいま、その元凶である世界の核支配に挑むしかありません。そこに安全保障関係改変の究極の目標があります。核なき社会の実現へ向けての草の根運動は、「琉球独立」問題と直結しているのです。きわめて現代的にして未来にむけた課題なのです。

〈包摂的排除〉からの解放

「核兵器禁止条約」が今年九月二二日に国連で五一カ国によって批准され、三カ月後に発効することになりました。世界の人びとが希求する世界こそ「琉球独立」の世界が求める世界ではないでしょうか。沖縄の、非暴力で突き進む反基地運動の営みは、平和憲法の具現化を決して諦めない日本へのメッセージであり、核なき世界を目指すからこそ頓挫することなどありません。

最後になりましたが、植民地支配についてはどうでしょうか。沖縄が独立国であったことすら認識しない人が多いのです。さらに松島さんが本書であげた行政的に沖縄が国の直轄的下部組織に位置づけられていることなど、ほとんど知られていません。

〈包括的排除〉は植民地の普遍的姿勢でもありますが、〈包括的〉の具現化したものが「同化」であるとすれば、〈包括的〉中身を問うヤマトゥンチュ側の取り組みもあるはずです。戦後、多くの人（日本人）が朝鮮語を学び、日朝史に学んできたことは、〈包括的〉＝「同化」の実態に反省を迫るものでした。かつて大阪の教師によって取り組まれた、在日朝鮮人の生徒に対し「本名を呼び名乗る」運動がそうであり、朝鮮の文化、歴史を学ぶこともそうでした。

金城さんが第一章の最後であげた沖縄の各地域でウチナーグチ弁論大会が開かれていることをどう考えればいいのか。沖縄の主権の回復は言葉に集約されるところからも表出しています。

右にあげた取り組みで日本人の朝鮮に対する植民地認識が克服されたとは思いませんが、沖縄の植民地問題も言葉（しまくとぅば）や歴史、文化の独自性を学ぶことから、まず取り組むべきではないでしょうか。そうした営みのなかで植民地支配の権力構造を問い改変を迫れるのではないでしょうか。

金城さんが問題にした天皇制はどうでしょうか。〈包括的〉ゆえに一木一草にも粒子を宿す天皇制は捉えにくい性質をもつのですが、金城さんの問いはウチナーンチュに向けた問いでしたが、実は私（ら）ヤマトゥンチュに向けられた問いなのです。

※

対談が実現できたのは、著者の並々ならぬ琉球独立にかける思いからです。

昨年五月に二日間、京都の龍谷大学で初めて対談してから、著者が再び会うのは今年六月であり、この間に焦点化したテーマは編者である川瀬が個々インタビューを重ねることで仕上げていきました。

金城実さんが希望されたのは、「私の行動、発言は琉球独立の思いにどこかでつながっている。これまでの活動を総点検したい」ということでした。このため沖縄戦の体験や、集団就職で日本「本土」に働きにきたウチナーンチュの支援活動、靖国裁判のこと、部落解放運動との出合い、そして何よりも彫刻家としての作品のことなど、可能な限り対談のテーマに盛り込みました。

松島泰勝さんは、海外でも読むに堪えるものを、というのが希望でした。琉球独立は日本に向けたものだけではなく、アジア、欧米、世界を視野に入れられているからでしょう。そこで編者である川瀬が行ったのは、脚注を充実したものにして、とりわけ沖縄の現状、琉球独立をめぐる論考、歴史について、さらに知りたい方がたどれるよう出典を明らかにしました。

編者が日本人の立場として最終の第八章で少し語ることを著者にお許しをいただいたのですが、琉球独立の原点は脱植民地の取り組みであり、それは日本、日本人に向けた問いでもあります。

著者お二人には、疑問として抱いたことは対談中に遠慮なく問いました。本書は著者の立場の違いがあるからこそ、琉球独立に対する幅広い考えがここで示されたと思います。なお生煮えでこれから論及しなければならない発言や編者としての質問の弱さもありますが、さらに琉球独立についての課題、テーマが深められることを願わざるをえません。末尾になりましたが、川口真由美さん（ミュージシャン）、高橋美香さん（写真家）。与那嶺功さん（新聞記者）、服部良一さん（元衆議院議員）、崎浜盛喜さん（奈良―沖縄連帯委員会）、野田雄一さん（中曽根康弘首相靖国神社公式参拝違憲訴訟大阪事務局）、白石憲二さん（ジャーナリスト）、沖縄サポートら数多くの方々にお世話になりました。ありがとうございました。

二〇一七年一二月三〇日

金城 実（きんじょう みのる）
1939年沖縄県浜比嘉島生まれ。大阪市立天王寺夜間中学校、西宮市立西宮西高校、近畿大学付属高校などで講師をつとめながら彫刻活動に従事、94年に沖縄に帰り読谷村で彫刻制作に専念、70年末から作品群「戦争と人間」で全国キャラバン。作品に「残波大獅子」「長崎平和の母子像」「チビチリガマ世代を結ぶ平和の像」「旅人モニュメント」など。沖縄の近現代史を刻んだ「100メートルレリーフ」を10年かけて完成、2014年から「辺野古闘争の道半ばで亡くなった同志のためのモニュメント」制作中。著書『神々の笑い』（径書房）、『ミッチアマヤーおじさん』（宇多出版企画）、『民衆を彫る』（解放出版社）など。

松島泰勝（まつしま やすかつ）
1963年琉球・石垣島生まれ。南大東島、与那国島、沖縄島那覇で育つ。在ハガッニャ（グァム）日本国総領事館と在パラオ日本国大使館の専門調査員、東海大学准教授、琉球民族独立総合研究学会共同代表等を経て、龍谷大学教授、琉球民族遺骨返還研究会代表、東アジア共同体沖縄（琉球）研究会共同副代表。主著に、『琉球独立への経済学』『琉球独立への道』（以上、法律文化社）、『琉球の「自治」』『沖縄島嶼経済史』（以上、藤原書店）、『ミクロネシア』（早稲田大学出版部）、『琉球独立宣言』（講談社文庫）、『琉球独立論』（バジリコ）、『琉球独立』（Ryukyu企画）。編著に『島嶼経済とコモンズ』（晃洋書房）など。

川瀬俊治（かわせ しゅんじ）
1947年三重県伊賀市生まれ。奈良新聞記者を経て、99年まで解放出版社職員。現在フリー。徐勝、知花昌一、安里英子ほか『我肝沖縄』、金城実『民衆を彫る』（いずれも解放出版社）など沖縄関連の書籍編集。論考に「韓国の『核』—『非核』の内在的発展に向けて」（天理大学人権問題研究紀要第19号、2016年3月）、「核保有国が他国の核被害を告発する時代—問われる被爆国日本の役割」（『抗路』4号、クレイン、2017年11月）。

琉球独立は可能か

2018年2月11日　初版第1刷発行

著者　金城 実・松島泰勝

編者　川瀬俊治

発行　株式会社 解放出版社
大阪市港区波除4-1-37 HRCビル3階 〒552-0001
電話 06-6581-8542　FAX 06-6581-8552
東京営業所
東京都千代田区神田神保町2-23 アセンド神保町3階 〒101-0051
電話 03-5213-4771　FAX 03-3230-1600
ホームページ　http://www.kaihou-s.com/

装幀　林 眞理子

印刷　モリモト印刷

ISBN978-4-7592-6779-2　NDC361　310P　19cm

障害などの理由で印刷媒体による本書のご利用が困難な方へ

本書の内容を、点訳データ、音読データ、拡大写本データなどに複製することを認めます。ただし、営利を目的とする場合はこのかぎりではありません。

また、本書をご購入いただいた方のうち、障害などのために本書を読めない方に、テキストデータを提供いたします。

ご希望の方は、下記のテキストデータ引換券（コピー不可）を同封し、住所、氏名、メールアドレス、電話番号をご記入のうえ、下記までお申し込みください。メールの添付ファイルでテキストデータを送ります。

なお、データはテキストのみで、写真などは含まれません。

第三者への貸与、配信、ネット上での公開などは著作権法で禁止されていますのでご留意をお願いいたします。

あて先

〒552-0001 大阪市港区波除4-1-37 HRCビル3F 解放出版社

『琉球独立は可能か』テキストデータ係

テキストデータ引換券
『琉球独立』
6779